प्रिया नीलकण्ठी

(ललित निबन्ध)

प्रिया नीलकण्ठी

कुबेरनाथ राय

भारतीय ज्ञानपीठ

तीसरा संस्करण : 1998
चौथा संस्करण : 2023

लोकोदय ग्रन्थमाला : ग्रन्थांक 261

प्रकाशक
वाणी प्रकाशन ग्रुप
4695, 21-ए, दरियागंज, नयी दिल्ली-110 002
फ़ोन : 011-23273167, 23275710
ईमेल : sales@vaniprakashan.in

ISBN : 978-81-19014-43-9

प्रिया नीलकण्ठी
(ललित निबन्ध)
कुबेरनाथ राय

PRIYA NEELKANTHI
(Essays)
by Kubernath Rai

मुद्रक : आर. टेक ऑफ़सेट प्रिंटर्स, दिल्ली-110 032

आवरण-शिल्पी : भास्कर सेन

Price : INR. 399

अनुक्रम

गूलर का फूल

(एक अरण्य-कथा)

"गूलर का फूल होता है क्या ?' बक ने अपने मित्रों की ओर चोंच करके प्रश्न किया।

आज फिर काक, बक और उलूक तीनों मित्र काम्यक वन की उत्तरी-पूर्वी सीमा पर स्थित गूलर वृक्ष के नीचे इकट्ठे हुए। बगल में ही निर्मल जलवाली पुष्करिणी है जिसमें महाभाग युधिष्ठिर स्नान किया करते थे। स्नानोपरान्त कभी-कभी वे इसी गूलर के नीचे बैठकर सहस्रशीर्षा पुरुष विष्णु का ध्यान किया करते थे। और जब कभी-कभी यह ध्यान अति दीर्घकालीन हो जाता और धर्मराज के ललाट पर अरुण तिलक करनेवाली किरणें उनकी पीठ पर पड़ने लगतीं तो भीमसेन भूख से छटपटाकर बेमतलब द्रौपदी से लड़ बैठते थे और नकुल-सहदेव बार-बार देखकर लौट जाते कि भैया की पूजा समाप्त हुई या नहीं। यह गूलर का वृक्ष अति पुरातन था। द्वापर से पूर्व, त्रेता से भी पहले, जब नारायण ने जगत् के उद्धार के लिए नृसिंह वपु धारण किया था तब यह वृक्ष अपनी कुमारावस्था में था। पास ही पार्श्व में एक कटहल का नवीन वृक्ष महाबाहु भीमसेन ने आरोपित कर दिया था। महापराक्रमी वायुपुत्र लघु आकारवाले फलों को अवहेलना की दृष्टि से देखते थे।

यह सतयुगी वृक्ष-पुरुष युगों के ज्वार-भाटे के बीच मौन साक्षी-सा खड़ा रहा। शृंगार, वीर, करुणा आदि नवरसों से परे इसका संन्यासी मन भी कभी-कभी अतीत-माधुरी की स्मृति में विगलित हो उठता था। विशेषतः रात्रि की नीरवता में द्रौपदी की करुणा का उसे ध्यान हो जाता, तो इस युगों के वृद्ध सहचर के हृदय को चीरती हुई एक लम्बी साँस निकल जाती।

इस 'श्वेत वाराह-कल्पे, कलियुगे' प्रथम चरण के मध्य में जब सहस्रानीक अर्जुन के वंशज उदयन का कौशाम्बी में, प्रसेनजित् का अवध में एवं अजातशत्रु का मगध में राज्य चल रहा था, एवं विष्णु के बौद्धावतार का पदार्पण हो चुका था, काम्यक वन

की उत्तरी-पूर्वी सीमा पर स्थित इसी गूलर के पेड़ के नीचे बक ने काक और उलूक से पूछा—"गूलर में फूल लगता है क्या ?"

"हमने तो कभी नहीं देखा भाई ! उड्डीन-पड्डीन आदि शताधिक गतियों से ससागरा धरा को कई बार माप डाला पर गूलर का फूल कहीं नहीं मिला। परन्तु मैं दिन की बात कह रहा हूँ। रात की बातों का विशेषज्ञ तो मित्र उलूक है। पूछ कर देखो।"

"क्यों बन्धु, कुछ इस पर प्रकाश डाल सकते हो ? तुम्हें तो अन्धकार की मायाविनी गतियों का भी परिचय है।"

उलूक ने शान्त भाव से उत्तर दिया, "देखा तो मैंने भी कभी नहीं और न कभी अनुसन्धान करने की चेष्टा ही की। पर बड़ी अचरज की बात है ! भला बिना फूल के फल कैसे होगा ?"

"काकभुशुण्डि के कुलपतित्व में मैं गरुड़-जैसे बलवान् और उजड्ड छात्र का सहपाठी था। परन्तु इस विषय पर कोई विशिष्ट आलोचना सुनने में नहीं आयी। हाँ, मनुष्यों में प्रचलित है कि गूलर का फूल होता है एवं यह आधी रात को खिलता है, अल्प काल के लिए। फिर अन्तर्धान। उस समय यक्षों का इस पर अदृश्य पहरा बैठता है। सुनता हूँ एक बार एक पंखड़ी टूटकर एक दहीवाली हाँड़ी में गिरी, सो दिन-भर वह दही समाप्त नहीं हुआ।"

"ऐसा ?"—काक की बुद्धिमत्ता और विचित्र बात को सुनकर उन दोनों ने चकित स्वर में कहा।

"तब तो आज रात, भूत हो या प्रेत, यहीं इस बात की जाँच हो जाए।" बक ने, जो निरीक्षण का स्वभावतः प्रेमी था, सुझाव दिया।

तीनों साहसी वीरों ने यही निश्चय किया। भगवान् सूर्यनारायण अपनी पीत-अरुण आभा से इस धरती को राग-मय कर रहे थे। धीरे-धीरे दबे पाँव श्यामली उतरने लगी। पक्षियों ने थोड़ी देर दुःख-सुख की कथा एक-दूसरे से कहकर रैन-बसेरा लिया। तारे उगे। रात्रि का कालरथ क्षण-प्रतिक्षण बढ़ता गया। हवा धीमी हो चली। वातावरण से भय और वैराग्य के अनुभवों का संवेदन मिलने लगा। इस भयानक चुप्पी से गूलर की सर्वोच्च शाखा पर ये तीनों मित्र भय और उत्साह की मिश्रित भावदशा में आधी रात के आने की प्रतीक्षा कर रहे थे।

ठीक आधी रात को गूलर के तने को चीरती हुई दीर्घ निःश्वास निकली। बक और अन्य दो मित्र सावधान हो गये। इसी समय जम्हाई लेते हुए कटहल ने पूछा, "दादा, आज क्यों दुःखी ज्ञात होते हो ?"

"क्या कहूँ ?" गूलर ने उत्तर दिया। "मेरी शाखा पर आज तीन अतिथि आये हैं। विश्राम के लिए नहीं। मेरे मस्तक की शोभा—मेरा पुष्पदल देखने की अभिलाषा

से। मैं इन्हें कैसे समझाऊँ ? मेरे पास फूल कहाँ ? इन्हें निराश लौटना होगा। ऐसा फूल तो कभी नहीं, कहीं नहीं खिला जैसा लोग कहा करते हैं। यह तो मनुष्य-लोक के मोह का प्रतिरूप है। मेरा शरीर तो फोड़े की तरह स्वादहीन फलों से लदा है जिन्हें कोई भी जीव नहीं पूछता है। क्या कहूँ ? किसी के काम नहीं आया।'' गूलर ने फिर लम्बी साँस ली।

''दादा, ऐसा क्यों हुआ ? तुम तो बड़े धर्मात्मा हो। तुम्हारी छाया में महाभाग पाण्डवों ने विश्राम किया है। फिर विधाता की ओर से तुम्हें पुण्य का वरदान क्यों नहीं मिला ?''

''मेरी इस अवस्था का कारण और ही है। एक समय धरती पर हिरण्यकशिपु का अत्याचार दुःसह हो गया। वेद लुप्त हो गये। ब्राह्मणों की जीभ काट ली गयी, कुछ की शस्त्र से और कुछ की स्वर्ण से। उस समय भक्तवत्सल विष्णु ने असुर के विनाश के लिए नृसिंह रूप धारण किया। आज भी उस अपूर्व तेजोमय सिंहपुरुष का स्मरण करके रोमांच हो जाता है।'' गूलर क्षण-भर उस रूप की स्मृति में मौन रहा। फिर आगे बोला, ''असुर का वध करने के पश्चात् उनके नखों में भयंकर जलन होने लगी। यह जलन जब किसी उपाय से शान्त न हो पायी तो नारायण पीड़ित होकर हमारे पास आये। तीनों लोकों के त्राता जनार्दन को अपने दरिद्र द्वार पर खड़ा याचना की मुद्रा में देखकर मैं धन्य-धन्य हो गया और उन्हें अपना शरीर समर्पित कर दिया। उनकी नखज्वाला तो मेरे शरीर में नखों के धँसाने से शान्त हो गयी। परन्तु उस दाह को खींचकर मेरा शरीर विषाक्त हो गया। तभी से फोड़े की तरह फल-व्रण ही मुझमें लगते हैं—पुष्प मुझमें नहीं लगता। फल भी रसहीन और कीटपूर्ण होते हैं !''

''दादा, तुमने उसके विष को आत्मसात् किया जिसके चरणों से पतितपावनी गंगा निकली है। —तुम्हारे पुष्प, तुम्हारी मस्तक-मणियाँ तुम्हारे अन्तर में हैं। तुमको ही देखकर मुझे भी फूलों का शौक न रहा। मेरे फूल भी नाम-मात्र को ही होते हैं। मैं भी पुष्पमाल धारण करके प्रेमियों का हृदय विगलित करने और जगत् को रिझाने की अपेक्षा परिपुष्ट और दीर्घाकार फल देने की चेष्टा करता हूँ।'' कटहल ने कहा।

''चराचर को रिझाने से क्या लाभ ? जिन्हें वास्तव में रिझाना है वे तो अन्तर्मन के सौन्दर्य को देखते हैं। औरों से क्या लाभ ?'' कहकर गूलर मौन हो गया।

बक, काक और उलूक तीनों अलभ्य कुसुम की आशा में आये थे। उससे भी बढ़कर अलभ्य और मनोरम कुसुम उन्हें मिल गया। तीनों ने मन-ही-मन गुरु और शिष्य दोनों को प्रणाम किया।

हेमन्त की सन्ध्या

हेमन्त का सबसे बड़ा आकर्षण है पत्तियों का पीला पड़ जाना और जरा-सी हवा डोलने पर भू-पतित हो जाना। पत्तियों का झरना धरती के सौन्दर्य की करुणतम अवस्था है। करुणा में एक उदास सौन्दर्य की उपलब्धि एक सर्वसाधारण अनुभव है। करुणा विषाद की रोमाण्टिक अवस्था है। वही अनुभूति जब क्रूर रूप में घटित होकर कठोर सत्य बन जाती है तो हम उसे विषाद कहते हैं। मृत्यु का बोध विषाद है, करुणा नहीं। करुणा किसी-न-किसी रूप में जीवन से संलग्न रहती है। इसमें आस्था का एक क्षीण धागा बँधा रहता है।

विषाद में सारे मूल्य अर्थहीन हो जाते हैं। आधुनिक युग को हम विषाद का युग कह सकते हैं। आज जो घटित हो रहा है वह ट्रेजेडी नहीं। ट्रेजेडी से तो मनुष्य का धरातल सदैव ऊँचा उठता है। हमारा युग स्नेह और प्रीति में तो रिक्त है ही, करुणा में भी यह अति दरिद्र है। यह इतना दीन हो चुका है कि इसकी अन्तिम पूँजी—विषाद—भी धीरे-धीरे चुक रही है और इसके शेष हो जाने पर यह आत्मघात से भी बुरी अवस्था होगी।

बात हेमन्त को लेकर चली थी। पीली पत्तियों के उदास सौन्दर्य के बाद उसका दूसरा रूप-विन्यास है धीरे-धीरे उतरती हुई ठण्डी साँझ। कमरे में अकेले बैठकर 'शामेग़म' का मजा, उदासीनता का रसबोध, निर्मम होते हुए भी नशीला है। रिक्तता में एक स्वाद है। यह सिर्फ लत लग जाने की बात है। बन्द वातायन के बाहर अरुणिमा धीरे-धीरे गलकर घुल चुकी है। पेड़ों के सिर पर ओस की मोटी तह बादलों की-सी जम गयी है, जो क्षण-प्रतिक्षण अंगुल-अंगुल करके नीचे खिसक रही है। परन्तु आँखों से इस क्रमिक आरोहण को हम पकड़ नहीं पाते हैं। धीरे-धीरे कुहासे की प्लावन-धारा पवन की तरंगों पर बहने लगती है। पर धरती का राजमुकुट महान् मनुष्य और सृष्टि के अन्य क्षुद्र जीव वातायन-बद्ध होकर या नीड़-बद्ध होकर अपनी क्षुद्र सीमा में ही अपने को पाने का प्रयास कर रहे हैं। दिन-भर हाट-बाट गली-कूचों की खाक छानने पर भी हम जब अपने को न पा सके—मनचाही उपलब्धि न हो सकी तो जीवन का

सारा दैन्य इसी क्षुद्र सीमा में केन्द्रित करके इस बँधी, अर्गला-बद्ध कमरे की दुनिया से आत्म-त्राण की भीख माँग रहे हैं। पर यह अर्गला उन गली-कूचों, पार्कों-मैदानों, सिनेमागृहों और खुले अनन्त विस्तृत नील वितान के तले भी, जो दया करके अपना द्वार सबके लिए मुक्त खोलकर काल के प्रारम्भ से ही खड़ा है, हमारा पिण्ड छोड़ती है ? हम जहाँ जाते हैं वहीं यह भी है। यह कर्ण के कवच की तरह जन्मजात है। यही हमारी ट्रेजेडी है कि जो हमारे भीतर शिरा-शिरा, धमनी-धमनी बह रही है और बाहर-भीतर भी सब-कुछ को व्याप्त किये है, उस विशाल अन्तर्वाहिनी विभुप्लाविनी को इस लौह-कवच के कारण अस्वीकृत करते चलते हैं। यह बूँद का क्षुद्र अहम् है जो यह अपने को ही धारा मान बैठी और छिटककर दूर जा पड़ी। यह दर्प विषाद की स्थिति है ! आत्मघात है !

अन्धकार भीग गया है। पर गुंजलकबद्ध मैं फन काढ़े बैठा हूँ। स्वयं केन्द्रित। नया मसीहा बोलता है—इस अकेलेपन पर, इस अजनबीपन पर। 'हम अपने ही अजनबी हैं'। 'मनुष्य को अकेली सत्ता का अभिशाप मिला है। बिना किसी आधार के उसे प्रत्येक पग पर अपने को ढूँढ़कर आविष्कृत करना है ! वर्तमान में यह निराधार त्रिशंकु-स्थिति में त्यक्त रूप में है' (एक्ज़िस्टेन्सियलिज़्म ऐण्ड ह्यूमनिज़्म'—सार्त्र, पृ. 34-35)। पर इतना भार बिना किसी का स्नेह-स्पर्श पाये वह कैसे वहन करेगा ? अतीत की भूमि उस के पैरों के नीचे से खिसक गयी—उसका स्वयं भी उससे अजनबी हो गया, तो फिर वह किसका स्नेह-स्पर्श, किसका बल पाकर इतना भार उठाए ? मेरे मित्र, तुम जो नयी 'फिलॉसफी' पढ़ते हो, 'नयी आध्यात्मिकता' की चर्चा करते हो, नये मूल्यों के सृजन में विश्वकर्मा की तरह लगे हो, मनुष्य के इस संकट को देखकर करुणा क्यों नहीं करते ? पर तुम कहते हो—'इस विकट स्थिति का निराकरण भी है।'

'क्या ? आत्मघात ?'

'नहीं' तुम्हारा हाथ उसी तरह ऊपर उठ जाता है जैसे बुद्ध ने 'चरथ भिक्खवे चारिकं....' कहते समय उठाया था, 'पूर्ण विप्लव !' फिर तुम रुक-रुककर आँखें बन्द किये हुए ऐसे बोलते हो गोया कूप गर्त से तुम्हारी आवाज आ रही हो—'सारे मूल्यों को फिर से गढ़ना होगा। नये सिरे से ! नयी विधा, नयी कवि-प्रसिद्धियाँ और सर्वथा नवीन पद्धति के द्वारा व्यक्ति को 'पूर्ण व्यक्ति' करना होगा। सबसे अलग, सबसे मुक्त।'

'ओह ! समझा ! अरविन्द...'

'नहीं, नहीं, नहीं !' तुम चौंककर कहते हो—'अतिमा में—ट्रान्सेण्डेन्स में, हमारा विश्वास नहीं। अध्यात्म का पुराना हल हमारे काम का नहीं।'

पर 'फूलहिं फरहिं न बेंत जदपि सुधा बरसहिं जलद।' विरंचि-जैसा गुरु मिलने पर भी हम-जैसों को चेत कहाँ से आएगा। बात की ग्रन्थि जैसी थी वैसी ही रह गयी।

इतने में कोई लालटेन रख जाता है। प्रकाश मुझे उस गुंजलक से मुक्त कर देता है।

'इस साल भी अरहर गयी। ऐसा पाला तो कभी पड़ा ही नहीं था। रबी की फसल भी आधी चौपट हो गयी।'

इस वैशम्पायन-उवाच के बाद बड़का बाबा चिलम में तम्बाकू भरने लगे। बाहर नीम की छाया में अलाव जला है। किसी ने सूखे घास-फूस की नयी आहुति दी और लपट लप-लप कर के ऊँची चढ़ने लगी। ऊपर की पत्तियाँ थर-थर काँप उठीं और कुछ तो पुण्य-क्षीण आत्माओं की तरह उस अग्निशिखा में टूट-टूटकर गिरने लगीं। आबालवृद्ध सबके मुख पर प्रसन्नता छा गयी। जीवन में प्रसन्नता के क्षण बहुत ही महँगे होते हैं। ऐसे मामूली क्षणों का भी अमित मोल है जो हलकी-सी ऊष्मा के द्वारा देह-मन को स्फूर्त या पुलकित कर देते हैं। बाबा ने चिलम भरकर कहा, 'इस वर्ष अगहनी भी गायब ही रही। क्या जमाना है ! जिन खेतों में बारह मन बीघे काटा था उनमें दो मन बीघा किसी तरह से गया।' इसके बाद तो बातों का सिलसिला चला। भाग्य—दैव को कोसने के बाद अगल-बगल की परिषद् ने अनेक प्रश्नों यथा—ग्राम-सेवक, पंचवार्षिक योजना, नहर विभाग की बदमाशी, चीनी आक्रमण, विलायती खाद की व्यर्थता और फिर चीनी का अभाव आदि-आदि पर अस्त-व्यस्त टीका-टिप्पणी की। साथ-साथ गाँव के 'उत्तम' चरित्रों की चर्चा और परनिन्दा की चाशनी ने उक्त शुष्क विषयों को मीठा, नमकीन और फिर तिक्त बनाया। पर समस्त प्रक्रिया में बाबा या तो चुप रहे, नहीं तो 'हाँ, हूँ' मात्र करते रहे। खेती-बारी से आगे उनके दो ही राजनीतिक विषय हैं। एक तो सन् 'सत्तावन की गदर में अपने पितामह की करतूतों का विशद वर्णन और दूसरी सन् 'चौदह की लड़ाई, जिसमें स्वयं सैनिक बनकर भरती हुए थे परन्तु मोरचे का मुँह नहीं देखा और सारी वीरता हवलदारों और सूबेदारों से भिड़न्त तक ही सीमित रही, जो स्वभाववश अकसर हो जाती थी। कांग्रेस की राजनीति में उन्हें अरुचि है। इसका एक व्यक्तिगत कारण है। अपने लघुभ्राता को महाकष्ट उठाकर बारह वर्ष तक पढ़ने का खर्च कलकत्ते भेजते रहे और वे सज्जन इन की आँखों पर पट्टी बाँधकर पढ़ाई-लिखाई के नाम पर देश-भक्ति (बाबा के शब्दों में 'आवारागरदी') करते रहे। स्वामी सत्यदेव का नाम किसी तरह से जान गये हैं और कहा करते हैं, 'सतदेउआ ने हमारा घर बिगाड़ दिया।' गाँधीजी पर उनके मरने के बाद इनकी श्रद्धा बढ़ी है। पर वह बापू की राजनीतिक क्षमता के कारण नहीं। उन की राम-भक्ति के कारण उनको ये 'ऋषि' मानने लगे हैं। प्रमाण में तुलसीदास को उद्धृत किया करते हैं—

"जनम जनम मुनि जतन कराहीं।
अन्त राम कहि पावत नाहीं ॥"

वैशम्पायन तो प्रथम सूत्र के उवाच के पश्चात् चुप रहे। प्रधान वार्ता तो अनेक जनमेजयों के द्वारा हुई जो उस परिषद् की शोभा बढ़ा रहे थे। मेरे मन में चिरकाल

से जलनेवाले इस अलाव के साक्ष्य में गाथा-गान करनेवाले वैशम्पायनों की मुखाकृतियाँ घूम गयीं। तहसीली के सहदेवराम चपरासी की बड़ी-सी पगड़ी अब भी याद है। वे मेरे बचपन में महाभारत की कथाएँ अपनी पूरी योग्यता का उपयोग करके सुनाते थे। उन दिनों इस बात की पूरी जानकारी रखता था कि किस योद्धा ने किस बाण का प्रहार किस अवस्था में किया। मित्रों में इस जानकारी के बल पर मैं विद्वान् भी गिना जाता था। इस जानकारी का प्रारम्भिक श्रेय सहदेवराम को है। दूसरे स्रोत हैं गीता प्रेस के महाभारत का भाषा-संस्करण और सबलसिंह चौहान का 'महाभारत'। एक समय था कि उत्तर प्रदेश के गाँवों में तुलसीदास के रामायण के बाद सबलसिंह का ही पाठ होता था। हमारे यहाँ सबलसिंह चौहान के सर्वोत्तम वाचक थे पड़ोसी गाँव के ठाकुर घुरहूसिंह ! उस वृद्ध का विशाल वपु, रजपूती चाल और वृद्धावस्था में भाला लगाकर चलने का मोह अब भी याद है। बाबा से उनकी खूब पटती थी। देहात में वे 'आल्हा' के विद्वान् माने जाते थे। उन्हीं की बदौलत मेरे गाँव में और आस-पास के गाँवों में लोगों का विश्वास है कि अब भी विन्ध्याचल की किसी गुफा में दो अमर आत्माएँ एक साथ रह रही हैं—आल्हा और अमरसिंह जो सन् सत्तावनवाले कुँअरसिंह के भाई हैं।

आज वह वीरगाथा-युग नहीं रहा। उस परम्परा का ध्वंस बहुत पहले ही हो गया। परन्तु वीरगाथा-युग का अभिमान अभी कल तक नहीं मरा था। पूँजीवादी संस्कृति के संस्कार अब भी ठीक तौर पर जम नहीं पाये हैं। पर इतना तो निश्चय है कि युगधर्म बदल रहा है। आज नहीं तो कल हम अपने को दूसरे रूप में पाएँगे। ग्राम-संस्कृति और वीरगाथा काल—दोनों की सम्पूर्ण मृत्यु साथ-ही-साथ होगी। अब अधिक देर नहीं। परन्तु यह भी लगता है कि ग्राम-संस्कृति के महल पर जिन मध्यवर्गीय संस्कारों का महल खड़ा हो रहा है वह अति भयावह वंचना का दुर्ग है। प्रजातान्त्रिक पद्धति के द्वारा 'नायकों' की मृत्यु हो जाएगी, क्योंकि 'नायकत्व' का मापदण्ड वीरगाथाकालीन 'हीरोइक' या सामन्तवादी आदर्शों पर आधारित है। पर उसके स्थान पर स्थापित व्यक्ति अपने को भूफोड़ एवं स्वतन्त्र मानकर स्थिति भयावह कर देगा। वीरगाथाकालीन संस्कारों और ग्राम-संस्कृति में व्यक्ति किसी नायक के सम्मुख नत-मस्तक होते हुए भी अपने को पूरे समाज से संयुक्त किये हुए था। वह व्यक्तिवादी नहीं था। लेकिन मध्यवर्गीय संस्कृति का पोषित व्यक्ति अपनी स्वतन्त्र सत्ता का हुंकार करता है। इसी से आज कोई जनमेजय नहीं, सभी वैशम्पायन-ही-वैशम्पायन हैं। (नायक से मेरा तात्पर्य किसी राजा-जमींदार से नहीं बल्कि अतीत के 'चरित-नायकों' या 'राष्ट्रीय नायकों' से है। एक समय था कि महात्मा गाँधी ऐसे चरित-नायक की भूमिका निभा रहे थे।)

राष्ट्रीय जीवन की यह ट्रेजेडी दोहरी है। एक ओर 'व्यक्ति' है जो बुद्धिवाद का

जामा-जोड़ा पहनकर मिथ्या स्वांग का खूब रस ले रहा है और घूम-घूमकर अजनबी बनने का विज्ञापन कर रहा है। 'मेरी ओर देखो मैं अजनबी हूँ। मेरे पास सिर ही है, धड़ नहीं। मेरी ओर देखो मैं कितना महान् हूँ, क्योंकि मैं अजनबी हूँ।' खूबी तो यह है कि इस बुद्धिवाद के जामे में वह डूब-सा गया है और अपने को प्रत्येक दशा में प्रेत-सरीखा प्रस्तुत करने में ही अपनी महत्तम पूजा और महत्तम सिद्धि समझ रहा है। दूसरी ओर सामूहिक जीवन का दीन नग्न कबन्ध है। इस कबन्ध पर 'स्टेट', जो उस बुद्धिवादी राहु का रिश्तेदार बन गया है, एक मानवीय-अमानवीय सिर काटकर चस्पाँ करने की सोच रहा है, पर स्वतः इसके साथ संयुक्त होने में इसे अपनी तौहीनी नजर आ रही है। पता नहीं यह नवीन शीश इस दीन-हीन कबन्ध को विनायक बनाएगा अथवा यह दशमुख रावण का मूर्द्धाभिषिक्त ग्यारहवाँ शीश होगा।

हेमन्त की करुणामयी उदास सन्ध्या ने इस प्रश्न को उठाया है। परन्तु उत्तर ?

मधु-माधव

कहने को तीस वसन्त पार कर चुका। पर उत्तरार्द्ध के वसन्तों को निदाघ कहने में भी संकोच होता है। निदाघ में बरसती आग, जलती धरती और तप्त आकाश दुःखमय होते हुए भी तथ्य हैं। कटु-तिक्त ही सही। कुछ तो मिला जो जीवन के 'अस्ति' पक्ष में आता है। पर कुछ अभागे क्षण ऐसे भी आये हैं जिन्हें काल-पुरुष की उन साँसों की पाँत में नहीं बैठा पाता हूँ जिनमें मेरी आत्मा में कटु-मधु एवं गुण-दुर्गुण के गुम्फ फूटे हैं। इन्हीं गुम्फों के समवाय को 'मैं' कहकर पुकारता हूँ। इसी 'मैं' के कागजी चेहरों को स्थिति-दर-स्थिति बदलता जाता हूँ, एवं स्वतः अदृश्य छाया की तरह इस 'मैं' के साथ-साथ चलता हूँ। काल-पुरुष की वे साँसें, जिनकी ऊष्मा पीकर वह मेरा 'मैं' विकसित हुआ है, पूर्वार्द्ध के वसन्तों से ही मिली हैं। उत्तरार्द्ध या तो अर्थहीन, रिक्त रहा, नहीं तो अशुभ की भूमिका के रूप में अकाल वसन्त लाया। और अब तो इतना 'डल' हो गया हूँ कि फागुनी शाम, फागुनी वातास की अनुभूति नहीं हो पाती। मन की मनुहार के लिए प्रतीकों को ढूँढ़ता हूँ। प्रतीकों के सहारे हरीतिमा के अभियान को आत्मा में उतारने की चेष्टा करता हूँ। पर आत्मा तक पहुँचने की राह तो शिराओं और धमनियों के चक्रव्यूह से होकर गयी है ! करूँ तो क्या करूँ ? तुम इसे बुद्धिवाद कहो, पर मैं तो इसे अपनी ट्रेजेडी ही मानता हूँ।

ये प्रतीक भी मुझे अपने पूर्वार्द्ध से ही मिले हैं : फूली हुई सरसों के खेत और बौराये हुए आम। अंकुरण-काल में ही मन के दोनों पत्तों ने इनसे यारी बाँधी थी। पत्तों का रूप बदल गया, शाखाएँ फूटीं, असंख्य पल्लवों का सिर पर मुकुट बँधा, पर मेरा मन इन्हीं दो का रहा। बाद में वर्ण-वर्ण के जाने-अनजाने पेड़-पौधों, विविध मेघपुंजों, विविध आकाशों से मित्रता स्थापित हुई, पर इन दो-जैसा नहीं मिला। तभी आज भी वसन्तकाल में पराजय से दग्ध मन इन्हीं के अन्दर उल्लास खोजता है। क्षितिज तक फैले हुए सरसों के पीले खेतों में खड़ा होने पर ऐसा लगता है कि चटक पीली रोशनी के समुद्र में खड़ा हूँ, आत्मा फैलने लगती है, और इसके मुक्त विस्तार के कारण

छाती अपनेआप चौड़ी होने लग जाती है। फूली सरसों का पीत सौन्दर्य आत्मा में अतीव उल्लास भर देता है। आत्मा अशरीरी तत्त्व है इसी से इसका स्नान-जल भी प्रकाश, अशरीरी ज्योति है। 'पीत' शब्द आज विदेशी भाषा के प्रभाव से भले ही बदनाम हो, पर चटक पीले रंग में अवगाहन से आत्मा में नवीन उल्लास, नवीन स्फुरण उद्‌भूत होता है। जैसे मन पर प्रकाश-किरणों की वर्षा हो रही हो।

वसन्त उल्लास की ऋतु है। वैष्णवों ने इसी उल्लास को रस की दीक्षा का माध्यम बनाया है। इसमें न तो ग्रीष्म की रूमानी दग्धता है और न पावस की पच-पच पनियल हरी-हरी मादकता। वसन्त के सौन्दर्य में जो उल्लास मिलता है वह जैविक (बॉयलॉजिकल) नहीं है। हाँ, ऐसा माना जा सकता है कि यह एक सगुण अनुभूति है और इसकी सगुणता इसे देह के अन्दर स्थित उन सहस्र शम्पा-पथों से मिली है जिन्हें शिराधमनी और स्नायु कहते हैं और जिनसे होकर यह अनुभूति अतिमा के स्तर तक पहुँचती है। अतिमा (ट्रान्सेण्डेन्स) में पहुँचकर यह दैहिक अनुभूति साधारणीकृत होकर सात्त्विक सगुण अनुभूति बन जाती है। इसी से इसमें रसबोध मिलता है परन्तु ईहा नहीं। क्षुधा या ईहा तो लालसा का धर्म है, उल्लास का नहीं। शुद्ध दैहिक संवेदन में ईहामृग सदैव घात लगाये दुबका हुआ बैठा है। पावस के श्याम मेघों और श्यामल हरीतिमा में इसी लालसा का प्रबल वेग नित्य फूटता रहता है। देह और मन या तो व्यथित हो जाता है अथवा उत्तेजित—पर वसन्त-श्री में निरन्तर उल्लास है। इसमें प्रफुल्लता है पर उत्तेजना नहीं। जीवन में ऐसे क्षण कितने भी कम क्यों न आएँ, पर आते अवश्य हैं, जब हमारा सौन्दर्य-बोध ईहा-मुक्त होता है। यहाँ मनोविज्ञान का ताप-मापक यन्त्र जो शरीर और मन के कुछ अंशों तक ही सीमित है, कोई काम नहीं आता। 'से देशेर कथा ए देशे कहिले, लागिबे मरम व्यथा।' यह उल्लास ऐसा है कि बस, 'समुझि मनहिं मन रहिए।' भाव के देह से ही स्नान करना है। नीर का स्पर्श नहीं करना है। चण्डीदास कहते हैं : 'राधा, ऐसा ही करने से तू न तो सती कहाएगी और न अ-सती। तभी तू धरती के माँझ रहेगी।'

क्या उल्लास को आंगिक स्तर पर ग्रहण नहीं किया जा सकता ? क्या यह सदैव आंगिक रूप में लालसा, क्षुधा और ईहा ही रहेगा ? ग्रीक जीवन-धर्म में उल्लास की अनुभूति तो आंगिक स्तर पर ही हुई। उसे तो वे अतिमा में साधारणीकृत नहीं करने गये। उनकी ऐन्द्रिक रस-साधना और उनके उत्सव इसके प्रमाण हैं। तब आंगिक उल्लास क्यों ईहा-मृग ही माना जाए ? ठीक है ! आंगिक स्तर पर भी उल्लास अनुभूत हो सकता है यदि उसका विरेचन कर दिया जाए। ग्रीकों के पास आदिम रसबोध की शक्ति थी। संस्कारों का वह शिशु-युग था। पेगन कर्मकाण्ड और ट्रेजेडी के आधार पर वे भावात्मक

विरेचन प्राप्त कर लेते थे। इसी से ईहा-मृग को, जो आंगिक उल्लास में निहित रहता है, उन्होंने पालतू बना लिया था। पर तब 'ग्रीसो-रोमन' सभ्यता का ध्वंस ईसाई-संस्कृति के द्वारा हुआ, तो इस ध्वंस के साथ-साथ युरॅप की विरेचन-शक्ति का नाश हो गया। ईसाई धर्म उल्लास एवं सौन्दर्य-बोध का तिरस्कार प्रस्तुत करने की चेष्टा करता है। मध्ययुगीन चर्च का नारा था : 'सौन्दर्य पाप है'। उन्होंने सौन्दर्य और उल्लास का स्रोत हिन्दुओं की तरह आत्मा के अन्दर ही खोजने की चेष्टा नहीं की। फलतः सौन्दर्यबोध के अन्दर का ईहा-मृग सदैव सजीव रहा, वह तिरस्कृत रहा अवश्य, पर इसी के कारण अधिक प्रतिक्रियाशील भी रहा। यहाँ तक कि जब अरबी संस्कृति के प्रभाव से रहस्योन्मुख 'प्रेमाभिचार' (कोर्टली लव) की परम्परा साहित्य में उन्मुक्त होकर बहने लगी, उस समय भी ईसाई सौन्दर्यबोध ईहा-मुक्त नहीं हो सका। समस्त ईसाई-साहित्य में सौन्दर्य मृगतृष्णा और ईहा—'सिडक्शन' और 'रेपिज़्म'—के रूप में वर्तमान है। ईसाई सौन्दर्यबोध का महिमामय रूप है दान्ते की 'बीट्रिस'। पर उसमें भी 'सिडक्शन' है, उल्लास नहीं। उल्लास तब तक नहीं मिलता जब तक पारस्परिक समर्पण न हो। वैष्णव रस-साधना में यह पारस्परिकता विद्यमान है। आत्मा से उत्थित होने के कारण इसमें 'पाप' का भाव विद्यमान नहीं। ग्रीकों में यह उल्लास आंगिक है, पर वहाँ पाप, ईहा, भय आदि विरेचन द्वारा पालतू हो गये हैं। ईसाई कल्चर में यह बात कहाँ ? ईसाई कल्चर के तीन सर्वश्रेष्ठ दान हैं : डिवाईन कॉमेडी, हैमलेट और फास्ट। तीनों में सौन्दर्यबोध ईहा और लालसा के रूप में ही विद्यमान है। यह शान्त सरोवर में कंकड़ मार भाव-वृत्तों की परिधि पर परिधि बनाता जाता है। यह आत्म-पीड़न का सुख-मात्र है।

ईसाई कल्चर की उपछाया में वर्ड्सवर्थ, ह्विटमन, थोरो, इमर्सन ने इस उल्लास-धर्म को प्रकृति के माध्यम से ग्रहण करने की चेष्टा की और कुछ काल के लिए, 'प्रकृति पाप है'—का ईसाई संस्कार रुद्ध करने में समर्थ भी हुए। परन्तु उनका दार्शनिक आधार गैर-ईसाई (आर्य) था। आधुनिक शताब्दी में ईसाई संस्कारों के विरुद्ध डी. एच्. लारेन्स ने जेहाद छेड़ दिया। लारेन्स का दृष्टिकोण बॉयलॉजिकल था। वे जीवन को सहजानुभूति स्तर पर ले जाकर आदिम विशुद्धता लाने का उपदेश देते थे, विशुद्ध सहजानुभूति पर आश्रित जीवन—'लाईफ़ ऑव प्योर इंस्टिंक्ट्स'—उस उल्लास को प्रदान कर सकता है जिसे हम आंगिक उल्लास कहते हैं, जो ग्रीकों को प्राप्त था। पर आज उस सहजानुभूति-निर्भर जीवन की आशा करना आकाश-कुसुम का लोभ-मात्र है। ग्रीकों की आदिम अवस्था में यह सम्भव था। पर आज दो हजार वर्षों द्वारा निर्मित संस्कारों की तह, बौद्धिक रूमानों का व्यूह जो प्रत्येक व्यक्ति के 'मैं' का अविभाज्य अंग बन चुका है, कैसे रुद्ध करके या शमित करके हम सहज जीवन की ओर जा सकते हैं ? अफ्रीका और ऑस्ट्रेलिया-जैसे महादेशों में, जहाँ अन्धकार एवं आदिमता अब भी विद्यमान है,

भले ही सम्भव हो, पर युरॅप और एशिया तथा अमेरिका में यह सम्भव नहीं।

इन आदिम बीजों की खोज का प्रयत्न अस्तित्ववादी कलाकार अलबर्ट कामू भी करता है। अस्तित्ववादी रसबोध की एक दिशा है : स्पर्श-सुख; और इस सुख को अस्तित्ववादी चिन्तन में 'सद्य'—स्पर्श-सुख के रूप में जो किसी भी सांस्कारिक या बौद्धिक संशोधन से मुक्त हो, मान्यता मिली है (कामू : 'समर इन अल्जियर्स')। कामू की अनेक कहानियों में भी इस भावबोध को अभिव्यक्ति मिली है। उदाहरण के लिए उसकी एक कहानी है : 'व्यभिचारिणी', इसमें आंगिक ('यौन' नहीं) सुखबोध के तीव्र आकर्षण का वर्णन है। नायिका पति की शैया छोड़कर रात्रि की सुप्त नीरव वेला में बाहर आ जाती है और शान्त मरुभूमि, शान्त नील आकाश, एवं सुषुप्त विराट् के भावबोध का आंगिक सम्मोहन उसे रात-भर बाहर रखता है। यह भी एक तरह की इन्द्रिय-तृप्ति है। पर इसमें यौन-तत्त्व नहीं। यहाँ उल्लास के आदिम ग्रीक रूप को हम कुछ अंशों में पाते हैं। पर पेरिस में या न्यूयॉर्क में दो हजार वर्षों के ईसाई संस्कारों का विरेचन सम्भव नहीं—अल्जीरिया की उष्ण कटिबन्धीय चटकीले रंगोंवाली प्रकृति की और बात है। सभ्यता से आक्रान्त जगत् के लिए तो उल्लासबोध का एकमात्र मार्ग है : सौन्दर्य के प्रति तथा प्रकृति के प्रति भावात्मक समर्पण और सगुण रस-बोध जो वेष्णवों में कभी विद्यमान था। अरविन्द-दर्शन सम्भवतः इस रसबोध को जगाने में सक्षम हो सकता है।

मेरे मन में बौर से लदे हुए उल्लास-मत्त आम्र-वृक्ष, उन पर भनभनाते हुए झुण्ड के झुण्ड मधुवा, उनके अन्तराल में छिपी कूकती कोयल और नीचे उसके स्वर के अनुकरण पर चिढ़ाते हुए उत्पाती बच्चे, ये चारों मिलकर एक समग्र चित्र पूरा करते हैं। इस चित्र से प्रथम भेंट गाँव के पूरबवाले बाग में हुई। उस समय मैं चित्र का स्वतः एक अंग था, इससे कुछ जान नहीं पड़ा। पर दूर हट जाने से चित्र खूब साफ दृष्टिगत हो रहा है। यह बाग आम्र-फलों द्वारा काषाय, अम्ल और अन्त में मधुर का दान हमारे गाँव को प्रतिवर्ष करता है। यह गाँव का समवयस्क भी है। कटु-तिक्त भी अनुपात के अनुसार देता ही है। गाँव के अखाड़े-दंगल, पंचायत-चुनाव से लेकर जेठ की दुपहरी में और झन-झन निचाट नीरव चाँदनी रात में द्यूत-क्रीड़ा का पावन स्थल भी यही है। रह गया नमकीन। वह भी साल में एकाध बार। ग्राम की देहरी में वर्जित लावण्य-रस-संयोग भी साल में कम-से-कम दो बार यहाँ घटित हो ही जाता है। भाई, इस पुनीत धरा में अभिसारिकाओं की फसल कभी भी न्यून नहीं हुई। इस प्रकार यह आम्र-कानन षट्रसों का दाता है। नवरस इसकी हवा में तैरते रहते हैं।

पर इतना ही नहीं, इसका महत्त्व और भी है। यह हमारे गाँव का अरावली पहाड़ है। जब मालगुजारी का सिपाही गाँव से एक फर्लांग दूर रहता है तभी उसकी सद्गन्ध पाकर ग्राम के वृद्ध गृहपतियों के सोटे का रुख अनायास ही इस बाग की ओर हो

जाता है। यह एक विचित्र स्वयं-चालित प्रक्रिया है। ऐसा लगता है कि प्रेमचन्द 'प्रेमाश्रम' युग में किसानों को ठीक से समझे नहीं थे। प्रारम्भिक काल में उनका किसान कभी-कभी रोष व्यक्त कर बैठता है। पर तथ्य तो यह है कि भारतीय किसान के पास 'रोष' नाम की वस्तु है ही नहीं। वह तो सनातन 'होरी' है, जो सारी कटुताओं को सदैव निरीह रूप में स्वीकार करता जाता है और अन्त में बिना कफन के मर जाता है। फिर 'प्रेमाश्रम' युग में तो 'पुलिस' शब्द से टाँगें काँपने लगती थीं। उस समय लाल पगड़ी की महिमा आज के नवयुवक की कल्पना से परे रही होगी। आज तो 'पुलिस' का अर्थ भी हमारे गाँव में बदल गया है। गत वर्ष एक लँगोटिया यार ने सुझाव दिया—बड़ी सर्दी पड़ रही है। 'पुलिस' खाया जाए। पहले तो समझ में ही नहीं आया कि पुलिस-मजिस्ट्रेट वकील कैसे खाया जा सकता है। पर बाद में मित्र ने मेरी मोटी बुद्धि की थोड़ी-सी प्रशंसा करके अर्थ का उद्‌घाटन किया, 'पुलिस' माने 'अरुण-शिखा', मुर्गी। मैंने कहा, धन्य हो सरस्वती ! भटककर कैसी-कैसी जिह्वाओं पर बैठ जाती हो। फिर दत्तात्रेय की भाँति नये गुरु को प्रणाम किया।

यदि दक्षिण-पश्चिम के कोने पर स्थित पुराने शतायु पीपल का जिक्र न करूँ तो चित्र अधूरा रह जाएगा। इससे केवल पचीस लट्‌ठे दूर संवत्‌भूमि है। यहाँ प्रतिवर्ष फाल्गुन की अन्तिम रात्रि को तीस अवयव, बारह अंश, चौबीस पर्व और तीन सौ साठ अरोंवाले निरन्तर घूर्मित संवत्सररूपी कालचक्र को दग्ध किया जाता है और उसकी राख से नवीन संवत्सर पुरुष का जन्म यहीं पर होता है। इसके अतिरिक्त इस पुरातन पीपल का उपयोग ग्रामवासी मृतात्माओं के लिए शुद्धक-काल में 'घण्ट' (घट) बाँधने के लिए करते हैं। इस अश्वत्थ की शाखाओं पर एक सौ वर्षों से प्रत्येक मृतात्मा को, जो इस ग्राम से सम्बन्धित है, दस दिन तक रहना पड़ता है और उक्त घट का जलपान करके वह शोक के विष से मुक्ति पाती है और बाद में कर्मानुसार देवयान, पितृयान या अधोयान के मार्ग पर चली जाती है। दिन के दोपहर को भी इसमें लटकते 'घटों', चीथड़ों और सूत्रों के कारण यह वृक्ष नहीं बल्कि कोई सजीव सचेतन पुरुष-सा लगता है। बचपन में तो अकेले इस ओर आने में भय लगता था। अब भय नहीं लगता, पर मन बदल जाता है। सारी जंगमता इसका आवरण-भर है। इस मुखौटे के नीचे यह निर्विकार संन्यासी की तरह शत वर्षों से ग्राम की व्यथा-वेदना का भाग ग्रहण करता हुआ खड़ा है। पर विचित्र बात है कि हुतात्माओं की घुटन-निराशा एवं मृत्यु की शीतलता इस नीलकण्ठ वृक्ष-पुरुष को स्पर्श भी नहीं कर सकी है। प्रतिवर्ष लाल टूसे, कल्ले और टहनियाँ फूटती हैं। जीवन वहाँ भी पराजित नहीं दीखता जहाँ मृत्यु का अश्वमेध-यूप-स्तम्भ गड़ा है। उल्लास यहाँ भी मरा नहीं। ऐसा लगता है कि प्रकृति के क्रोड़ में उल्लास कभी भी पराजित नहीं होता है। यह उल्लास की दीनता केवल मनुष्य के ही भाग्य में लिखी गयी है, अन्य जीवों को यह सहज लभ्य है।

फागुन-गान प्रत्येक भाषा में मिलता है। पर हिन्दी की यह जातीय विशेषता उसी प्रकार है जैसे बाउलसुर बंगाल की। बंगाल का मन बड़ा ही करुण, कोमल और भावुक है। वहाँ की धरती जल का अधिकता से पान करती है। अनावश्यक हरियाली और निरीह पर देखने में भयंकर जल-सर्प एक ओर, तथा सम्मोहन के व्यूह कदली-वन जहाँ असली विषधरों से भेंट हो जाती है और महिमामय दार्शनिक एवं मांगलिक नारिकेल-कुंज दूसरी ओर। कलकत्ते में ट्राम के खम्भे पर एक ओर गुरुदेव का चित्र और नीचे 'कवि, लह, नमस्कार' और दूसरी ओर ललकार-भरी कम्युनिस्ट पार्टी की 'शोभा-यात्रा' का प्रोग्राम। बंगाली रणभूमि में भी उतरने पर अपनी सौन्दर्य-दृष्टि नहीं भूलता और 'शौर्य-यात्रा' न कहकर 'शोभा-यात्रा' ही कहता है। यह गौड़ी वृत्ति का देश है। यहाँ की राजनीति भी बिना पल्लव-तोरण के नहीं चलती, भले ही षष्ठी-पूजा के पाँचवें दिन दशमी को प्रतिमा-विसर्जन ही क्यों न करना पड़े। बंगाल के लिए मेरे मन में बड़ा मोह है। पर दूसरी ओर तुलसी-कबीर की धरती है। 'मुक्ति जन्म महि जानि ज्ञानखानि अघहानि कर।' इसके स्वरों में विचित्र उन्मेष है। बिरहा-लोरकी या होली-गान हो अथवा 'आल्हा' हो, सबमें दर्प-भरी ललकार है। विषय भले ही शृंगार-करुण-शान्त हो, पर व्यंजना सदैव वीर रस का अनुकरण करती है।

इस अवसर पर रघुराज चौबे की याद आ जाती है। वे हमारे गाँव के होली गान के 'सेनापति', जुझाऊ रामायणी तथा हनुमानूजी के परम भक्त थे। सबेरे लँगोटा बाँधकर पचहत्तर वर्ष की उम्र तक अखाड़ों में हनुमानूजी की आराधना करते थे और शाम को घी की बाती जलाकर 'हनुमानूलला' की आरती गाते-गाते नाचने लगते, फिर भावविभोर होकर बेहोश हो जाते। सबेरे भीम और सन्ध्या को चैतन्य-देव। ये उनके दो रूप थे, मरने से कुछ वर्ष पूर्व सारंगी-वादन का शौक जागा। जब आज से पन्द्रह वर्ष पूर्व पहले-पहल सारंगी खरीदकर लाये थे, तो परिचितों को पकड़-पकड़कर सुनाते थे। उनके सीधेपन के ही कारण लोगों ने उन्हें मजाक का पात्र बना दिया था। उसी समय की बात है, एक दोपहर को एक मित्र के साथ टहल रहा था। उधर से चौबे सिर पर बड़ा भारी हरी मटर का बोझ लिये आ रहे थे। दुष्ट-बुद्धि मित्र ने उन्हें बनाने के खयाल से चौबे से 'एक तान' सुनाने का आग्रह किया। चौबे के सिर पर बोझ था, फिर भी प्रसन्नता-भरे स्वर में पीछे-पीछे आने का आदेश दिया। घर में बोझा पटक बाहर आये और बोझे की पगड़ी उतारकर चट सारंगी उठा ली और मुँह बाकर छेड़ दिया—'ऐसो फागुन ! श्याम से बिछुड़ जा...ना, ऐसो फागुन !' विचित्र दृश्य था। दोपहर का समय, तर-तर पसीना चू रहा है। बोझा ढोने की गरमी से मुखमण्डल पर स्वेद-बिन्दु झलमला रहे हैं, पर चौबे साँस खींचकर गाये जा रहे हैं। मेरा मित्र मुँह फेरकर हँस रहा था। मुझे भी हँसी छूट ही गयी। पर चौबे की आँखें बन्द थीं। मैं पड़ोसी था। मेरा घर चौबे के घर से सटा हुआ था। अतः मैं जानता था कि डेढ़-दो मास से चौबे के घर

वही हरी मटर ही 'मरद' और 'बरद' दोनों का आसरा थी। यह जानते हुए भी तब मैं हँस पड़ा था, पर आज नहीं हँस सकता।

हमारे गाँव में होली-गान का समारम्भ प्रतिवर्ष चौबे के मजीरे की झनकार से ही होता था। जब तक जिन्दा थे, अपने इस स्वत्व को पूरे जोश के साथ सँभाले रहे। झगड़े के डर से लोग बिना उनके आये श्रीगणेश नहीं करते थे। चौबे आते और मजीरे की झनकार के साथ उनके गलेरूपी बाँस से मोटा सप्तम स्वर उठता और ''इतते निकसी नवल राधिका उतते हरि-हलधर की जोड़ी' तक पहुँचते-पहुँचते सप्तम की सीमा से पार का विचित्र स्वर निकलता था, जिसमें सार्थक शब्दों के लिए जगह नहीं थी, फिर भी चारों ओर से 'वाह, वाह' की झड़ी लग जाती थी, यह वाह-वाही गान के सुन्दर नहीं शौर्यपूर्ण प्रदर्शन के लिए दी जाती थी। जैसे गायक थे वैसे ही श्रोता। फिर दूसरा गान उठता—'सखी, तोहें चाहत नन्दकुमार। हो ललना....एतना तू करेलू सिंगार।' 'कु....मार', 'सिं...गार' 'सँ...वार'-जैसे तुकों पर ठहरकर रँभाते हुए चौबे की ध्वनि नेतृत्व करती और दूसरे उसी श्रेणी के गायक-योद्धा उनका अनुसरण करते चलते थे। गीत के उत्तरार्द्ध में चौबे पद्मासन बदलकर घुटने पर बैठ जाते थे और छाती उत्तान हो जाती थी। उनका शरीर उठने लगता और उठते-उठते वे घुटने पर खड़े हो जाते थे। वक्षःस्थल पर मजीरे बजाते हुए हाथ, ऊर्ध्वमुख, सफेद घनी मूँछें, उल्लासमय वदन—इसी वीर-मुद्रा में गान समाप्त होता था। हमारे गाँव में चौबे के मरने पर आज भी शृंगार और करुण के व्यंजक गीतों का वीर-रस की व्यंजना में ही उद्धार होता है। गीत के अन्त में 'वाह रे चौबेजी, वाह रे चौबेजी' की ध्वनियाँ गूँज उठतीं और चौबे फूले न समाते।

चौबे उल्लास-साधना से मरने के एक वर्ष पूर्व से ही लाचार होकर विरत हो गये। नेत्र-रत्न चले गये। अन्तिम बार जब मैं उनसे मिलने गया तो चौबे काल के बाणो से विद्ध शर-शैया पर उत्तरायण की प्रतीक्षा में रत थे। कोई पास फटकता नहीं था। सिर्फ हड्डियाँ रह गयी थीं। एक आठ-दस वर्ष की नातिन थी, वही उनके पास न जाने किस संस्कार से आकर बैठती थी। चौबे अत्यन्त करुणापूर्वक कहते, 'बिट्टू, ओ हमार पवन-सुत, तनिक इधर आ, बिटिया।' बिट्टू के बूढ़े बाबा के प्रति बाल-स्नेह में चौबे को अपने इष्ट देव हनुमानूजी का दर्शन होता था। जीवन की सन्ध्या में वही एक आशा रह गयी थी, शेष आशाओं-आकांक्षाओं का सेतु कब का टूट चुका था। इसी से स्नेहमूर्ति उस बालिका को कभी 'रामचन्द्र', कभी 'पवनसुत' कहा करते थे। 'बच्चा, इसी बालिका में रामचन्द्र प्रवेश कर गये हैं, नहीं तो निराधार अवस्था में कौन पूछे ?' बिट्टू चिढ़कर कहती, 'तब बाबा, बन्दर मुझे क्यों बनाते हो कभी-कभी ?' चौबे हँसकर कहते, 'अरी पगली !' एक मास बाद पिताजी के पत्र से ज्ञात हुआ कि चौबे का प्राण-पंछी उड़कर अपने रामचन्द्र के चरणों में पहुँच गया। फिर भी चौबे का उल्लास आज भी जीवित है। अब भी इस धरती को उल्लास-रस से सींचनेवाले असंख्य

चौबे जीवित हैं।

पल्ली जीवन की उल्लास-साधना सर्वत्र सूख रही है। परन्तु रवीन्द्रनाथ ने पल्ली-संस्कृति की रस-सरिता को, कम-से-कम बंगाल में छिछली होने से बचा लिया। स्वयं वे अभिजात बुद्धिवाद की सन्तान थे। पर उन्होंने पल्ली-संस्कृति के रस-संस्कारों के आधार पर ही अपना कृतित्व स्थित किया। फलतः उस संस्कृति की गीतात्मकता एवं जीवनलय को भी नवीन दिशा मिली। रवीन्द्रनाथ के उत्तरार्द्ध के गीत एवं गीतनाट्य दोनों अब पल्ली लोक-जीवन में प्रवेश पा रहे हैं ! ये गीत बंगाल के 'बाउल' स्वरों या पदावली-स्वरों पर चलते हैं और बँगला भाषा की सहजता को अपने में अन्तर्भुक्त किये हैं। उनके गीतनाट्य या लघुनाट्य भी 'यात्रा' नाटकों पर आश्रित हैं। सारी 'पेजेण्ट्री'—रूप-विन्यास और रूपायन (फ़ॉर्म) तथा अभिव्यक्ति 'यात्रा'—अभिनय के अनुकूल है। श्रीनिकेतन द्वारा उन्होंने बंगाल के मरते हुए शिल्पों की भी रक्षा का प्रयास किया है।

यह सही है, इसे अस्वीकार नहीं किया जा सकता कि औद्योगिक विकास के साथ-साथ बौद्धिकता का दायरा बढ़ता जाएगा और रसबोध का क्षेत्र घटता जाएगा। बौद्धिकता ही युग-धर्म बनेगी। यह तो ध्रुव है। परन्तु जीवन का दूसरा समानान्तर प्रवाह, जो बीसवीं शती से पूर्व नगर-संस्कृति का पूरक था और आज विचित्र तथा उपेक्षित हो रहा है, इतना हेय और तुच्छ नहीं कि इसे सूखने दिया जाए। निराला ने एक गीत में प्रार्थना की है : 'हे सरस्वती, तुम टूटे तन पर, जर्जर मन पर उतरो। तुम सन्ध्या, उषा, आकाश पर उतरो। तुम पेड़-पौधों पर उतरो। पर साथ ही तुम उस पर भी उतरो जो गाय चरा रहा है, जो बछड़े को नहला रहा है।' रस-सरस्वती यदि मुक्त-भाव से सब को नहीं बाँटी जाती है तो व्यक्ति की साधना धरी रह जाएगी और एक ओर शहरी 'कल्चर' अपना असली प्राण-स्रोत खोकर विकृत होगा, दूसरी ओर पल्ली की प्राचीन रसधारा एवं सनातन उल्लास के सूखने पर एक 'वैकुअम'—खाली स्थान—पैदा हो जाएगा। इस 'रिक्तता' की पूर्ति करने के लिए कोई रवीन्द्रनाथ-जैसा अभिजात ऋषि नहीं मिला तो शहरी कल्चर की विकृतियाँ उस खाली स्थान की भरती कर देंगी। तब 'आवारा' बुश्शर्ट जैसी गड्ड-मड्ड बेतरतीबवार 'प्रति-संस्कृति' उस बुद्धिवाद को भी मुँह चिढ़ाएगी, जो हमें आज इतना प्रिय है।

सनातन नीम

हवाएँ और हवाएँ। संवत्सर की हवाओं के समस्त अभियानों की ऊष्मा, आर्द्रता, ताप-शीत का मापक भाव-यन्त्र यह नीम का वृक्ष मेरे दरवाजे के विस्तृत सहन में बरसों से खड़ा है। बगल में ही इसके स्वर्गीय पूर्व वृक्ष-पुरुष का पादपीठ था। उसकी अनेक भूफोड़ स्वयम्भू सन्ततियों में, स्वयम्भू इस अर्थ में कि स्थावरों की सृष्टि में बिना किसी देह-यज्ञ के पिता का सत्य स्वयं प्रकाशित हो उठता है, बाबा ने इसी को दयापूर्वक छोड़ दिया और शेष वंश-परम्परा को काल-पुरुष का निमित्त-मात्र बनकर जन्ममरण-चक्र के पथ पर अति निर्लिप्त भाव से आगे ढकेल दिया। तब से बिना रोष-प्रदर्शन के शान्त भाव से यह क्षिति-जल-ताप-समीर और आकाश का भक्षण करता हुआ जीवन ढो रहा है। दसों दिशाओं की ओर यह अपना संवेदन यन्त्र रात-दिन फैलाये रहता है। ऋतु-प्रिया के मुग्धा, खण्डिता, अभिसारिका मान एवं रोष के हलके से हलके भाव-परिवर्तन को भी अपने सहस्र-फण पत्र-जाल की नोकों पर यह सदैव ग्रहण करता रहता है। अंग-अंग में संवेदनों का व्यूह धारण किये हुए है, तो भी इसका अन्तर राग-मुक्त है। यह कभी नहीं सोचता : 'प्रभु की सृष्टि के इस अनन्त विस्तार को पाकर भी ये मनु के बेटे सन्तोष नहीं पाते। ये सदैव दूसरों का संहार किया करते हैं। आज छवि की उपासना का स्वांग करके यदि ये स्नेह और दुलार भी देते हैं तो कल काट करके हमारे कंकाल को बड़े गर्व से अपने महलों या कुटियों के ढाँचे में जोड़े देते हैं। इनका प्यार भी मांस-भक्षी होता है। देखो न, मेरे भाइयों ने इस आदमी का क्या बिगाड़ा था।' सम्भवतः यह ग्लानि, यह व्यथा इसके अन्तर को पीड़ित नहीं करती। बिना किसी भेदभाव के सेवा और स्नेह का मुक्त वितरण कर रहा है। इसकी तटस्थता इतनी घोर एवं आत्मनिष्ठ है कि हमें पता नहीं चलता कि हमारे साथ निरन्तर एक प्राणी हमारे दरवाजे पर विद्यमान है। केवल चैत के महीने में, जब पत्तियाँ खड़-खड़ करके झरने लगती हैं और सूखी पत्तियों के पथार पर बच्चे लोटने लगते हैं तो इसकी उपस्थिति का अनुभव होता है। फिर तो यह ऋतु-परिवर्तन का दर्पण बन जाता है। लाल टूसे निकलते हैं। नरम अंगूरी रंग की पत्तियाँ कुछ समय के बाद पककर चटकीला हरा रंग पकड़ लेती हैं। उनके

लरछे हवा में झूलने लगते हैं। फिर सफेद फूलों के गुच्छ आ जाते हैं, जिनमें रूप से अधिक प्रबल गन्ध होती है। हवा मत्त हो उठती है। दिन की गरमी से व्यथित हम इसके नीचे रात को खाट बिछाकर सोते हैं। रात के एकान्त क्षणों में इस पर शृंगार उतर आता है। दो बाँहों के बीच चाँद झूलता है। ज्योत्स्ना की धवल धारा में हरी नयी पत्तियों को पखारकर पवन हलका-हलका स्पर्श देता है। रात को नींद उचट जाने पर मजा आ जाता है।

यों गाँव में नीम के पेड़ बहुत हैं। सबसे विशालकाय है चण्डी-थान पर का नीम। गाँधीवाद का प्रभाव भारत के देवताओं पर भी पड़ा है। अब बीस-पच्चीस वर्षों से यहाँ के चण्डी-थान पर सूअर नहीं काटे जाते, मुर्गी और कबूतरों की बलि नहीं होती, पुष्ट अजा-पुत्रों को देवी के उन पादपद्मों में, जिनका चुम्बन बाणासुर एवं दशानन के प्रतापी ललाटों ने किया था, वीरगति नहीं मिलती। 'पतिवाह' चरित्तर मिसिर ने आज से पचीस वर्ष पूर्व जलते दूध का घड़ा शरीर पर उँड़ेल करके घोषणा की थी : 'बालको, देवी बलि नहीं माँगती। सुनो रे बालको, देवी बलि पाकर क्रुद्ध है। आज से बलि बन्द।' पर कराल चण्डिका के धर्म-परिवर्तन के बावजूद उस स्थान पर वह सौम्यता नहीं आयी जो अन्य देवस्थानों में अपने आप अन्तराल में प्रवेश करती मालूम होती है। सम्भवतः शताब्दियों की हत्या प्रेत बनकर वहाँ मँडराती है। सारे वातावरण पर जैसे शाप की छाया पड़ी हो। इसी से वहाँ विशालकाय नीम पर कबूतरों और सारिकाओं के नीड़ नहीं। एक भी कबूतर मारे तिरस्कार के उस पर बसेरा नहीं लेता। सन्ध्या के धूमिल प्रकाश में भुवन-विजयिनी कराली देवी की रक्तपताका उसके विश्वधात्रीपन की विडम्बना को ऊँची करके फहराती है, पर उनका वृक्ष पार्षद प्रकृति के विशाल कुल में जाति-च्युत-सा ग्लानि और संन्यास का शाप भोग रहा है। परन्तु मेरे नीम पर तो सन्ध्या होते ही गगनचरों की भीड़ लग जाती है। डाल-डाल पर सभाएँ जुड़ जाती हैं। यों भारत में पक्षी सदैव महान् बुद्धिजीवी भूमिका निभाते आ रहे हैं। जानश्रुति पौरायण के राज्य में विचरनेवाले दार्शनिक हंस, त्रेता की छायावादी प्रतिभा सम्पाती एवं क्लासिकल काव्य-मर्मज्ञ काकभुशुण्डि तथा द्वापर के अनेक पक्षी-पण्डित इस विशाल बौद्धिक परम्परा के मणि-प्रवाल हैं। मैं रोज इनके शास्त्रार्थ को ध्यान से सुनता हूँ। पर समझ न पाने के कारण सोचता हूँ, छोड़ो, ये बेचारे पक्षी हैं ! ये सब भी सोचते हैं; छोड़ो, यह बेचारा मनुष्य है, लेटा रहने दो अपने पेड़ के नीचे, डाल तो दखल कर नहीं रहा है ! इस तरह परस्पर उपेक्षा भाव से सह-अस्तित्व चल जाता है। धीरे-धीरे द्विजकुल मौन धारण कर बसेरा ले लेता है।

नभचारी-सभा के समाप्त होते ही रात्रि की धूम-लेखा आकाश के मस्तक से उतरकर धरती पर आ जाती है। धीरे-धीरे नीम की टहनियों, पत्तियों और फुनगियों पर साहित्य छाने लगता है। प्रहर रात जाते-जाते पत्तियों पर कविता उग आती है।

लहराती टहनियों पर भावों की नौकाएँ अपना पाल तान देती हैं। सुप्त नीड़ों में उपन्यास लिखा जाने लगता है। रस की यह रचना सनातन है। रात-भर यह प्रक्रिया चलती है। उजेली चाँदनी रात में ही इसका बोध हमें प्राप्त होता है, पर रस की स्थिति प्रकृति की आत्मा में एक सनातन प्रक्रिया है। कृष्ण पक्ष इच्छाओं के अन्धकार के सदृश है। जब यह अन्धकार कट जाता है तो हम अन्तर में रसबोध पाते हैं। इच्छा-मुक्ति, रज तथा तम का लोप एवं सत्त्वोद्रेक ही आन्तरिक 'कैथार्सिस' है जिसे अरस्तू ने रसास्वादन के लिए आवश्यक बताया है। भाव मरता नहीं। भाव तो वही रहता है, पर उसका बोध बदल जाता है। तम के परिवेश में भाव जाग्रत एवं सक्रिय रहता है, इसी से उससे एक बेचैनी और आत्मपीड़न मिलता है। पर 'कैथार्सिस' के बाद तम-हीन सन्दर्भ में वह निष्क्रिय बन जाता है। इससे सुख मिलता है, पर हलचल नहीं होती। इन क्षणों की इस निष्क्रिय भावावस्था को ही सत्त्वोद्रेक कहा जाता है। कला इसी निष्क्रिय भावावस्था की संयोजक है। इसी मनोदशा में नग्नमूर्तियों के रूपायन (फ़ॉर्म) एवं शरीर की 'लय' (रिद्म) को देखकर हम रस का आस्वादन करते हैं, पर मानसिक बेचैनी नहीं अनुभूत करते, जो वास्तविक नग्नता को देखकर अनुभूत होती। जीवन और वास्तविकता तम और रज से परिवेष्टित हैं। कला इसका त्याग करती है। शुभ्र ज्योत्स्ना इसी 'कैथार्सिस' की निसर्गगत अभिव्यक्ति है, जो प्रकृति के अन्तर में रस की स्थिति को स्पष्ट करती है। भावों का तामसिक बोध इससे छिन्न-भिन्न हो जाता है। इस 'कैथार्सिस' को नैसर्गिक रात्रि के शान्त आलोक में मूर्ख की तरह बचपन में देखता रहा और समझ नहीं पाया। आज समझ पाता हूँ, तो अवकाश नहीं कि एक बार मन-भर इसे निहारूँ। अन्तराल के सहस्रों चेतना-व्यूहों और स्नायु ग्रन्थियों में चिन्ताओं के सर्प पल रहे हैं। उनके दंश से सदैव....।

पर इस नीम की छाया में घटित होनेवाली कुछ दुःखद स्मृतियाँ भी हैं। इसी के नीचे प्रायमरी के शिक्षक स्वर्गीय यदुनाथ सिंह के क्रूर शासन में प्रति सन्ध्या को दो घण्टे दीपक के आलोक में 'चक्रवर्ती' अंकगणित की साधना भी करनी पड़ी है। एक तो गणित जैसा विषय; दूसरे गुरुदेव भी मिले राजपूत। कहा भी करते थे : 'राजपूत भगत, न मूसल धनुहीं।' राजपूत भक्त नहीं हो सकता और मूसल का धनुष नहीं बन सकता। पर 'नमो नारायणाय' उनकी जबान पर दो वाक्यों के बाद अवश्य आता था। प्रायमरी स्कूलों में वर्ण-व्यवस्था का अब भी समादर है : ब्राह्मण शिक्षक को 'पण्डितजी', भूमिहार-राजपूत को 'बाबू साहब', शेष हिन्दुओं को 'मुन्शीजी' तथा मुसलमानों को 'मौलवी साहब'। गाँजा पीकर बाबूसाहब की आँखें अकसर लाल-धुत्त रहती थीं। जिस दिन गाँजा नहीं मिलता उस दिन उनकी वृद्ध भुजाओं में जवानी का बल आ जाता और छड़ी न मिलने पर अस्त्र-शस्त्र के अभाव में ईंटों से ही कूटना प्रारम्भ करते थे, यद्यपि इसका पुनीत सौभाग्य मुझे नहीं हुआ क्योंकि 'चक्रवर्ती' मैं माँज गया था। ब्राह्मण,

भूमिहार, राजपूत और कायस्थ—चार जातियों के लड़कों को छोड़कर शेष के साथ एकलव्य से भी बदतर व्यवहार करते थे। अहीरों को 'सिंह यादव' लिखने के सरकारी आदेश की ओर उन्होंने कभी ध्यान नहीं दिया। सदैव 'राम' लिखते रहे। ऐसा करना वे समस्त राजपूत जाति का अखिल भारतीय अपमान मानते थे। बाबा से कहा करते थे : 'लड़के की जड़ इतनी पुख़्ता कर रहा हूँ कि सदैव फ़र्स्ट पास न हुआ तो गधे के पेशाब से मूँछें मुड़वा दूँगा, बाबू साहब !' बाबा इसी पर खुश होकर दूध-दही की हाँड़ी भिजवा देते थे; जिसे मैं सम्पूर्ण गौरव के साथ ढोकर ले जाता था। उस दिन मेरा बड़ा आदर करते थे। उनका सर्वोत्तम आदर यही था कि 'वधिक' की 'पोस्ट' पर दिन भर के लिए मैं नियुक्त हो जाता। काम के, सूद के या चक्रवृद्धि ब्याज के प्रश्नों पर दण्ड की व्यवस्था उनके श्रीमुख से होती थी और उसे कार्य-रूप मैं प्रदान करता था। उस दिन अन्य सहपाठी बड़े आदर, श्रद्धा और आतंक की दृष्टि से मुझे देखते थे। मेरे गर्व का तो कहना ही क्या !

बाबू साहब की प्रतिभा बड़ी विलक्षण थी। पढ़ाते बड़ी मेहनत से थे। 'भूषण' के बल पर तहसीली-भर के मास्टरों में अपने साहित्यिक ज्ञान के लिए बाँह पुजवाते थे। 'तीन बेर खाती हैं, सो तीन बेर खाती हैं' वाला छन्द मुझे इन्हीं से सुनकर दरजा तीन में ही याद हो गया। 'मिथ' की रचना करने में बड़े पटु थे। प्रत्येक जाति पर गंग या पद्माकर के नाम पर एक सवैया या छन्द उन्हें याद था। चाय को 'लक्ष्मण-बूटी' कहते थे। उनके अनुसार संजीवनी बूटी का रस निचोड़कर हनुमानूजी ने उसे उत्तर दिशा में फेंक दिया। वही चाय का पौधा बनकर अंकुरित हुई। हुक्के को 'अग्निहोत्र' कहते थे। शिष्यों को इस पारिभाषिक शब्दावली का ज्ञान था। एक 'लँगड़ी भिन्न' बोलकर यदि किसी को अग्निहोत्र-स्थापना का आदेश मिले, तो वह मान लेता था कि उस घण्टे के लिए उसे अभय-दान मिल रहा है। जब कभी 'फ़ासिज़्म' पर कोई पुस्तक पढ़ता हूँ तो उनकी समुच्छ साकार प्रतिमा स्मृति में उभर आती है।

हवाएँ और हवाएँ। पूर्वा हवा से अंग-अंग दुखता है। कच्चा घाव और पकता है, और हरा हो जाता है; जल्दी सूखता नहीं। पूर्वा बादलों को लाती है। घटा घिरती है। पानी बरसता है। मिट्टी मुलायम होती है। दबा हुआ बीज, जिसे मैं सोचता था सड़ गया होगा, अचानक अवचेतन की परतों को फोड़कर सगर्व शक्तिमान निकल आता है। वह पूर्वा हवा का दुलार पाकर बच्चे-सा मचलता है। भौंहों के शरासन तन जाते हैं। रसाल-पल्लवों में छिपा अदृश्य देवता हँस पड़ता है। पर यह दर्द की हरीतिमा तब तक व्यर्थ रहती है जब तक वह प्राणों को रोष और व्यथा की अग्नि में तपाकर पुष्ट न कर ले। पछुआ हवा इसी रोष, इसी ताप को लाती है। गेहूँ-जौ की बालियाँ पकती हैं। पछुआ हवा झझकारकर बहती है। रस को पकहर और मीठा कर देती है। खेतों का रूमानीपन पककर 'क्लासिकल' फसल बन जाता है। शकुन्तला और दुष्यन्त फिर

मिलते हैं। भग्न-मनोरथा सती को पछुआ हवा का ताप पाकर अपने रूप की निन्दा करने की और आवश्यकता नहीं रह जाती।

फागुन की नयी-नयी फागुनी हवा और उसके बाद चैत के बरसते फूल। नवीन का यह उच्छृंखल उल्लास शीशम और नीम पर मन्द-मन्द, पर सेमल-पलास पर पूरे रोष के साथ, फूटता है। अंग-अंग में नये खून का दौरा होता है। फिर वैशाख-जेठ की तीव्र लू। प्रखर ज्वलन्त बवण्डर उठते हैं। फिरकी से नाचते हुए एक ओर से दूसरी ओर झकझोरते चले जाते हैं। हवा का रंग सुबह छह बजे ठण्डा-सुनहला रहता है। दस बजे वह पीली पड़ने लगती है, बारह बजे आग की लपट बन जाती है। एक बजे हवा की लपट एकदम सफेद-तप्त हो जाती है और भयंकर शाप की तरह नग्न खेतों पर दौड़ती चली जाती है। फिर सन्ध्या को बैंगनी, फिर नीले रंग की शीतल हवा बयार बनकर बहने लगती है। ग्रीष्म में इतने रंगों की हवा। इतने रंग तो वसन्त के भी पास नहीं।

हवाओं के इन सारे कुतूहलों, सारे उल्लासों का कुरुक्षेत्र है यह नीम का पेड़ और माध्यम है मेरा दर्पण-सा स्वच्छ हृदय। मैं दर्पण को रँगता रहता हूँ। नीम की डाल रंगों के मेल को देखकर हामी भरती है। और दर्पण उन हवाओं को अपने अन्तर में उतारकर पढ़ता रहता है। कोई कहती है : 'भूल गये क्या ? वृन्दावन में भेंट हुई थी ! मैं राधा हूँ !' कोई कहती है : 'हमने और तुमने उत्तरायण के मस्तक पर ऊर्ध्वपुण्ड्र की तरह स्थित बदरीवन में एक गीत रचा था। वह गीत तो तुम्हें याद ही होगा !' कोई कहती है : 'मैंने तुम्हें जो जौ के पाँच दाने अपने आम की लताओं के खेत में बोने को दिये थे, उनके विशालकाय वृक्षों से जौ की बालियाँ खूब लटकी होंगी।' कोई प्रेताविष्ट हबुआती हुई कहती है : 'पहचाना नहीं ? कल सुअर के दो छौने काटकर ताजा खून रखे रहना। आऊँगी।' कोई कहती है : 'भैया तू तो बड़ा दुबला हो गया है !'

मैं हवाओं को दर्पण पर उतारता जाता हूँ। उनका सन्देश पढ़ता जाता हूँ। यह नीम का पेड़ हामी भरता जाता है। गोया समस्त जीवन एक 'सियान्स'—एक शव-साधना हो। ये हवाएँ भटकते हुए प्रेत हैं। नीम का पेड़ माध्यम है। मेरा दर्पण प्रश्न कर रहा है। हम इसके चारों ओर एक-दूसरे का हाथ पकड़े बैठे हैं। अर्थात् मैं, तुम (यानी 'मैं') और वह (वह भी 'मैं') और वह (वह भी 'मैं' ही), इस तरह बैठे हैं कि व्यूह पूरा हो जाए। वह बेचारा पेड़ माध्यम है। भयंकर और तृषाग्रस्त प्रेतों को अपनी आत्मा पर उतारकर छटपटाता है। दर्पण प्रश्न करता है, उत्तर को सुनता हूँ और दर्पण से पूछकर अर्थ सोचता हूँ।

नीम के पेड़ पर प्रेत आकर टकराते हैं। सारा पेड़ भयपूर्ण स्वर से झझकार उठता है। दर्पण बोलता है : 'तेरे अन्दर एक मणि है। तू उगल दे।' पर मैं लोभी, मैं कृपण, मैं मणि को मुँह में दबाये जीवन-भर बैठा रहूँगा। मैं मणि को उगलूँगा नहीं। उसी में

मेरा 'स्व' है। कैसे त्याग दूँ ? जिस दिन मणि नहीं रहेगी, उसके वियोग से सिर पटककर मर जाऊँगा। नहीं, नहीं, मैं श्रीकृष्ण नहीं हूँ। मैं पतित, दीन-क्षुद्र मानव हूँ, जिसकी यही एकमात्र पूँजी है। दर्पण फिर बोलता है :

'मूर्ख, मणि उगल दे, तू अन्तर में प्रकाश के जहर को पचा नहीं सकेगा।'

प्यारे दर्पण, ठीक कहते हो। मणि सभी को मिलती है, पर उगलने का साहस सब में नहीं होता। हमारे जैसे मात खाये लोगों के भाग्य में सलीब कहाँ ? ये निद्रानिमग्न आदमी, जो चारों ओर चलते देख रहा हूँ, यह स्लीप-वाकिंग-जगत्, ये रँगे चेहरे और रँगे हाथ क्या चक्रव्यूह प्रदान करेंगे ! मणि उगलने के बाद यदि चक्रव्यूह पा जाता तो वह भी एक बात थी।

अतः प्यारे दर्पण, सो जाओ। रात बहुत हो गयी। तब नीम की शाखाओं पर के प्रेत उड़ जाते हैं और आकाश से स्वप्न उतर आते हैं।

हिन्दुस्तान में कुछ फूल बड़े ही दबंग और अक्खड़ प्रकृति के हैं, जैसे धतूरा और जवाकुसुम मानो दिनकर की कविता हों। चम्पा तपोरता उमा की तरह है, जिसके पास भ्रमर फटकने का साहस भी नहीं कर सकता। सफेद कचनार 'अज्ञेय' जी के बुद्धिवादी प्यार का प्रतीक है। पारिजात सुमित्रानन्दन पन्त की कविता है और रसाल-मंजरी प्रसादजी का सौन्दर्य-बोध। निराला की रसदृष्टि पीली सरसों का मुक्त विस्तार है। इसे अभिजात फूलों में सर्वथा अपांक्तेय रखा गया है, पर स्नेह का स्रोत, जिससे प्रकाश का जन्म होता है और प्राणों का पोषण होता है, और धरती का शृंगार यही है। शोभा और शृंगार के विविध मापदण्डों के प्रतीक इन पुष्पों के रहते हुए भी मैं नीम के पुष्प-गुच्छ का तिरस्कार नहीं कर पाता हूँ। यह अत्यन्त लघुकाय होता है। सफेद, बीच में पीली बिन्दी। पर इसकी भीनी-भीनी अलौकिक महक एवं धूमिल सफेद झूलते हुए चँवरों जैसी फूलों की झालर में एक ऐसा आकर्षण है जो सस्ता, धीमा और मामूली होते हुए भी अपना अस्तित्व जता देता है। यह उन लघु क्षणों का प्रतीक है जिसमें हमें आनन्द के कुछ कण मुफ्त अनायास मिल जाते हैं और हमारा मन यदि रसबोध का पारखी है तो उन लघु क्षणों की पूँजी से ही रस की विशाल सरिता बहा सकता है। हाट-बाट, घर-देहात, बाग-बगीचे—कहीं भी ऐसे क्षणों में अनायास भेंट हो जाती है। जब 'मैं' अपनी गुंजलक से, क्षण-मात्र के लिए ही सही, मुक्त हो जाता है। नीम का फूल आनन्द और तृप्ति की इसी सस्ती, मामूली पर असीम शक्तियों की प्रारम्भ-बिन्दु किसी कोमल विधा का प्रतीक है। विश्व में सारी पराजयों, सारी विकृतियों के बावजूद कुछ अति सीधा-सादा और सरल स्नेहमय तथा मनुष्य के लिए हवा-पानी की तरह सदैव लभ्य, बच जाता है। सभी कुछ चुक नहीं जाता। कभी भी सभी कुछ चुक नहीं जाएगा, कुछ तो अवश्य ही बचा रहेगा। नीम का फूल इसी 'कुछ शेष' का प्रतीक है। यह सारी कटुता और तिक्तता का जो समूचे पत्र-जाल और अगल-बगल के सन्दर्भ

में निहित है, अतिक्रमण करता हुआ गन्ध के रूप में जीवन के 'अस्ति' पक्ष की जय है। सारी कटुताओं को पराजित करके इसकी हलकी भीनी गन्ध मस्तक में प्रवेश करके आत्मा को क्षण-भर के लिए उल्लास और मुक्ति दे देती है। इसमें सन् '30 के 'क्रुद्ध तरुणों' की ललकार नहीं और न इसमें महायुद्धोत्तर साहित्य की मानसिक पराजय और कटु निराशा को कोई स्थान है। नीम का मामूली फूल साहित्य की उस नयी विधा का प्रतीक है, जो समूची निराशा और पराजय का अतिक्रमण करके जीवन में जीने योग्य क्षणों के दानों को एक-एक करके चुन रही है। इस नयी विधा को यह परवाह नहीं कि 'खिरमन' तैयार होने पर इसे जलाने के लिए कोई बिजली आ ही गिरेगी। ऐसी बिजलियों का बल मनुष्य तोल चुका है। साहित्य में 'हमारे बाद ही प्रलय !' का नारा बहुत चल रहा है, सबसे अधिक बुलन्द आवाज जॉर्ज ऑरवेल के प्रसिद्ध उपन्यास '1984' में व्यक्त हुई है।[1] '1984' का घटनाकाल आने में बीस वर्ष की देर है[2], तब तक मनुष्य की आत्मा का प्रकाश दुर्वह अधिनायकवाद की लौह प्राचीर छेद कर बाहर आ जाएगा, ऐसे लक्षण स्पष्ट हो रहे हैं। आत्मा का लोहा सबसे कोमल और सबसे कठोर होता है। इसी से सारी विकृतियों के बावजूद कुछ मामूली, धीमी, सस्ती जीवन की बूँदें प्रत्येक विकृत युग में बच रहती हैं। नीम का फूल उसी मामूली, धीमे, सस्ते परन्तु अमर स्नेह का संकेत करता है।

---

1. सन् '40 के बाद आये अँगरेज उपन्यासकारों में जॉर्ज ऑरवेल का स्थान महत्त्वपूर्ण है। स्विफ़्ट की तरह चुभता व्यंग्य और तेज-तर्रार ईमानदारी उनकी शैली का खास गुण है। उनका अन्तिम उपन्यास है : '1984', जिसे मृत्यु-शैया पर लिखा गया है। यह आर्थर कोयस्लर के 'डार्कनेस ऐट नून' की तरह अधिनायकवाद-विरोधी कृति है। यद्यपि ऑरवेल ने स्पेनी युद्ध में समाजवादी दल की ओर होकर युद्ध किया था और समाजवाद में विश्वास करते रहे, परन्तु रूसी क्रान्ति के अमानुषिक प्रभावों से विचलित होकर भावी विश्व का निराशापूर्ण चित्र '1984' में खींचने को उनकी आत्मा बाध्य हो गयी। ऑरवेल की मृत्यु 1949 में 42-43 वर्ष की अवस्था में हुई।
2. निबन्ध 1964 में लिखा गया था।

मनियारा साँप

'राधा वासकसज्जा बनी है। वह वास-गृह में अकेली बैठी है। उठ-उठकर दिशा-दिशा में तुम्हारा पन्थ निहार रही है। उसके अधर-मधु के पान में कुशल तुम्हीं हो। हे नाथ, हे जगन्नाथ, राधा संकेत-गृह में तुम्हारी प्रतीक्षा में अति व्याकुल है।' फिर भी कृष्ण नहीं आते हैं–राधा विप्रलब्धा बनती है। 'सखि, श्रीकृष्ण के नयन पवन संचालित नीलोत्पल की तरह चंचल हैं। वे जिसके साथ आज रमण कर रहे हैं वह तो किशलय शैया पर मेरी तरह ताप नहीं पाती होगी।' राधा बिलखती है। खण्डिता राधा को प्रातः श्रीकृष्ण मिलते हैं। 'हे हरि, हे माधव, तू कपट की बातें न कर। सरसीरुहलोचन, तू वहीं जा जो तेरा विषाद हरती है।'

रात्रि का अन्धकार गाढ़ा हो चला था। दीपक के क्षीण आलोक में बिरजू महाराज ने एकतारे पर जयदेव के तीन पदों का आवेगपूर्ण अधीर संगीत उतारा। बोल हवा की धारा में विलीन हो चुके थे पर उनका अर्थ अब भी तैर रहा था। यह अर्थ शब्द-निरपेक्ष था। ऐसा लगा कि इस अर्थ से शब्दों का कोई सम्बन्ध नहीं। शब्द तो अर्थ का ऊपरी मैल है। जब अर्थ हृदय में स्थान करके बाहर निकलता है तो शब्दों के मैल से रहित विशुद्ध स्फटिक बन जाता है। अर्थ की यह माया अभी टूटी नहीं थी कि बिरजू ने कहना प्रारम्भ किया :

'वृन्दावन में एक मणिधर साँप रहता था। वह अपनी मणि को सदैव मुख में रखे रहता था। एक दिन वह मणि को उगलकर मथुरा चला गया। वहाँ से वह काला भुजंग फिर लौटा नहीं। मणि आज भी वृन्दावन में उसकी प्रतीक्षा में प्रकाश बिखेर रही है।' फिर मेरी ओर से दृष्टि हटाकर उन्होंने कहा, 'लीला जन्म लेती है सहने के लिए। वह भी सुख भोग नहीं पाती। उसे मर्यादा को सहन करना होता है।'

बिरजू एकाग्र फर्श की ओर देख रहे थे। दीपक के क्षीण आलोक में मैंने देखा, वे धीरे-धीरे उस स्थिति में जा रहे हैं, जिसे वैष्णवों ने 'गम्भीरा' कहा है। मैं चुप रहा। कुटी के बाहर बकुल और पारिजात का जंगल लगा था।

हवा का एक झोंका आया, फूलों की गन्ध लदा। वैष्णव गीत सुनकर जो मन

विगलित होकर तरल बन गया था, वह धीरे-धीरे अशरीरी गन्ध बनकर बाहर आता हुआ ज्ञात हुआ। ऐसा लगा कि वह हवा में घुली गन्ध मेरा ही मन है। ऐसा लगता था कि इस दीवार के बाहर इस अन्धकार में सब-कुछ गलकर बह रहा है। सृष्टि का ठोस लय हो गया है और बाहर का सारा रूपमय जगत्, सारे पेड़-पौधे तरल अवस्था में ही अपने रूप को सँभाले खड़े हैं। अब धीरे-धीरे यह दीवार भी पिघल जाएगी और इस धुँधले प्रकाश में गलकर फिर समस्त सृष्टि के साथ धीरे-धीरे इसकी सत्ता का भी गन्ध में लोप हो जाएगा। तन्मात्राओं की सृष्टि में शब्द और गन्ध का ही माध्यम रह जाएगा। मन में यह माया कुछ क्षणों तक चलती रही। अचानक गद्य की गदा धम्म से सिर पर गयी और सुना एक परिचित स्वर—'भइया, चलो बड़ी देर हुई। पिताजी बिगड़ रहे हैं !'

बिरजू अर्थात् बृजराज मिसिर मेरे बालसखा हैं। बचपन से ही साहसी और भावुक हैं। चेखुरी पण्डित के एकमात्र पुत्र और पिप्लीगढ़ स्टेट के राजपण्डित घोसीराय के पौत्र। द्वादश वर्ष की अवस्था में ही वयःसन्धि की देहरी पर स्थित गृह-परिचारिका को दोहा-चौपाई में प्रेमपत्र लिखे। बात खुली और सवेरे बिरजू गायब। कहाँ गये, कहाँ गये ! खोज होने लगी। अन्त में मिले रेल की पटरी पर सोये हुए। वहाँ से सकुशल लाये जाने पर इनके मामा इन्हें नवद्वीप ले गये, जहाँ वे गौरांग मठ में रसोईदार थे। बाद में सुना गया कि बिरजू भाई वहीं पर न्याय-वेदान्त की शिक्षा ले रहे हैं। नवद्वीप न्याय-वेदान्त का गढ़ ठहरा। लोगों ने विश्वास कर लिया। एक दिन सन्ध्या को आज से पाँच वर्ष पूर्व बिरजू नवद्वीप से लौटे, तो साथ में एक वैष्णवी भी थी। वे न्याय-वेदान्त की जगह पर रस की दीक्षा पाकर लौटे। फिर तो गाँव में ऐसी खलबली मची—जैसी कि हनुमान्जी के मन्दोदरी के साथ प्रणय एवं विधवा-विवाह पर भी वानर सेना में नहीं मच सकती थी। चेखुरी महाराज ने अपने साले अर्थात् इनके मामा के चौदह पुश्तों का पवित्र लोक-भाषा में उद्धार किया और सारे सम्भावित-असम्भावित सम्बन्धों का उच्चारण किया तथा एकाध महीने बाद इस अपने एकमात्र पुत्र के साथ सन्धि कर ली। अब तो बिरजू प्रति शरद और वसन्त की पूर्णिमा को मोर-मुकुट बाँधकर रास लगाते हैं। गाँव के लिए कौतुक है और इनके लिए रस की साधना। यों बिरजू को वैष्णव पदावली और 'उज्ज्वल नील मणि' का अच्छा ज्ञान है। प्रायः वैष्णवजन सुसंगीत और पाक-कला के माहिर होते हैं। इन दोनों के आकर्षण से, एवं बालसखा होने के नाते भी, मैं जब घर आता हूँ, तो बिरजू के यहाँ घण्टों बैठता हूँ। अपनी 'मंजरी' के बारे में उन्होंने बहुत बताया है। वे जयदेव और विद्यापति के संस्कारों से उसे प्रेमाभिषिक्त किया करते हैं। उन्होंने कई बार भाव-विभोर होकर मुझसे कहा है—'मंजरी की आँखें कृष्ण की आँखों की तरह हैं।' प्रारम्भ में यह बात जँचती भी थी। अब भी उसकी आँखें तरल और पिघली हुई हैं, पर पाँच वर्ष पूर्व सचमुच उसकी देह-लता

क्लासिकल छन्दों में बँधी थी। मैं कभी-कभी मंजरी को 'राधा ठकुराइन !' कहकर हाँक लगाता हूँ, तो बिरजू गद्‌गद हो उठते हैं। वह भी प्रीति बरसाती हुई बोलती है : 'आयी छोटे गुसाईं।'

मेरा मन बचपन से ही यायावर है। यह अतीत के 'कजरी बन' में प्रायः भटका करता है। वैष्णव संस्कृति और भाव-साधना के प्रति आकर्षण तो मुझे आनुवंशिक रूप में मिला है। बिरजू के निकट आकर कुछ-कुछ अनुभव होता है कि रस की दीक्षा के गुरु चैतन्य महाप्रभु की तन्मयता कैसी रही होगी ! तन्मयता और भावप्रधान समर्पण के सर्वोच्च उदाहरण वे स्वयं ही थे। अपने जीवन के अन्तिम काल में वे राधा भाव के आवेश में रहा करते थे। एक रात उन्हें स्वप्न में ऐसा लगा कि कृष्ण आकर बैठ गये और बोले : 'राधा, तू उस दिन अभिसारकुंज में अपने पैरों का मंजीर भूल आयी थी। ला पहना दें।' कृष्ण का कर-स्पर्श पाकर राधा ने पैरों को खींच लिया और तिनककर कहा, 'हटो भी !....' महाप्रभु ने ज्यों ही अपना पैर खींचा, नींद उचट गयी। आँखें खुलने पर कृष्ण को न पाकर अत्यन्त विकल हुए। अश्रुधार बहाते हुए दिव्योन्माद में उठ खड़े हुए। उनके चरण नील समुद्र की वेला पर जाकर रुके। नील जल का शान्त विस्तार और उसमें अर्धचन्द्र का झलमलाता प्रतिबिम्ब ! महाप्रभु विप्रलम्भ की आठवीं अवस्था दिव्योन्माद में तो थे ही तुरन्त नौवीं अवस्था 'मोह' से उनकी चेतना आक्रान्त हो गयी। वे नील समुद्र को ही श्रीकृष्ण मान बैठे और भुजा पसारकर अनन्त जलराशि में कूद पड़े। फल हुआ अन्तिम दशा, निर्वाण; इस दीन धरती और इस शान्त आकाश को वह महाप्रभु का अन्तिम दर्शन था।

गौड़ीय वैष्णव साधना मधुर भाव की साधना है। उसका आधार है कान्ता रति। इसमें भी महाप्रभु ने परकीया प्रेम को श्रेष्ठतर इसलिए माना है कि बन्धन के कारण स्वकीया से कहीं अधिक इसमें आवेग रहता है। परकीया रति में भी यह स्वसुखानुभूति-आश्रित नहीं है, जैसाकि कुछ माध्व वैष्णवों में मिलता है। यह तो एकमात्र प्रिय की सुखानुभूति के लिए है। महाप्रभु ने इस अवस्था का नाम 'महाभाव' दिया है। गौड़ीय वैष्णव रस-शास्त्र में रति के तीन भेद बताये गये हैं : साधारण, समंजस और समर्था। प्रथम दोनों में द्वैत का भाव वर्तमान रहता है। समर्था में देह और मन की, प्रिय और प्रिया की, पूर्ण अभिन्नता स्थापित हो जाती है। समंजस रति का उदाहरण कृष्ण-रुक्मिणी हैं। समर्था राधा-कृष्ण भाव पर अवलम्बित है। समर्था रति और महाभाव दोनों को भारतीय साहित्य और साधना में पूर्णतः लाने का श्रेय महाप्रभु को ही है। विद्यापति और जयदेव तक में यह अनुपस्थित है। महाभाव की साधना में आकर्षण एकांगी नहीं, परस्पर और एक साथ होता है। गोदावरी के तट पर महाप्रभु ने रामानन्द राय के साथ

इस महाभाव का जिसे 'मादन' भी कहते हैं, विवेचन किया था। राय रामानन्द ने इस दशा का वर्णन अपने एक गीत में करके महाप्रभु को सुनाया था। गीत में राधा कृष्ण से नयनों द्वारा मिलने के बाद की दशा व्यक्त करते हुए एक स्थल पर कहती है : 'हे सखी, हम दोनों के मन में मनोभव का उदय हुआ। रमण और रमणी का भेद नहीं रहा। न तो मैं दूती खोजने गयी थी और न अभिसार ही किया। हम दोनों का संयोग पंच बाणों के बीच ही हो गया है।...अब जो यह विराग की अवस्था है, तो तुझे दूती बना रही हूँ।'

ना सोई रमन ना हम रमनी। दुहुँ मन पेखल मनोभव जानी।
ना खोज लूँ दूती ना खोज लूँ कान। दुहुँ केरि मिलन मध्य पंच बान।
अब से विराग तुहुँ भेल दूती। सुपुरुष प्रेमक ऐसन रीती।

यह पूर्वराग का पद है। पर अशरीरी अर्थ में मिलन हो चुका है। चैतन्योत्तर वैष्णव साहित्य में मान और प्रवास के कम पद हैं। पूर्व राग और प्रेम वैचित्र्य ही चैतन्योत्तर पदावली का मूल विषय है। मिलन की अपेक्षा विप्रलम्भ पर ही अधिक जोर है। वास्तव में तत्कालीन कवियों ने महाप्रभु का प्रेमोन्माद एवं महाभाव स्वयं देखा था, इसी से रति एवं मधुर भाव अपनी स्थूलता का परित्याग कर केवल आवेग-मात्र रह गये। आवेग की चरम स्थिति का आस्वादन और प्रेम की पारस्परिकता, यही दो तथ्य महाप्रभु की रस-साधना की नींव हैं। महाप्रभु इसी अर्थ में राधा और कृष्ण के संयुक्त अवतार माने जाते थे। यह संयुक्त देवत्व का आरोप ही महाभाव है।

प्लेटो ने 'फीड्रस' में मादन की स्थिति में देवत्व के आवेश का संकेत किया है। प्लेटो के कथनानुसार चरमसत्ता का एक ही रूपायन (फार्म) दृश्यमान है। वह है सौन्दर्य। किसी सुन्दर को देखकर उसके प्रति जो रतिभाव का मन में उदय होता है वह उस चरम सुन्दर का आवेश है। चूँकि सुन्दर चरमसत्ता का रूपायन है, इसलिए जिस व्यक्ति में इसका आवेश हुआ है, वह भी क्षण-भर के लिए देवता बन जाता है। प्लेटो ने आगे चलकर स्पष्ट किया है, कि देवत्व का आरोप प्रेमी में ही होता है, प्रेमिका में नहीं। प्रेमिका का सुन्दर शरीर जड़ निमित्त है, जिस पर चरमसत्ता के रूपायन की छाया है, पर छाया का बोध प्रेमी को होता है। जगत् बोध-प्रत्यय है। अतः यह बोध ही सत्य है और जो इस बोध को पाता है, वही देवता बनता है, बोध का साधन होते हुए भी प्रेमिका में यह आवेश नहीं होता। परन्तु चैतन्यदेव के महाभाव में यह बोध परस्पर है, एकांगी नहीं। प्लेटो की व्याख्या महाभाव से नीचे सम्मोहन की अवस्था है। मादन की नहीं। समस्त युरॅपीय साहित्य में रति का रूप एकांगी है। 'रोमियो जूलियट' अपवाद है। आज का समस्त रति-परक साहित्य एकांगी भाव पर आश्रित है, इसी से वह सम्मोहन (सिडक्शन) और व्यभिचार-मात्र का चित्र देता है। भारतीय साहित्य में महाभाव की

पूर्ण उपस्थिति तो महाप्रभु के बाद होती है, पर इनके पूर्व समंजस-रति-प्रधान साहित्य में भी पारस्परिकता विद्यमान है। समस्त भारतीय रस-कला ही युग्म भाव पर आश्रित है। वात्स्यायन के कामसूत्रों का उद्देश्य ही है रतिबोध की पारस्परिकता का आस्वादन, एकांगी उत्तेजना या मानसिक बलात्कार नहीं।

मेरा जन्म तुलसीदास की भूमि पर हुआ है। उनके द्वारा दिये गये उत्तराधिकार का मैं भी भागीदार हूँ, इसका मुझे औसत से अधिक घमण्ड रहता है। परिवार में श्री-सम्प्रदाय की साधना-पद्धति चलती है और विष्णु की ऐश्वर्य मूर्ति तथा दाक्षिण्य मूर्ति की आराधना, मानसिक रूप से ही सही अब भी करता हूँ। महाप्रभु की लीला-भूमि नीलाचल (पुरी) जाकर भी मैं जब विशाल नील गरजते रत्नाकर के तट पर खड़ा हुआ, तो मुझे समस्त वातावरण में योग निद्रालीन हिरण्यगर्भ पुरुष का ही दर्शन हुआ। सहस्र मूर्द्धा सहस्रबाहु समुद्र को देखकर शेष सहस्रफण की कल्पना अनायास हो जाती है। यह विष्णु का घोर दार्शनिक विग्रह है। उनकी ऐश्वर्य मूर्ति के साथ-साथ हिरण्यगर्भ रूप की आराधना मुझे आनुवंशिक संस्कारों से मिलती है। तब भी मेरा मन कभी-कभी भटककर वृन्दावन चला जाता है। चाँदनी रात में जब लोग सो जाते हैं, हवा में विचित्र गन्ध डोलती है, अन्तर के स्वप्न सोयी धरती के रोम-रोम पर पुलक बनकर फिर अन्त में स्वर बन जाते हैं, तो उस शान्त ज्योत्स्ना में नींद उचट जाने पर ऐसा लगता है कि यह चाँदनी नहीं, किसी की वंशी के स्वरों का बुना हुआ जाल है। कभी-कभी अकेले में ऐसा लगता है कि राधा पीछे से कुंकुम मलकर भाग गयी है। मैं उसकी हँसी स्पष्ट सुनता हूँ। देवत्व के ये क्षण सदैव नहीं आते। पर कभी-कभी आते हैं। देवता स्वयं प्यार का भूखा है। वह सबके पास जाता है। कपाट को आवृत देखकर निराश मन चला जाता है। भाग्यवश कभी-कभी भूल से मेरे अन्तर्पट खुले रह जाते हैं, तो देवता अन्दर आ जाता है। स्नेहपूर्वक पूछता है : 'कैसे हो ? बहुत दिन बाद मिले हो ?'

मेरे मित्र, तुम जो नया साहित्य पढ़ते हो, नया साहित्य लिखते हो, सम्भवतः एक अर्थपूर्ण स्मिति के साथ मुझे रूमानी या भावुक कहोगे। पर यदि तुम वही हो, जिस ने प्रथम उषा का अभिनन्दन किया, सूर्यमण्डल पर चढ़कर युद्ध किया, बादलों का जाल डालकर आकाश लोक की उर्वशी मेनका को फाँस लिया एवं सीता तथा द्रौपदी की कातरता को सुना, तो निश्चय ही तुम्हारा मन भी कभी-कभी भीगता ही होगा। डब्ल्यू. बी. येट्स ने यह कहकर आह भरी थी--'हमीं लोग आखिरी रूमानी हैं।' पर आज ऐसा लगता है कि उपन्यास की विधा चुकने की अवस्था पर आ गयी है, कल यह निश्चय ही चुक जाएगी और आदिम बीजों को कविता के द्वारा मनुष्य फिर उगाने की चेष्टा करेगा। विश्व-साहित्य में इसके लक्षण प्रकट हो रहे हैं। दृष्टिकोण तो बदलकर ही रहेगा। डब्ल्यू. बी. येट्स और इलियट की तुलना करते हुए जी. एस. फ्रेजर ने कहा है कि 'जब पाउण्ड और इलियट लोकप्रिय नहीं रह जाएँगे तो भी येट्स की महानता

अक्षुण्ण रहेगी, क्योंकि इलियट और पाउण्ड तो अपने ही युग के कवि हैं। येट्स की विधा और वस्तु परम्परागत एवं सार्वकालिक हैं। सन् '60 या सन् '70 के दशक का जनमानस इतना बदल जाएगा कि इलियट की प्रतिक्रिया में विधा और अभिरुचि का परिवर्तन होकर रहेगा।' (द मॉडर्न राइटर ऐण्ड हिज़ वर्ल्ड : जी. एस. फ्रेजर, पृ. 176)। आधुनिक साहित्य की जो भावी प्रतिक्रिया होगी, उसका सम्बन्ध किसी-न-किसी रूप से रूमान एवं भावुकता से अवश्य होगा। भावुकता सहस्रफण शेष है। वह हमारी सृष्टि के मूल में कुण्डली मारकर बैठी है। शेषनाग जब एक फण से दूसरे फण पर धरती को लेते हैं, तो भूकम्प आता है। हर बार ऐसा लगता है कि धुरी खिसकी और धरती टूट-टूटकर चूर हो गयी। पर दूसरे ही क्षण स्थिति यथावत् हो जाती है। उसी भाँति भावुकता का शेषनाग भी फण बदलता है। सृष्टि भावुकता के जिस फण पर क्लासिकल युग में थी, उसी पर भक्ति-युग में नहीं रही। जिस फण पर भक्तियुग में स्थित होती है, वह पुनर्जागरण युग से भिन्न है। पर हमारा आदिम मूल इसी गुंजलक पर स्थित है। फण बदलने के मध्यान्तर में अभिरुचि का उथल-पुथल होता है। पर सनातन मूल्य अपने नये परिवेश के साथ फिर उपस्थित हो जाते हैं।

नया कवि मधुर रति को अस्वीकार नहीं करता है, परन्तु प्रेम और भावुकता को देखकर 'छी, छी' करता रहता है। फलतः उसकी मधुर रति सारे आवेगों एवं गहराई के बावजूद क्षुद्र वासना बन जाती है। वैष्णवों की रस-साधना जिस रति को हृदय के माध्यम से देखती है उसे वह बुद्धि और विज्ञान की दो आँखों से देखता है। उसे जो अन्त में मिलता है, उसी को ठीक समझता है। उसी को सुन्दर मान बैठता है। उसके पास आवेग है, तृषा है पर इसे शीतल करने के लिए हृदय-रस नहीं। अतः विज्ञान की दृष्टि से उसे सहजानुभूति हाथ लगती है, जिसे वह अपने आवेग की आँच में रखकर वासना का रूप दे देता है। आवेग है ही, तो हृदय-रस का तिरस्कार करने से क्या लाभ ?

नया कवि सोचता है : 'रुद्र के तृतीय नयन ने जिसे भस्म किया, वह वासना नहीं थी। वह तो छोटा, नटखट शिशु था, प्रेम-देवता (क्यूपिड); वनदेवियाँ जिसके प्रकाश में स्नान करने का साहस नहीं करती थीं। उस दुष्ट शिशु का भस्म हो जाना तो ठीक ही था। पर वासना तो सुन्दर है।' (बुद्धदेव बसु : 'देवता दूई') नया कवि अन्धकारमयी वासना को सुन्दर मानता है, पर प्रेम देवता उसे नहीं भाता ! यह उसकी स्पष्ट घोषणा है। वासना सुन्दर ! वासना कमनीय ! परन्तु इसके प्रतिकूल वैष्णवों की मधुर रति तथा रूमानी प्रेम कम या बेश वासनाहीन है। उसमें कामगन्ध वर्जित है।

उठे मजीठी रंग ! ओ राधा, ओ प्रिया, स्मरगरलखण्डनम् मम शिरसि मण्डनम् देहि पदपल्लवमुदारम् ! काम के दमन की यह नयी शैली है ! यहाँ स्मर दमन राग से होता है। इसी से वैष्णव अनुराग रंगहीन नहीं, निरंजन नहीं। राधा का कुंकुम रंगहीन कैसे

होगा ! रस, 'उज्ज्वल रस' पर राग जिससे रस पैदा होता है रंगीन है। वैष्णव रसशास्त्र में 'उज्ज्वल चन्द्रिका' एवं 'उज्ज्वल नील मणि' के अनुसार राग दो प्रकार का होता है—नील और रक्ताभ। नील जीवन को परिधान की तरह सज्जित किये हुए है और ऊपर से आच्छादित करता है, जैसे श्रीकृष्ण का चन्द्रावली और सत्यभामा से प्रेम। जो अन्तर में स्थित है और आत्मा को रँगता है, वह राग है रक्तिम। यह किसी बाह्य मर्यादा की अपेक्षा नहीं करता। इसके भी दो भेद हैं : कुसुम्भी (रक्ताभ पीत) और मांजिष्ठ या मजीठी (पीताभ रक्त, गुलनार)। कुसुम्भी स्वयं प्रकाशित नहीं होता है, जैसे राधा की सहचरियों का प्रेम, परन्तु मजीठी रंग की अलग अपनी सत्ता है। यह मजीठी प्रेम राधा का है ! टह-टह गुलनार पर हलकी पीताभा लिये हुए।

व्यक्ति-व्यक्ति में राधा है। जब वह हँसकर उत्तरीय में रंग लगा देती है तो श्रीकृष्ण बनना ही पड़ता है। तुम मानो या न मानो ! सारा जग वंचना और व्यंग्य करे, पर शीश उठाकर कवीन्द्र रवीन्द्र की भाँति स्वीकारना पड़ता है :

'मैं तो जन्म से ही रोमाण्टिक हूँ। मैं उसी पथ का पथिक हूँ जिसकी ओर दक्षिण वातास इशारा करता है, जिस अलक्ष्य आकाश की ओर पक्षियों का इंगित जाता है एवं माधवी के अदृश्य आह्वान से प्रेरित होकर जिस पथ की ओर मधुमक्खियाँ दौड़ती हैं। यह सत्य है कि वह सत्य है, यह तर्क मेरे निकट मिथ्या है !'

.....आमि जन्मे रोमाण्टिक—
आमि सेई पथेर पथिक
जे पथे देखाय चले दक्खिने वातासे
पाखिर इशारा जाय जे-पथेर अलक्ष्य आकाशे
मौमाछि जे-पथे जाने
माधवीर अदृश्य आह्वान।
एटा सत्य किंवा सत्य ओटा
मोर काछे मिथ्यासे तर्कय।

डूबता हुआ देवयान

ईश्वर ने एक बार अनातोले फ्रान्स से कहा, जब वह विडम्बनाओं के स्वर्ग में निवास करता था : ''देखो, अनातोले, तुम तो जानते ही हो वह सब तुम्हारा मजाक था। मैंने भी उसका कोई खयाल नहीं किया। पर उस दिन बुद्धि मेरे पास आयी और कहने लगी, देखो ईश्वर, तुम भ्रम क्यों फैलाते हो कि तुम्हारा भी कोई अस्तित्व है। अरे तुम्हें अच्छी तरह मालूम है, तुम्हारा कोई अस्तित्व कभी नहीं था।'' कहकर वह इतराती हुई चली गयी। ईश्वर आगे कहता गया–''और मैं कहता हूँ, अनातोले, जरा इन बुद्धि के बच्चों को तो देखो, विज्ञान पूँजीवाद और उद्योग, (मार्क्सवाद का जन्म तब नहीं हुआ था पर श्रीमती बुद्धि आसन्नप्रसवा थीं) इनके चेहरे हमारे विरंचि के प्रथम प्रयोग आदि दानवों की तरह हैं और ये जन्म से ही सिर से पैर तक शस्त्र-सज्जित हैं।...और देखो, ऐसा लगता है कि मनुष्य इनके शासन-चक्र में अधिक विकृति का सेवन करेगा। मुझे दिखाई दे रहा है, भविष्य में मृत्यु भी स्वाभाविक नहीं होगी, जीवन की कौन कहे ! मृत्यु के दो ही मार्ग शेष रह जाएँगे : आत्मघात और हत्या। अनातोले, तुम्हें आश्चर्य होगा कि बुद्धि, इस आत्मघात और इस हत्या, दोनों को जीवन की सर्वोच्च दार्शनिक साधना एवं सामाजिक यज्ञ का रूप दे देगी।'' ऐसा कहते हुए ईश्वर श्वेत मणि सोपानों की ओर चला गया। आज वह कुछ उदास था। खाली हाथ। न तो शंख-चक्र था और न मुरली।

कुछ दिन पूर्व इसे कहीं पढ़ा था। बेचारे ईश्वर की लाचारी पर दया आ गयी। मन-ही-मन इस सहनशीलता की सराहना भी की। भला ईश्वर क्या नहीं कर सकते हैं। वे राई को पर्वत करनेवाले जब चाहें तब मजा चखा दें, इन बुद्धि के बच्चों को। चाहें तो महादेव भाई से कहकर प्रलय करवा दें। चाहें तो विधाता के पद पर हनुमानूजी की नियुक्ति करके शीर्षहीन मानवों की सृष्टि करावें, जिनके नाक-कान पेट में हों–ओथेलो के यात्रा-देश के किंपुरुषों की तरह। मैं तो उनके अस्तित्व में घोर विश्वास

करता हूँ। राहुलजी की समस्त ग्रन्थावली पाठ कर जाने पर भी, हाईस्कूल की कौन कहे, एम. ए. तक अप्रैल से जून तीन मास के लिए सिर पर लघु शिखा भी रखता आया हूँ। प्रगतिशील मित्र कुछ कहते तो तुरन्त उत्तर देता था, "भाड़ में जाए तुम्हारी प्रगतिशीलता। जीवन का प्रश्न सम्मुख खड़ा है और तुम...। देखा जाएगा जुलाई से।" और अपने हिन्दुस्तान की तो यह परम्परा रही है। मीमांसाकार ने ईश्वर के अस्तित्व का खण्डन कर के अन्त में 'ॐ नमो पुण्डरीकाक्षाय नमः' कहकर प्रायश्चित्त कर लिया कि व्यर्थ कटुता क्यों पैदा की जाए।

खैर, इस देश की तो बात ही और है। यहाँ अनीश्वरवाद की धारा बुद्ध के जन्म से बहुत पूर्व विद्यमान थी और यहाँ ईश्वर भी कुछ भले-मानुष जैसा रहा। याहवेह (जेहोवा) की तरह वज्र उठाकर यहाँ उसने घोषणा नहीं की—"मैं अत्यन्त क्रुद्ध और महाद्वेषी देवता हूँ, जो मेरी उपासना नहीं करेंगे उनको धूलि में मिलाकर छोड़ूँगा।" और न अनुयायियों ने ही चार्वाक या अजित केशकम्बल को जिन्दा जला देने का प्रयत्न किया। इस देश में अनीश्वरवाद बौद्ध धर्म के रूप में राज्यधर्म भी बना। पर यह 'बुद्धिवाद' नहीं 'ज्ञानवाद' का पोषक बना रहा। ज्ञान सर्वांग साधना है और बुद्धि (जिस अर्थ में पश्चिमी दर्शन ने पाया है) अन्त में जाकर शिश्न-उदर पर ठहर जाती है। इस देश का राष्ट्रीय दर्शन वेदान्त अपने घोर रूप में ज्ञान की साधना होते हुए भी ईश्वर का (आराध्य देवता के रूप में) निषेध है। पश्चिम में कुछ इस किस्म का ज्ञानवाद उपज पाया नहीं। बुद्धि की वकालत 18वीं शती के फ्रेंच दार्शनिकों ने प्रारम्भ की। परन्तु बुद्धिवाद आसुरी हो उठा रोमाण्टिक अहंवादियों के स्पर्श में आकर। बायरन इनका आदर्श था। नीत्से ने उन्मत्त स्वरों में सरे बाजार घोषणा की—"सुनो रे भाई, सुनो ! अरे, ईश्वर मर गया !" सारे युरॅप ने इस वाणी को सुना और अभिमत दिया—'ए बिग इवेण्ट ! महान् घटना ! अब हम सब लोग ही नायक (हीरो) बनेंगे !'

पर ईश्वर की मृत्यु का अर्थ होगा 'अतिमा' (ट्रान्सेण्डेन्स का पर्याय और सुमित्रानन्दन पन्त द्वारा अनुमोदित) की मृत्यु। सौन्दर्य, स्नेह, करुणा, दया एवं पुरुषार्थ आदि मूल्य, जो अब तक जीवन को इस शून्य-देश में आधार प्रदान कर प्रतिष्ठित किये थे, अतिमा के न रहने से रिक्त अर्थहीन हो जाएँगे, क्योंकि ये अपने चरम रूप में अतिमा पर ही निर्भर हैं। समस्त भावात्मक और दार्शनिक साधना में, अतीत की सारी लहलहाती खेती में आग लग जाएगी। नीत्से भावों के उपवन में लगी इस ज्वाला की कल्पना कर चुका था। अपने अन्तराल के फरिश्ते को पागल रूप में पहचानते हुए उसने इस प्रकार लिखा है :

"तुमने उस पागल की बात नहीं सुनी, जो दिन दोपहर में लालटेन जलाकर बाजार में चिल्लाता हुआ दौड़ रहा था—"मैं ईश्वर को खोज रहा हूँ।"...(फिर ईश्वर को न पाकर) वह चिल्लाया—"ईश्वर कहाँ है?" हमने और तुमने मिलकर उसकी हत्या कर

दी है।...किसने हमें वह स्पंज दिया जिससे पोंछ हमने सारी क्षितिज रेखा को ही मिटा दिया ? क्या रात्रियाँ, अनवरत रात्रियाँ नहीं आ रही हैं ? क्या दोपहरी में ही लालटेन जलाकर हमें तैयार नहीं हो जाना चाहिए ?...सुनो, उनकी आवाज सुनो जो ईश्वर की कब्र खोद रहे हैं। हमने उसे मार डाला है। पर इससे मिला क्या ? क्या इस महान् कार्य को सहन करने की शक्ति हममें है ? क्या हमें इसके लायक नहीं होना पड़ेगा ? क्या हमें ही स्वतः ईश्वर नहीं होना पड़ेगा ?''

नीत्से के पागल की बात सुनकर बाजार की जनता हँसती है। वह सोचता है : 'अभी इनके पास खबर नहीं पहुँची है। खबर रास्ते में ही है। पर ये ही लोग उसे मारनेवाले हैं, और आश्चर्य है कि ये नहीं जानते।'

युरॅप के बुद्धिजीवी-क्षितिज में प्रथम महायुद्ध के पहले ही देवलोक अस्ताचल पर चला गया। (कभी-कभी ऐसा लगता है, कीर्केगार्द एवं अन्य आधुनिक आस्तिक अस्तित्ववादियों की अरुणाभा अस्ताचल की ही अरुणाभा है। इसकी अरुणाई जीवन और उदय का भ्रम मात्र देती है।) बौद्धिक जगत् में भौतिकवादी दर्शन, यान्त्रिक मनोविज्ञान और अन्त में मार्क्सवाद ने श्रद्धाप्रधान विश्वासों को पंगु कर दिया। ईश्वर के स्थान पर मानवमुक्ति के प्रति नवीन श्रद्धा का बीजारोपण किया गया। फिर मार्क्सवाद, जो इस नवीन श्रद्धा की आधारभूमि था, एवं समाजवादी शासन-व्यवस्था के विरूप प्रयास से यह मानवमुक्ति एक विरूप मजाक बनकर सामने आयी। फलतः आज सारे विश्वास, सारी आस्था समाप्त ! पर इस समूची प्रक्रिया का प्रारम्भ उस दिन से होता है जिस दिन बुद्धि ने ईश्वर को, विश्वास को ललकारा था।

ईश्वर को अस्वीकृत करके मनुष्य ने बुद्धि को स्वामिनी और कामिनी बनाया। यह मनुष्य सम्भवतः प्रभु और पिता के नियन्त्रण से ऊब गया था। बुद्धि का उन्मत्त लालसा-नृत्य प्रारम्भ हुआ। ग्रीक पुराणों में सृष्टि की आदि जननी यूरीनोम के वासना-नृत्य का वर्णन है। महासागर की उत्ताल तरंगों पर नग्नदेह मुक्तकेश देवी नृत्य करने लगी। देवी के अंग-अंग से वासना-रस का संचार हो रहा था। अनन्त जलराशि से घोर सर्प प्रकट हुआ और देवी की जाँघों और कटि भाग से लिपट गया।...फल हुआ सृष्टि का प्रारम्भ और अतिदानवों (टाइटन) का जन्म। बुद्धि का लालसा-नृत्य भी कुछ इसी प्रकार का है। प्रत्येक मनुष्य के अन्दर एक असन्तुष्ट व्यक्तित्व है, जो क्षुधापीड़ित है। वह बुद्धि के द्वारा लालसा रस पीकर उन्मत्त हो उठता है और इस बहु-वल्लभाप्रिया स्वामिनी बुद्धि के भैरवी चक्र में आ फँसता है। यह ऐसी प्रिया है जो स्वतः रिक्त नहीं होती, पर असन्तुष्ट व्यक्तित्व के सर्प इस भोग से रिक्त हो जाते हैं। फिर बुद्धि इन्हें उसी रूप में फेंक देती है, जिस रूप में यूरीनोम ने अपनी तृप्ति

के बाद महासर्प को अतल में फेंक दिया था। फल होता है व्यक्तित्व की रिक्तता को भरने के लिए असन्तोष, आत्मघात, विद्रोह एवं दुःख तथा भय की उपासना एवं अजनबीपन की कपाल-साधना !

तुलसीदास ने लिखा है, निशाचरों का बल प्रदोष वेला में बढ़ जाता है। 'मानस' के अनुसार कहा जाता है कि हनुमानूजी शाम को लड़ाई से लौटकर ज्योंही जलपान करने बैठते थे कि वे सब फिर चढ़ाई कर देते थे और क्षुधित मारुति का क्रोध और प्रचण्ड हो उठता था। आज भी लगता है युरॅप का अस्ताचल क्षितिज विस्तृत होकर विश्व क्षितिज बन गया है, और यह युग मनुष्य जाति के भाव-विकास की प्रदोष वेला है। दैवी शक्तियाँ, जो विश्वास पर, श्रद्धा और यज्ञ पर जीवित रहती हैं, आज अस्तोन्मुख हैं। मनुष्य इनके अभाव में अकेला पड़ गया है। असुर उसके अन्तराल में ही है। वह प्रबल हो उठा है। आज सरस्वती इसी असुर की महिमा में आर्यागान करने को बाध्य है। कवि इसी असुर से प्रार्थना करके शब्द माँगता है।

"हे औघड़, आज प्रसन्न होओ। दो मुट्ठी शब्दों के दाने दे दो। मैं आकाश में इन दानों की खेती करूँगा। साहित्य की आकाश-फसल उगेगी।"

"हे अघोर, मैं तुम्हारे सुख के लिए अपनी गिरा को निर्वसन कर तुम्हारे सम्मुख खड़ा कर सकता हूँ। यह वह वरनारी है जो वसन बिना ही शोभा पाती है।"

"हे भैरव, तुम्हारे लिए मैं इस गिरा का वध करके इसका रक्त तुम्हारे कपाल-पात्र में ढाल दूँगा। तुम प्रसन्न होकर मुझे शब्दों के दो मुट्ठी दाने दे दो।"

औघड़ मदोन्मत्त होकर हँसता है और प्रदोष बल पाकर अपनी ताकत सँभाल नहीं पा रहा है। यह अपने को 'प्रति ईश्वर' (ऐण्टीक्राइस्ट !) मान बैठा है। एकदम नया विधाता! नया विश्वामित्र! यह अति क्षमाहीन है। यह शक्तिशाली है। सृष्टि-रचना में समर्थ भी है, पर केवल मृण्मय सृष्टि। इसका माध्यम भूत, जड़तत्त्व मात्र है। अतः यह दिव्य शरीर और दिव्य मूल्यों का जनक नहीं हो सकता। ईश्वर चित् और अचित् (जड़) दोनों प्रकार की सृष्टियों का विधाता है। ऐसा यह 'प्रति-ईश्वर' नहीं हो सकता। रामानुजाचार्य ने विशिष्टाद्वैत में चित्-अचित्—संयुक्त शरीर से विशिष्ट विष्णु की कल्पना की है। श्री, धृति, कीर्ति, मेधा (सरस्वती), सौन्दर्य, करुणा, स्नेह आदि को विष्णु के शरीर की चित्-विभूतियाँ कहा गया है। प्लेटो की भाषा में ये 'प्रत्यय' अर्थात् आइडिया हैं, जो चरम रूप में ईश्वर के अंग हैं। ये प्रत्यय अचित् या जड़ से सृजित नहीं। जड़ से सृजित प्रत्यय हैं : शारीरिक उल्लास, गरम स्पर्श, अतृप्ति, क्रूर मदोन्मत्तता। यह 'प्रति ईश्वर', नया विधाता, इन्हीं की सृष्टि कर सकता है, परन्तु जिस ईश्वर (या जिस विश्वास) की हत्या कर दी गयी है वह दोनों का विधाता था। वह दोनों को वरदान देने में सक्षम था। नया विश्वास, नयी आस्था, नया विधि, पर अधूरी सृष्टि! बुद्धि कहती है : 'घबराओ नहीं। मैं बताती हूँ। ईश्वर मर गया तो कोई बात नहीं । मैं तुम्हें ही

अतिमानव बना दूँगी। तुम्हारी सन्तानें अतिमानव होंगी। अति मानव ! सुपरमैन! तुम उस ईश्वर की तेजहीन प्रजा थे। पर मैं एक बार तुम्हारे हाथ पकड़ लूँगी तो तुम्हारी दुर्बल भुजाओं में दशानन का बल आ जाएगा।'

बुद्धि ने सुझाया कि यह अतिमानव मनुष्य का उच्चतम प्रस्फुटन होगा। पर अतिमा से सम्बन्ध विच्छिन्न हो जाने से वे सारे मूल्य–प्रेम, करुणा, सौन्दर्य आदि–जिनका अस्तित्व अन्त में अतिमा पर ही जाकर टिकता है, मनुष्य के द्वारा तिरस्कृत होते गये। उनकी सत्यता में उसका विश्वास न रहा। फल हुआ कि यह अतिमानव आत्मा की घोर पराजय के रूप में सामने आया, फोर्ड, राकफेलर, हिटलर और माओ बनकर। अन्तर्वासिनी यमुना जाह्नवी सूखकर फल्गु बन गयीं। अतिमानव के स्थान पर कुछ अतिदानव (टाइटन) पैदा हो गये। शेष मानव समाज कीट पतंग या चींटी की तरह हो गया। दो नये वर्गों का उदय हुआ : एक 'लघुमानवों' का विशाल वर्ग और दूसरा दो-चार पूँजीपतियों और अधिनायकों का 'टाइटन' वर्ग, जिसके हाथ में फाटक की चाबी रही। पर यह सेण्ट पीटरवाली चाबी नहीं है। यह उस फाटक की चाबी है जिसके सिंहद्वार पर लिखा है : 'इसमें एक बार प्रवेश करने पर अपनी समस्त आशाएँ त्याग दो !' गेटे को यह अवस्था ज्ञात थी। इसी से बुद्धि के सुझाव को उसने 'फ़ास्ट' लिखकर नामंजूर कर दिया। पर उसके द्वारा विरचित देवदूतों के रुदन को किसी ने सुना नहीं। ईश्वर मन-ही-मन हँसा। अतिमा की शक्तियों ने करुणासिक्त आँखों से पतन, पराजय, अग्निकाण्ड और बलात्कार देखा। सद्यःजात बालिकाओं का शील-भंग देखा। किसी मदोन्मत्त औरंगजेब और हिटलर के घोड़े की टापों के नीचे कुचलते गये शिशुओं को देखा, जबकि उनके असहाय पिता उन टापों का चुम्बन कर रहे थे !

आज का जगत् लघुमानवों का बृहत् भयत्रस्त समुदाय है। भय के मारे, 'ऐंग्स्ट' के चक्र के नीचे दबा हुआ मनुष्य चूहे की तरह पड़ा है। उसका 'स्व' प्रज्ञा से हीन चूहा-व्यक्तित्व को पाकर अपनी ग्लानि से दबा हुआ है। वह आत्मग्लानि से ऐसा सिमटा है कि एक-दूसरे के निकट जाने का उसमें साहस नहीं। फलतः वह या तो 'आत्मघात' करने को सोचता है अथवा स्वकेन्द्रित शुतुरमुर्ग-दर्शन पर आधारित 'विद्रोह'...अब तो केवल एक उपाय है। वह फिर से शक्तिशाली देवता को (इस 'प्रति ईश्वर' का परित्याग करके) अपनी प्रज्ञा में उतार दे। यदि वह देवता काग की आत्मा में उतरता है तो उसे मयूर बना देता है। यदि वह देवता मेंढक की आत्मा में उतरता है तो उसे महामत्स्य तिमिंगल बना देता है। यदि वह देवता इस लघु-मानव के चूहा-व्यक्तित्व में उतरेगा तो उसे सिंह बना देगा। तभी लघुमानव अरविन्द-दर्शन द्वारा प्रख्यात अतिमानव बन सकेगा। इसके सिवा अन्य कोई मार्ग नहीं। सामूहिक स्तर पर यह दिव्य-अवतरण ही

एक मात्र मार्ग है।

बुद्धि कह देगी : 'फिजूल बात! वह देवता तो कभी का मर गया।' पर देवता मरा नहीं है। वह दिवस-रात्रि, साँझ-उषा के अन्तराल में छोटे-छोटे क्षणों में जब जीवन की धड़कन दर्द बन जाती है, अचानक स्पर्श करके हट जाता है। वह देवता बड़ा धीर है। वह धीर नायक है। उसका प्यार भी धीर, अनन्त एवं मुक्त है। तुम्हारी जन्म-जन्म तक वह प्रतीक्षा करता रहेगा। कभी-न-कभी तो आओगे ही उसके पास। वह धीरोदात्त नायक की भूमिका सदैव से निभाता आया है। वह स्नेह के द्वारा खरीदकर गुलाम बनाया जा सकता है। टी. एस. इलियट ने कहा है कि भविष्य दिन-पर-दिन बुद्धिप्रधान होता जाएगा अतः धर्म की अस्तित्व-रक्षा के लिए उसे बुद्धिप्रधान बना देना आवश्यक है। सम्भवतः इलियट का तात्पर्य है उसे ज्ञानाश्रित और अधिकाधिक दर्शनप्रधान बनाने से। पर उस अवस्था में भी कोई-न-कोई उपासना-पद्धति तो रखनी ही होगी। देवता की सबसे उपयुक्त उपासना होगी उसकी सहज साधना। सहज ज्ञान और विवेक पर आधारित नहीं है। वह स्वभाव का पुत्र है। आत्मा के अश्रुजल से स्वभाव को सींचने पर सहज साधना पल्लवित होती है। हमारा देवता अब हमारा त्राता एवं पापमोचन नहीं बनने जा रहा है। हमारा स्वर्ग-नरक में विश्वास नहीं। त्राण और उद्धार के टिकिट बहुत बेचे गये। वह हाट उठ गयी। उसमें देवता का कोई दोष नहीं था। वह एक अनिवार्य ऐतिहासिक आवश्यकता थी। उसे भूल जाना होगा। आज तो देवता कवि है, प्रेमी है। उसे कवि-सम्राट् और परम प्रियतम, जीवन देवता मानकर उससे सहज सम्बन्ध स्थापित करना होगा। कवि से क्या माँगोगे ? कवि से जाकर कहो : "हे कवि, मुझे एक बीड़ी दो, अथवा भारतवर्ष का राजा बना दो, अथवा मेरा मुकदमा जिता दो," तो बेचारा कवि निरुत्तर मुँह ताकेगा या उठकर चल देगा। कवि प्रकाश देता है, रस का आस्वादन कराता है। देवता से भी इसी की अपेक्षा करो, अधिक नहीं। आज हाट-बाजारों में टके सेर बिकनेवाला देवता बुद्धि के अतिदानव बेटों से टक्कर लेने में समर्थ नहीं। लोहे को गलाने के लिए ऊष्मा चाहिए। चट्टान तोड़ने के लिए अटूट जलधारा चाहिए। लोहे और चट्टान के अतिमानवों को दलित करने के लिए ऊष्मा और जलधारा हमें नये देवता के आशीर्वाद से प्राप्त होंगे। इस आशीर्वाद के बिना हमारे कर्म की फसल को, हमारे भावों की लहलहाती खेती को बुद्धि के महिषासुर चर डालेंगे। 'घर' और 'वन' की मध्य-स्थिति में राम की सहज साधना ही हमारी नवीन उपासना होगी। अब तक देवता का अवतरण व्यक्ति में होता रहा है परन्तु इस नयी सहज-साधना से पूरे समूह में दिव्य अवतरण होगा। देवता को भी अब अवतार की नयी सामूहिक शैली ग्रहण करनी होगी। मैं अवतारवादी हूँ और प्रतीक्षा कर रहा हूँ।

आछी का पेड़, पैशाची; जरथुस्त्र और मैं

मेरे दरवाजे के ठीक उत्तर तरफ परती मैदान है। इसके एक कोने पर एक अकेला आछी का पेड़ खड़ा है। उसके बाद दूर क्षितिज तक कहीं पेड़-पल्लव नहीं दिखाई देता। अचानक नजर पड़ने पर उसकी आकृति सादे आसमान की पृष्ठभूमि पर ऊँटनुमा प्रेत-यान की तरह लगती है, जो शाप की तरह हमारे 'सिवान' पर उतरकर रुक गया है। रात के सन्नाटे में कुछ देर तक तजबीज करके देखने पर यह इन्द्रजाल बदलता-सा ज्ञात होता है और उक्त छायाबिम्ब—'सिल्यूएट' में नया अर्थ जन्म लेता है। गोया एक कमरझुकी वृद्धा खड़ी हो। कभी-कभी उसका पोपला मुँह खिंची असंख्य रेखाओं के साथ स्पष्ट हो जाता है और उसकी आँखों में उठनेवाले क्रोध, घृणा, अपमान और दैन्य बारी-बारी से उभरते ज्ञात होते हैं। यह सब कुछ साफ-साफ एक मिनिट तक चलता है। लगता है, यह हमारे गाँव की 'स्फिंक्स' है और चुपचाप बरसों से गाँव की ओर घूर रही है, शायद इस प्रतीक्षा में कि कोई उन आँखों की भाषा का सही अर्थ निकालेगा। हम लोग आपस में कहते हैं : 'हमारे गाँव का भी एक जमाना था, पर अब क्या ? अब तो लगता है इसका 'डीह' ही सो गया है।' शायद यह 'स्फिंक्स' इस प्रतीक्षा में है कि कोई इन आँखों की भाषा पढ़े और 'डीह'—देवता को जगाए।

आछी का यह पेड़ कुछ ऊँची सतह पर है और उस पर ढालू होने की वजह से मेरे दरवाजे पर से लगता है कि यही धरती का अन्त है, और यही आछी का पेड़ धरती और नील आकाश के महामिलन का हरा-हरा सबुजनील गवाह है। एक बार मैं स्यालदहवाली ट्रेन से सँकरीगली घाट से कलकत्ता आ रहा था। ज्यों ही ट्रेन बोलपुर—शान्तिनिकेतन के पास पहुँची कि एक बंगाली मित्र ने क्षितिज की ओर उँगली दिखाते हुए कहा—''राय बाबू, समग्र विश्वमध्ये, पृथ्वी-आकाशेर महामिलन एकमात्र एई थले। अन्यत्र कोथाओ ए रकम पावा जाय ना।'' हमने कहा—"बिलकुल गलत साहब। धरती और आकाश का महामिलन हमारे गाँव के सिवाने पर आछी के पेड़ के पास होता है।" आखिर मैं अपने गाँव की गौरव पताका को झुकने क्यों दूँ ? लड़ाई होते-होते बची। रवीन्द्रनाथ के अप्रत्यक्ष सन्दर्भ के कारण विरोधीपक्ष का पलड़ा भारी था। लोगों

ने शायद मेरे कथन की ईमानदारी को शक की नजरों से देखा था। पर जन्मभूमि की गरिमा के प्रश्न पर मैं बहुत ईमानदार नहीं हूँ। आखिर उस ईमानदारी से क्या फायदा जो गाँव, देहात, देश-समाज के काम नहीं आयी ?

जेठ-वैशाख के महीने में आठ बजे सुबह से छह बजे शाम तक लू बहती है। आग का दरिया आसमान से उतरकर धरती पर वन्या की तरह बहने लगता है। वातावरण का संगीत उदास और धू-धू, हू-हू हो उठता और कभी-कभी यह हू-हू एक लम्बी रेखा में खिंचा हुआ दूर तक चला जाता है। शाम होने पर भी दो घड़ी रात तक गरम हवा चलती रहती है। फिर धीरे-धीरे रात ठण्डी होने लगती है। तब खौलते दिमाग में रात की शीतलता के साथ-साथ आछी की तर और तीखी सुगन्ध धीरे-धीरे प्रवेश करने लगती है। हमारी चारपाइयाँ आँगन में आकाश-गंगा के ठीक नीचे बिछी रहती हैं। एक फर्लांग की दूरी पर आछी का पेड़ सुगन्ध के झोंके पर झोंके हमारी ओर भेजता है। यों, कहा जाता है कि हवा के रुख पर आछी की सुगन्ध आधे मील तक जाती है। फिर भी न जाने क्यों इस सुगन्ध से मन और प्राण तर नहीं होते। मन के अन्दर उठी प्राचीरें इस गन्ध को आत्मा तक पहुँचने नहीं देती हैं। ये प्राचीरें भय और वंचना की हैं, जिन्हें अनजान में ईंट-पर-ईंट रखकर मैंने खुद उठाया है। ये अड़कर खड़ी हो जाती हैं। आछी का पेड़ अकसर गन्दी या पुरानी जगह पर उगता है और अपना यह पड़ोसी भी प्रतिवाद नहीं। दूसरी बात यह कि बचपन से ही सुनता आया हूँ कि यह प्रेत-बाधित वृक्ष है। आछी का फूल प्रायः देव-वर्जित है, क्योंकि प्रेतात्माओं का इसके प्रति अधिक लोभ रहता है। प्रायः आछी के पेड़ पर कोई जिन्न या चुड़ैल सवार रहती है। यह सब सुनने के ही कारण प्रत्येक चाँदनी रात में आछी के पेड़ की यह ऊँटनुमा आकृति जानदार हो उठती है और इसकी सबसे ऊँची डाल पर चुड़ैल सवार हो जाती है। उसकी उच्छिष्ट गन्ध को नाक तो स्वीकार करती है, पर मन के प्राचीर आड़ लेते हैं। यह गन्ध भय को और घनीभूत कर देती है। मेरे पंख-उगते मन का पोषण इसी भय और इसी सुगन्ध के द्वारा हुआ है। गन्ध का लोभ और भय की ईहा अजीब उच्चाटन की स्थिति में डाल देते हैं। जीवन में बड़े पैमाने पर इसी प्रकार के अनेक उच्चाटनों को भोगता हुआ चल रहा हूँ। न तो गन्ध-लोभ को ही मार सका हूँ और न भय को ही जीत सका हूँ।

सुन चुका हूँ, लोगों ने उसे बगुले की पाँख-जैसा धब-धब सफेद वस्त्र पहने अस्पष्ट मुखाकृति में देखा है। प्रायः मुँह फेरकर खड़ी हुई, निश्चल स्थिति में। कभी-कभी राग धरकर निचलाई रात में वह गला फाड़कर रोती है, हवा तिलमिला उठती है, सारा वातावरण अंग-अंग मरोड़ने लगता है। यह उदास लीला-विभ्रम, यह करुणा, उसकी सेक्स-मृगया से कहीं अधिक शक्तिशाली है और ईमानदार लोगों को वह कई बार भटका चुकी है। उसकी सेक्स-मृगया की कहानियाँ बड़ी ही क्रूर हैं। जरा-सी कमजोरी देखी कि धर दबाया। देवकी लोहार की जान ही लेकर छोड़ा।

यह भी सुना गया है कि वह इसकी सबसे ऊँची डाल पर सवार होकर बाहर-बाहर भी घूमती है। पंचानन मिसिर बताते हैं : “भइया, अचानक डाल नीचे उतरी आसमान से, और पेड़ से जुड़ गयी। सारा पेड़ ही चरचरा उठा। लगा, फटकर टुकड़े-टुकड़े हो जाएगा। साली नट्टिन है। कब कैसे आ गयी, पता नहीं !” इसके बाद मिसिर विस्तारपूर्वक बताते हैं कि किस प्रकार पूरब की बारी का नटवा, पश्चिम का पिपरहवा और साँई-बारी का जिन्न, सभी इसके फेर में हैं। ऐसा लगता है कि इस पुंश्चली नायिका के प्रेत-प्रेमियों का नर्मसखा या विट मिसिर ही हों। यह अतिभौतिक, सुपरनेचुरल, यौनाचार की कथा सही हो या गलत, पर आछी के पेड़ का, तारोंभरी धूसर रात या उजली चाँदनी रात में बना, 'सिल्यूएट' (छाया-बिम्ब) और रात्रि के प्रथम प्रहर की तेज-तर सुगन्ध, दोनों प्रेतलांछित लगते हैं। इस रूप और गन्ध का आस्वादन करने में इनके प्रेत-उच्छिष्ट होने के कारण भय लगता है। हिम्मत नहीं होती कि इस रस का मुक्तमन से भोग करें।

भादों की डायन रात। हाहा करता हुआ पवन। आवाज का ज्वार-भाटा मेरे कमरे के वातायनों पर टक्कर मारकर लौट जाता है। आवाज का रंग नहीं होता है, पर यह शोर रंगीन है, काले अन्धकार के निर्गुण रंग में रँगा हुआ। पवन के इस तीव्र स्वर को हम देख सकते हैं। कभी-कभी किसी के रूप को भी देखकर लगता है, हम उससे सुन रहे हैं, कोई भूली जन्मान्तर की कथा। स्वर को हम देख सकते हैं, और रंग को सुन सकते हैं। इसमें रहस्यवाद-जैसी ऊटपटाँग कोई चीज नहीं। यह तो शुद्धतम प्रत्यक्षानुभूत है ! यह भादों की डायन रात है। मैं अपने कमरे में समाया हुआ हूँ। बाहर घुप्प अन्धकार है। ऐसा लगता है, सारे अस्तित्व समाप्त हो गये हैं। शेष है, मेरा कमरा, जलती लालटेन, खिड़कियाँ, परदे और इस कोटर में दुबका हुआ मैं। बाहर शेष सब कुछ यह सर्वभक्षी अन्धकार लील़ गया है। लगता है, अपनी धरती नहीं रही, अपना आसमान नहीं रहा, अपन. वह काल-प्रवाह भी नहीं रहा, जिसमें जीने का आदेश प्रभु ने अस्त होने के पूर्व दिया था। (ओह, प्रभु तुम अस्त क्यों हो गये।) यह जो मेरे चारों ओर देश-काल के आयामों के नाम पर घेरे हुए है, वह मेरे अपने मृत-देशकाल का प्रेत है। इन प्रेतों के बीच मैं हूँ। अकेले मैं हूँ। अकेले, सर्वतन्त्र-स्वतन्त्र होना क्या ही गरिमा की वस्तु है। क्या ही रुतबा मिला है। अब सब कुछ मैं ही हूँ–प्रभु तो अस्ताचल के उस पार चले गये। (ओह प्रभु, तुम अस्त क्यों हो गये ?) लगता है, मैं एक द्वीप में हूँ। चारों ओर भय छाया हुआ है। लगता है, यह भय ही मेरे व्यक्तित्व को नया संस्कार देगा। सही है कि मैं ही अब एकमात्र प्रभु हूँ। पर यह बड़ाई, यह रुतबा, कितना व्यथापूर्ण है ! शान्तिपर्व के युधिष्ठिर की कथा से भी बड़ी मेरी व्यथा है, क्योंकि मुझे पितामह और युधिष्ठिर दोनों की भूमिका निभानी है, और बिना किसी उदात्तता के, 'हिरोइज़्म' के ! यह काली रात नहीं। यह निराकार भय ही सगुण हो

उठा है। भय अपनी निर्गुण भावात्मक स्थिति को छोड़कर सृष्टि फलक पर सगुण हो उठा है—एक अमूर्त 'एब्स्ट्रैक्ट' शैली में। गहरे कोलतार रंग में अभिव्यक्त अदृश्य का आकारहीन चित्र स्पष्ट हो उठा है।

डर लग रहा है। बहुत डर। (ओह, प्रभु, तुम अस्त क्यों हो गये !) आँखें मूँदकर सोने की कोशिश करता हूँ। माया रूपधारी कामरूप पुरुषों और नारियों के समूह। कोई फावड़ा चला रहा है। उसकी आँखें मेरी घड़ी की तरह गोल हैं, जो अन्य दिशा में देख रही हैं और पुरुष के हाथ स्वयंचालित यन्त्र की तरह जमीन काट रहे हैं। हजामत नहीं बनी है—पकहर, अधेड़, भावहीन चेहरा है। सहसा चित्र धुँधला होकर पता नहीं कब कट गया। एक पाकड़ की जड़ें, खूब ऐंठी हुई। ऐंठन से जड़ें सजीव हो उठी हैं, गोया बादामी रंग के जहरीले बीभत्स सरीसृपों का एक थोक लग गया हो, कहीं से बहता-बहता आकर के। चारों ओर बजबजाती जमीन। कीचड़वाले किनारे पर गतिशील असंख्य नारियों के झुण्ड, उनका मौन अवलोकन, उनके विविध रति-संकेत और फूहड़ लीला-विभ्रम। और नजदीक, और नजदीक—उनके कान्तिहीन मुख और बतीसी लगे गन्दे दाँत। छिः....हे प्रभु, इस बीभत्स कदली वन, इस भय और वंचना के सिंहल द्वीप में अकेले, पूरी गरिमा के साथ जीने की जिम्मेदारी मुझ पर थोप कर खुद अस्ताचल में धँस गये ?

नहीं, आँखें मूँदकर रहना मुश्किल है। उठकर खिड़की से झाँकता हूँ। बाहर बड़े जोर से बिजली कौंधती है। क्षण-भर के लिए आछी का पेड़ और आसपास का धरती और आकाश दिखाई पड़ जाता है। चलो, अपने को छोड़कर किसी अन्य की सजीव स्थिति का आभास तो मिला। प्रेत-आविष्ट पेड़ ही सही। कुछ भय घटता है। सारे भय के मूल में शायद यही अकेलापन था। अब तो हम दो हैं। एक मैं और दूसरा वह पेड़। मेरा भाई, मेरा सखा पेड़। शेष जगत् तो जृम्भक की चोट खाकर मृत है। शेष तो निराकार प्रेत बन चुका है। सगुण तो दो ही हैं, एक मैं और एक वह मेरा भाई, मेरा सखा पेड़। भले ही वह प्रेत-आविष्ट है, उसका गन्ध भोग करने में कुछ डर लगता है। परन्तु भय की इस मूर्च्छना में उसे देखकर तसल्ली तो हुई ! अन्यथा मुझे लगा था कि प्रभु मुझे बिलकुल अकेला ही छोड़कर अस्ताचल में गये हैं। सगुणता का बोध हमारे साहस के लिए कितना आवश्यक है ! दरअसल, सगुणता ही हमारे बोध की शैली है। निर्गुण का तो आवेश होता है—प्रभाव होता है, बोध नहीं होता।

उकड़ूँ बैठ जाता हूँ। लालटेन के सामने मध्यम साइज की एक किताब खुली है। एक अतिपरिचित किताब का अतिपरिचित पृष्ठ और जानी-पहचानी पंक्तियाँ। आँख और मन साथ-साथ पढ़ते हैं :

"बैबीलोन के धूल में मिलने के पूर्व...मेरा मृत शिशु, प्यारा शिशु जरथुस्त्र अपनी ही छाया से मिला, वाटिका में। अपनी ही छाया से, आदमी की रूह से, उसकी भेंट

हो गयी। क्योंकि, तुम जानो, जीवन और मृत्यु के दो जगत् हैं। एक जो प्रत्यक्ष है, दूसरा है वह, जो कब्र के नीचे है, जहाँ रूपों के बिम्ब, छाया-बिम्ब रहते हैं, सोचते हैं। और महान् मृत्यु दोनों को मिला देती है, तब वे एक 'अविभक्त' बन जाते हैं।''

बन्दी प्रमथ्यु से धरती माता कह रही हैं। परन्तु जरथुस्त्र, जरथुस्त्र, क्या यह सही है, दोस्त ? मैं सोचता हूँ, सही ही होगा ! आखिर धरती क्यों झूठ बोलेगी ? पर जरथुस्त्र, जरथुस्त्र...। ओह, तो सही है !

जरथुस्त्र, जरथुस्त्र। लगता है, मैं आविष्ट होता जा रहा हूँ। भादों की डायन रात चाहे जो न कराये। एक छाया-शरीर मेरे से विभक्त होकर धीरे-धीरे अलग होता है—गोया मेरे चमड़े के अन्दर समकेन्द्रिक वृत्तों-जैसे ही प्याज के छिलके की तरह, दो शरीर थे। मैं स्वप्न नहीं देख रहा हूँ। मैं बेहोश नहीं हूँ। इस द्वितीय 'मैं' का चेहरा धीरे-धीरे स्पष्ट हो रहा है। केवल एक अधोवस्त्र पहने धुएँ के रंग के पारदर्शक शरीर की रूपरेखा-भर स्पष्ट हो रही है। अधिक नहीं। गोपी चन्दन का खड़ा टीका और हाथ में झाँझ गौड़ीय वैष्णवों की तरह। तो क्या मेरा छाया-शरीर वैष्णव है ? भादों की यह डायन रात और मेरे अन्तर का वैष्णव प्रेत। तो क्या यह आज 'बाउल गान' या विद्यापति को सुनाएगा ? ''भरा बादर, माह भादर सून मन्दिर मोर।'' पर क्या मुझे आज शून्य मन्दिर होने का दुःख है ! आज यह दुःख नहीं है। आज कोई दुःख ही नहीं है। ''किन-किनाकिन, किन-किनाकिन-किट्धा, किट्धा !....सून मन्दिर मोर।'' अरे भाई, आज दुःख का अनुभव करने में मैं बिलकुल असमर्थ हूँ। व्यर्थ है यह गान ! आज की शून्यता का बोध यह वैष्णव प्रेत क्या करेगा। आज तो केवल भय है, केवल भय। मैं मनुष्य हूँ। मनु की औलाद हूँ। मेरी अपनी एक गरिमा है। यदि मुझे दुःख मिलता तो यह मेरी गरिमा के उपयुक्त होता। कहने के लिए तो मैं ही अकेले सब कुछ का मालिक हूँ। पर मेरे पास है क्या ? केवल भय की पूँजी है। छिः, भय कितनी हीन वस्तु है। यदि दुख मिलता तो मेरा चरित्र ऊँचा उठ जाता—मेरा गौरव ऊपर उठता। सुख की कामना कौन करता है ? सुख की कामना जो करे, वही शूद्र है। हमें चाहिए दुःख। दुःख जितना ही बड़ा होगा, हमारी गरिमा भी उतनी ही बड़ी होगी। यदि समस्त संसार का दुःख मेरे ही माथे पर गिरे तो धन्य भाग्य ! मैं दूसरे ही क्षण बोधिसत्त्व बन जाऊँगा। पर नहीं, आज जो कुछ मेरे पास है, वह तो रिक्तता से भी बदतर है—भय और केवल भय।

मैं सोच रहा हूँ। मेरा प्रेत निश्चय ही आज किसी अन्य व्यथा के बारे में कहेगा। एक धीमी अ-स्पष्ट आवाज सुनाई पड़ती है। मैं बिना उसके चेहरे की ओर ताके ही सुन रहा हूँ—''मेरा विश्वास है, उस छोटी-सी अग्नि-शिखा में, जो हमारे-तुम्हारे बीच जलती है। तुम स्काटलैण्ड में और मैं मध्यदेश में और मैं तुम्हारे शरीर को अपनी बाँहों में न घेर सकूँ, तो भी तुम्हारा एक अंश मेरे पास है। मेरी आत्मा तुम्हारे शरीर से

सटकर उसी अग्नि-शिखा की ऊष्मा में अपने पंख फुलाती है। हम इस आग को सजीव सत्ता बन जाने तक प्यार करेंगे।...मैं इस प्यार की पवित्रता में विश्वास करने लगा हूँ। इससे एक स्थिर शान्ति का जन्म होता है, दो प्रज्वलित अग्नि-शिखाओं के बीच ठहरी हुई बर्फ की छोटी शीतल बूँद की तरह। जब हम मिलेंगे तो इन जलती शिखाओं को और तेज करेंगे।" मैं कुछ रुककर सोचता हूँ, यह तो वैष्णव प्रेत नहीं है। मैं पूछता हूँ, तुम हो कौन ? यह क्या कह रहे हो ? धीमी आवाज आयी—"मैं हूँ चण्डीदास। ये पंक्तियाँ मेरे उपन्यास का एक पात्र अपनी प्रेमिका लेडी चैटरली से बोल रहा है।" चण्डीदास ! लेडी चैटरली का प्रेमी ! डी. एच. लारेन्स, सहजानुभूतियों के शुद्धतम जीवन का पैगम्बर ! तो क्या सहजयान का यह नया चेहरा है ? नहीं, यह अनादि चेहरा है—मेरा चेहरा है। मेरी भाषा है। यह भय की भाषा नहीं है। पर बात साफ-साफ समझ में नहीं आ रही है। मैंने देखा, प्रेत धीरे-धीरे हवा में धुल रहा है और मेरी ओर बढ़ता आ रहा है, उसी बैठी अवस्था में। पारदर्शक शरीर की 'आउट लाइन' भी धीरे-धीरे समाप्त हो जाती है।

मुझे एक झटका-सा लगता है। मैं फिर अपने जगत् में लौट आता हूँ। वही कमरा, वही बाहर हवा और निराकार तम-तोम। पर लगता है कि उस निराकार अन्धकार में खड़े अपने वृक्ष सखा की तरह मैं भी किसी-न-किसी रूप में प्रेत-आविष्ट हूँ।

जरथुस्त्र, जरथुस्त्र, तो धरती ने ठीक कहा था ?

आज रात नींद नहीं आएगी, ऐसा लगता है।

(प्रभु, तुम अकेले छोड़कर अस्त क्यों हो गये !) साढ़े तीन बजे यह डायन रात जहर खाकर बेहोश हो गयी और एक-एक करके प्रेत मरने लगे। मुझे नींद आ गयी।

सवेरा हुआ। बादल तो अभी थे, पर पूरब में फाँक पड़ गयी थी। प्रभु का आगमन होनेवाला है। देखो, उनकी करुणा वातायन से प्रवेश कर रही है। यह मसीहा के जन्म का क्षण है—इसलिए प्रेत हवा हो गये हैं। धरती सगुण-साकार हो उठी है, जो कल रात अनस्तित्व के तम में डूब गयी थी। अपना घर, नीम का पेड़, कनेर और गुलाब की झाड़ें, ये ढोरों के झुण्ड, ये कौवे, ये आने-जानेवाले रास्तों के लोग, जो कल अन्धकार की निर्गुण सत्ता में लुप्त हो गये थे, फिर मिल गये। इनको देखकर मन में विश्वास बँधता है। ऐसा लगता है, धरती का महावाराह ने आकर फिर उद्धार कर दिया है—"जलौघमग्ना सचराचरा धरा...." ओह उधर देखो, पूरब में महावाराह प्रभु की सवारी आ गयी है। लगता है, आकाश में सतयुग उतर रहा है। मसीहा ने जन्म ले लिया है। मैं वातायन के निकट खड़ा था। प्रभु ने मुझे देखते ही हँसकर पूछा— "कैसे हो ?"

नन्दा खूँटे से बँधी होने के कारण रँभा रही थी। मैं नीचे उतरा। देखा तो काका हँसिया लाठी लेकर शायद चारा काटने के लिए जा रहे हैं। काका ने अपने ही मन से कहा, "ओह कल की रात कैसी भयानक थी। रात-भर आँधी चलती रही। इस

अन्धड़ के आगे तो बँगला देश की कालवैशाखी भी मात खा जाएँ। वर्षा एक बूँद भी नहीं हुई। लगता था कि छत ही उड़ जाएगी।''

''हाँ, हवा तेज थी। वह चुड़ैलवाला आछी का पेड़ रात को गिर पड़ा !'' उधर से दातून करते हुए पंचानन मिसिर निकले और ऐसा कहा।

मैंने मैदान की ओर नजर डाली। बात सही थी। लगा कि गाँव का एक जीवन्त 'कैरेक्टर' चला गया। हम लोगों के सही-गलत, सब कुछ का तटस्थ दर्शक। मैं सोच ही रहा था कि मेरा छोटा भतीजा, जो कक्षा में अंग्रेजी और खड़ी बोली दोनों ही में कमजोर होने की वजह से आजकल भोजपुरी भाषा-आन्दोलन का घोर समर्थक बन गया है, उधर की ओर निकला, यह कहते हुए—''आछी की लकड़ी तो किसी काम की होती नहीं। ला रहा हूँ, सब्जियों की लता चढ़ाने और ईंधन के काम आएगी।'' पीछे-पीछे आरी और टाँगी लिये बदुरी तथा लूझा लोहार थे।

''प्रेत, आविष्ट काष्ठ है'' पंचानन महाराज ने सुझाव के स्वर में तुरत टीका की, ''मन्दिर पर लकड़ी भेजवा दो, यजमानो।''

''चुप रहो, मिसिर, बिना बुलाये बीच में मत कूदो।'' उसने तड़पकर कहा। ''हनुमानूजी का नाम ले लेंगे सब ठीक हो जाएगा,'' बदुरी लोहार ने सहमति दी। और हमारे खानदान का वह भावी नेता, उस मृत वृक्ष-पुरुष की ओर सीना तानकर लूझा और बदुरी की सुसज्जित सेना के साथ उत्साहपूर्वक चला गया।

अवरुद्ध त्रेता : प्रतीक्षारत धनुष

परसाल नहीं, परियार साल की बात है। हमारे गाँव के रामलीला मंच पर 'हनुमान् विलाप' का अभिनय हुआ था। हो सकता है कि तुलसीदास और कम्बन के उत्तरी-दक्षिणी पाठक यह सुनकर चौंकें। पर है यह तथ्य। बात यह हुई कि गाँव के इतिहास में पंचायत-चुनाव में पहली बार अहीर सभापति बना था। तो प्रस्ताव आया कि रामलीला में हर साल केवल भूमिहारों के लड़के ही राम-लक्ष्मण और हनुमान् का पार्ट पाते हैं और अहीर-कोइरी आदि को राक्षसों की भूमिका ही मिलती है। यह अत्याचार बहुत दिन तक नहीं चलेगा। अब छोटी जातियों के लड़के भी राम-लक्ष्मण और हनुमान् बनने चाहिए। नहीं तो 'सुराज' का अर्थ क्या है ? इधर द्विजवर्ग का तर्क था कि विजयदशमी के दिन राजा रामचन्द्र के किरीट-कुण्डल का दर्शन करते हुए दो आने का बताशा चढ़ाकर अहीर-कोइरी या तेली-चमार के लड़कों को प्रणाम कैसे किया जाएगा। अन्त में भारतीय चिन्तन में चिरपरिचित मध्यम मार्ग पर समझौता हुआ कि विजयदशमी के दिन राम-लक्ष्मण-हनुमान् द्विजवर्ण की सन्तानें बनेंगी, पर शेष लीलाओं के दिन सभी बारी-बारी से बन लेंगे। इसी निर्णय के अनुसार लंकादहन की लीला के दिन पदारथ कोइरी का बेटा बना हनुमान्‌जी। पर यह महत्त्वपूर्ण भूमिका परम्परा से महीधर काका की थी। उनके पूर्व उनके पूज्य पिता स्वर्गीय रामकंटक बाबा इसे करते थे। कहते हैं कि कुछ वर्ष पूर्व इस महत्त्वपूर्ण भूमिका के लिए एक बार मेरे ही चौपाल में पिता-पुत्र के भीतर भयंकर हनुमान-मकरध्वज युद्ध भी हुआ था और काका ने रामकंटक बाबा से जबर्दस्ती यह पद ले लिया था। इस पुश्तैनी गौरव के छिन जाने के दुख से पीड़ित महीधर काका मेघनाद बने हुए थे। झाल और ढोलक की आवाज के ऊपर लहराती बलखाती 'व्यास' की बानी उठी—"अरे, हाँ !!!—चला इन्द्रजित अतुलित योधा ! बन्धु बधन सुनि उपजा क्रोधा !!" दारुण भट अतुलित योद्धा इन्द्रजित चला ! पर इस बार वह बन्धु-वध नहीं अधिकार-हनन से क्षुब्ध था। प्रत्युत्तर में हनुमानजी को विकट गर्जन का अभिनय और पैंतराबाजी करनी चाहिए थी। पर इधर तो हनुमान् को पसीना छूट रहा था। सुनता हूँ कि किसी भट्टलोल्लट ने अपने

नाट्यशास्त्र में रस को अभिनेतागत माना है। सो सच्ची रसानुभूति के आवेश में काका ने तीन-चार बार कसकर यथार्थवादी गदा-प्रहार कर दिया, और बेचारे हनुमान्जी उच्च-स्वर में मंच पर ही रोने लगे। इस प्रकार 'हनुमान् विलाप' का महानाट्य सम्पन्न हुआ।

सुना जाता है कि इसी मंच पर कुछ वर्ष पूर्व 'परशुराम वस्त्रहरण' का भी अभिनय हुआ था। महेश तिवारी परशुरामजी बने थे। मंच के पीछे बजरंगी बारी ने गाँजा की चिलम थमा दी। अभिनय-पूर्व इसे पीना फायदेमन्द और उचित समझकर दम लगा ही रहे थे कि आवाजें आयीं—''चलें, परशुरामजी'', ''कहाँ हैं भाई...'' इत्यादि। झट बेचारे जल्दी में धोती खोलकर, गैरिक परिधान किसी तरह लपेटकर, और परशु को कन्धे पर रखकर उछलते हुए मंच पर आये—''अरे दुष्ट जनक, बता तू यह शिवधनुष...'' इत्यादि कहते हुए परशु हवा में घुमाने लगे। फिर अभिनय खूब उच्च कोटि का हो जाए, इसलिए एक पैर पर खड़े होकर चारों ओर आवर्त ले ही रहे थे कि परिधान का एक छोर बाँस के एक फट्ठे में फँस गया और आवर्त पूर्ण होने के साथ-साथ वे दिगम्बर हो गये। पर तिवारी तो 'भावानुप्रवेश' में थे और अभिनय सटीक करने के जोश में संवाद बोलते जा रहे थे। एकाध मिनिट बाद 'होश' में आये तो देखा कि मंच खाली है, पर जनता अति प्रफुल्लित नजर आ रही है। इस प्रकार 'परशुराम चीरहरण' नाट्य सम्पन्न हुआ।

पुराणों में उत्तर भारत को ही त्रेता-द्वापर दोनों का लीला-मंच माना गया है। पर तुलसीदास की कलम का कुछ ऐसा असर पड़ा कि उत्तर भारत में त्रेतायुग की उपासना पर ही अधिक बल है। गाँवों में नौजवानों के इष्टदेवता अब भी हनुमान्जी हैं, जो लड्डू रोट आदि वीररस की कठोर मिठाइयों के प्रेमी हैं। इसके प्रतिकूल पूर्वांचल में द्वापर का विशेष जोर है और वहाँ सुकोमल कान्त वपु रसगुल्ले चलते हैं, लगता है कि मुँह के भीतर पदावली साहित्य का 'ललित विरह' गलकर बह रहा है। उत्तर भारत में अब भी 'बजरंगबली की जय' का घोष सुन पड़े तो लगता है कि वातावरण बदल गया। रोआँ खड़ा हो जाता है और भुजाएँ फड़कने लगती हैं। त्रेतायुग वीरगाथा युग है, भारतीय साहित्य का। हिन्दी साहित्य के वीरगाथा-काव्य में पराजय का आक्रोश है। पर इस भारतीय साहित्य के वीरगाथा-काव्य में सनातन विजय का उद्घोष है। यह शुद्धतम वीररस का प्रतीक है, जिसमें कुछ भी हीन और अमानवीय नहीं है। इसके नायक हैं, 'अयोध्या' के वासी। अयोध्या दैवी शक्तियों की वह सनातनपुरी है, जिसे कोई भी पराजित नहीं कर पाता है। यह सनातन से अपराजितापुरी है। यह मन-मन में निवास करनेवाली अनास्था और निराशा से जूझनेवाली अन्तश्चेतना का प्रतीक है। इसी से त्रेता भारतीय साहित्य में शुद्धतम वीररस का प्रतीक है।

परन्तु अपने गाँव में अभिनीत 'हनुमान् विलाप' देखकर ऐसा लगा कि त्रेता गाँव में जीवित अब भी है, पर उसके संचारी भाव बदल गये हैं। वह काफी डालडा-मिश्रित

हो गया है। अब उसका स्थायी भाव उत्साह न होकर खीझ हो गया है। संचारियों में धृति, मति, गर्व, वेग, उग्रता, क्रोध, स्मृति और रोमांच आदि में केवल क्रोध ही बचा है। फलतः यह त्रेता का युग-सत्य कहीं 'हास', कहीं 'अद्‌भुत' और कहीं 'बीभत्स' बनकर प्रकट हो रहा है। शुद्ध रूप में इसको पहचानना कठिन-सा हो गया है। गत पाकिस्तान आक्रमण के अवसर पर अपने देशभक्त गाँव की दीवारों पर लिखित अयूब खाँ को सम्बोधित कुछ भोजपुरी साहित्य पढ़ने का अवसर मिला। एक गाँव के प्राइमरी स्कूल की दीवार पर एक अपूर्व चित्रांकन भी देखा, जो किसी किशोर के मन का रोष अभिव्यक्त करता था। चित्र में एक कुर्ता-धोती-टोपी पहने नाटे आदमी को लम्बे-चौड़े कोट-पैण्ट पहने आदमी के साथ एक अति कुत्सित मुद्रा में दिखाया गया था। इसमें तो सन्देह नहीं कि चित्र का विषय था देशभक्ति। लेकिन अभिव्यक्ति की विधा उसे वीररस की श्रेणी में न ले जाकर बीभत्स रस की श्रेणी में ले गयी थी।

परन्तु त्रेता हमारे अन्दर मरा नहीं है, जीवित है। यह कम सन्तोष की बात नहीं। हमारे अन्दर का 'त्रेता-भाव' शक्ति का अतुल भण्डार है। योग्य नायक मिलन पर अन्धकार की शक्तियों का, गर्दभमुख असुर का, दशों दिशाओं में व्यापक दशमुख रावण का संहार कर सकने में हम समर्थ हैं। कोई खीझ और कुत्सा के स्थान पर उत्साह, धृति मति को स्थायी-संचारी बनाने का तरीका सामने लाए, इसी की आवश्यकता है। आवश्यकता है वशिष्ठ-जैसे पुरोधा-मन्त्री की, जो कह सके—"कहब वेदमत लोकमत नृपनय निगम निचोड़", जो वेदमत, लोकमत, राजनीति और अध्यात्म का चतुर्मुखी सन्तुलन रख सके। आवश्यकता है विश्वामित्र-जैसी पारदर्शी ऋषि प्रतिभा की, जो पहचान सके किसके अन्दर त्रेता का तेज जल रहा है।

त्रेता-भाव अपने शुद्धतम रूप में अब भी हमारे अन्दर जीवित है। जब मैं अब्दुल हमीद और आशाराम त्यागी की तसवीर देखता हूँ—विभित्र पत्रों में प्रकाशित युद्ध-सामग्री पढ़ता हूँ, तो लगता है कि इस वर्तमान का छद्‌म मुखौटा खिसककर नीचे आ गया है और त्रेता का उज्ज्वल गौरवर्ण, तेजदीप्त ललाट झलक जाता है, जिस पर वीरता का राज-त्रिपुण्ड चमचमा रहा है। यही नहीं, जहाँ कहीं भी आसपास मैं देखता हूँ कि मनुष्य की आत्मा विनय को कायरता की सीमा तक न ले जाकर तमककर कह रही है : 'सौमित्र ला धनुष-बाण। भय बिनु होइ न प्रीति !' तो लगता है कि हृदय के अन्धकार में त्रेता का पुरातन तेजस्वी जन्म ले रहा है और तब धनुष चढ़ाकर कहने ही वाला है—"निशिचर हीन करउँ महि...।" जब मैं यह 'ग्रामकथा' (दिनमान 3 दिसम्बर '65) पढ़ता हूँ कि उत्तरी बिहार के किसी जिले के एक नये कथाकार को कलम में रोशनाई भरने के पूर्व रिवाल्वर में गोलियाँ भरकर रखते हुए देखकर 'भूदान आन्दोलन' के एक विदेशी कार्यकर्ता ने इसका कारण पूछा, तो उत्तर मिला—"मैं नये गाँवों की कहानी लिखता हूँ, पर मैं 'तटस्थ' हूँ। मैं गाँव के परस्पर विरोधी गुटों में

नहीं हूँ। इसी से मेरी जान मारने की तीन बार कोशिशें की गयीं। मेरा एक भाई कत्ल कर दिया गया है। मेरे एक सहायक के घर डकैती पड़ी है। फिर भी मैं आत्मसमर्पण नहीं करूँगा।''—तो मुझे लगता है, त्रेता के पुरातन तेजस्वी ने फिर से कोदण्ड फेरना शुरू कर दिया है।

आज से कुछ वर्ष पूर्व रामेश्वरम गया था। धनुषकोटि के तट पर ढलते दिन की छाया में मैंने वरुण की अभ्यर्थना में नारियल, केले और फूल चढ़ाये, जिसे वरुण के गरजते हाथियों में से एक ने लपककर ले लिया और आपस में कन्दुकक्रीड़ा करके नारियल को फिर तट पर फेंक दिया ! हजार-हजार गरजते हाथियों को देखकर तबीयत मचल उठी, उनसे कुश्ती लड़ने की। परन्तु स्यार की तरह हर एक उत्साहपूर्ण कार्य में रास्ता काटनेवाले मेरे मित्रों ने मृत्युभय का भाव मुझमें ऐसा भरा कि केवल वरुण के भक्त की तरह अनुशासित कागस्नान करके ही सन्तोष कर लिया। फिर भी मेरे मन में निराला की 'राम की शक्तिपूजा' की पंक्तियाँ गूँजती रहीं। यह असीम वरुणालय और इसे पार कर जाने का उत्साह आदिम साधनों के द्वारा ! एक हतभाग्य युवक अपने दुगुने हतभाग्य भाई के साथ और वानर मित्रों के साथ एक दिन इसी बालुका तट पर खड़ा रहा होगा। उस पार यक्षबन्धु की स्वर्णपुरी में पवित्रता कैद है यक्षराज के अपराजेय दुर्ग में, जो आसुरी शक्तियों द्वारा रक्षित है। बीच में यह सागर बाधा स्वरूप खड़ा है। पर वरुण के इन गरजते हुए हजार-हजार हाथियों की क्षण-प्रति-क्षण ललकार सुनकर भी ''वह रहा राम का एक हृदय, जो नहीं थका !'' इस पंक्ति का अर्थ यदि इस वरुणालय के सिंह-द्वार पर उस दिन खड़ा न होता, तो इतना स्पष्ट न हुआ होता। वह राम का हृदय था, जिसने कभी भी पराजय को नहीं स्वीकार किया, कभी भी थका नहीं। मेरा मन चौदह वर्ष तक वन-वन भटकनेवाले अपने स्वामी के प्रति करुणा से नहीं, स्नेह से भर आया, आँखें भीग गयीं और साथ ही लगा कि उत्साह से छाती और चौड़ी होती जा रही है। उसी क्षण मुझे याद आया, कलकत्ते में पन्द्रह रुपये प्रति घण्टे के हिसाब से तीन घण्टे सवेरे और पचीस रुपये प्रति घण्टे के हिसाब से दो घण्टे शाम को ट्यूशन करके दिन में सिटी कॉलेज ज्वाइन करनेवाला और प्रतिमास पैंतालीस रुपये अपने छोटे भाई और विधवा माँ को भेजनेवाला बलिया जिले का दरिद्र विद्यार्थी, जो अपने दुर्भाग्यरूपी रावण के मुँह पर तड़ाक से तमाचा मारने को उद्यत है और पी-एच. डी. का स्वप्न देख रहा है। जहाँ कहीं भी तेज है, दृढ़ता है, अपराजित हृदय है, पवित्रता और न्याय की रक्षा के लिए बाँहें धनुष चढ़ा रही हैं, वहाँ-वहाँ मुझे शर-सन्धान के लिए उद्यत उदात्तशीर्ष त्रेता के दर्शन होते हैं, जिसके भव्य ललाट पर विधाता ने अपनी तीन उँगलियाँ फेरकर अग्नि त्रिपुण्ड अंकित कर दिया है। यह त्रेता अपने उदात्त रूप में भारत में मरा नहीं है। यह अतीत का अंश होते हुए भी प्राणवान् है। अतीत के द्वारा इस पर कहीं-कहीं यदि काई-कर्दम चढ़ गयी हो, तो इसे धो-माँजकर चमकानेवाले

चाहिए। विश्वामित्रों की आवश्यकता है, जो कर्दम और हाड़-मांस में छिपी त्रेता की अग्नि को पहचानकर चुनें और संस्कार दें। वाल्मीकि की आवश्यकता है, जो छन्द और उपयुक्त नायक दोनों की सृष्टि करे।

जो लोग खण्डकाल की शैली में सोचते हैं, उन्हें वर्तमान काल-बिन्दु यानी 1966 ई. मात्र 'कलियुगे कलि प्रथमचरणे' है। परन्तु काल-चिन्तन की एक दूसरी भी शैली है। सनातनकाल या महाकाल के 'पैटर्न' में सोचने पर प्रत्येक बिन्दु में भूत, भविष्य और वर्तमान साथ-साथ संयुक्त रहते हैं—भूत, वर्तमान के अन्दर 'संस्कार' रूप में रहता है और भविष्य 'सम्भावना' के रूप में। काल-चक्र की गति दुहरी है : रेखागत और बिन्दुगत। रेखागत काल की गति भूत, वर्तमान और भविष्य के खण्डों में विभाजित है। पर यह रेखा कई बिन्दुओं का संगठन मात्र है और प्रत्येक बिन्दु पर काल अखण्ड सनातन रूप में मौजूद है, खण्ड रूप में नहीं। खण्ड-दृष्टि भ्रामक दृष्टि है। उसका आश्रय लेने पर असन्तुलित अनागत के जन्म लेने का डर है। खण्ड-दृष्टि ऊपर से वैज्ञानिक दिखाई देने पर भी समग्र को एक साथ सोचने में असमर्थ है। वैज्ञानिक चिन्तन पर आधारित क्रान्तियों का फल तथ्यतः उनकी पराजय ही हुआ है। एक अत्याचार का अन्त करके दूसरे प्रकार के अत्याचार की स्थापना हुई है। शोषण रह गया है। उसकी तकनीक बदल गयी है। अतः कालातीत समग्रता को दृष्टि में रखकर ही अनागत का स्वागत किया जाए, तो अधिक अच्छा होगा।

मैंने सनातन काल को, वर्तमान में निहित त्रेता-द्वापर और अनागत को, किसी उपनिषद् या इलियट के 'फोरक्वार्टेट्स' के माध्यम से नहीं देखकर, आस-पास के जीवन के माध्यम से देखा है। हाट-बाट, ट्राम-बस, दिल्ली-कलकत्ता, गाजीपुर-बनारस की गलियों में मैंने विकृत त्रेता और शुद्ध त्रेता दोनों को देखा है। द्वापर न केवल वृन्दावन में बल्कि हर जगह है। अपने गाँव के शान्त गंगा तट पर झूमते ज्वार-बाजरा के खेतों में, या मतवाली पीले फूलों से लदी हरिप्रिया (अरहर) के झाड़ों पर बैठे बनपाखियों के गीतमुखर जोड़ों में द्वापर की भाव-कथा को सगुण रूप में अवतरित होते हुए मैंने देखा है। जब कभी वर्तमान का मुखौटा भूल से सरक जाता है, तो त्रेता का तेजदीप्त त्रिपुण्डधारी ललाट, द्वापर की खमदार भौंहें और खंजननयन तथा अनागत का सरल कुण्ठाहीन और ताजी नयी हँसी से भरा हुआ कैशोर मुख झलक जाता है।

मैं अनागत का स्वप्न देख रहा हूँ। मतसा-जीऊपुर के पट्ठे 'फर्री' कूद रहे हैं, नाच रहे हैं। नगाड़े पर महाकाव्य बज रहा है 'ढमर-ढमर, ढम, ढम, ढम, ढम !' साथ में चिनगारी-सी छनकती आवाज में करताल है। 'बाजत ताल पखावज बीना।' बीना नहीं है तो कोई बात नहीं। बिना बीना के ही त्रेता-युग साकार हो उठा है। ध्वनि और ताल के सामंजस्य से वाल्मीकि रामायण जन्म ले रही है। ध्वनि के रूप में महाकाव्य का साकार जन्म ! बीच-बीच में 'जय बजरंग ! वाह रे पट्ठा। छू ले आसमान ! सुनाई

पड़ता है, तो लगता है वाल्मीकि के कन्धे पर सवारी कसे हुए साक्षात् निरालाजी दशों दिशाओं में प्रकट हो रहे हैं, लगता है आसमान में काल पुरुष गाँजे के नशे में लाल धुत्त होकर सनातन कुमारिका, साथ ही सनातन प्रसविनी, धरती-वधू के प्रति एक रसपूर्ण 'जोगीड़ा' ललकार-भरे स्वर में बोल रहा है। सम्भवतः यह नयी छवि उसके कौमार्य भंग की भूमिका है, जिससे उस अनागत का जन्म होगा, जिसके सभी बच्चे ब्राह्मण होंगे, जिसके सभी पट्ठे जवान होंगे या किसान होंगे, जिसके सभी बूढ़े ऋषि-मुनि होंगे, जिसके सभी घरों में खाने को भरपूर गेहूँ, चावल, ज्वार, बाजरा होगा, जिसके चक्र की छाया में श्रम और ज्ञान एक-दूसरे का वरण करेंगे, बाबू-संस्कृति का नामोनिशान नहीं रहेगा, मुहम्मदशाह के बादवाले मुगलिया-कल्चर के सड़े सामन्तवादी आर्किड जैसे जीवन-तन्तु नेस्तनाबूद हो चुके होंगे और सभी लोग अपनी भाषा बोलेंगे।

सम्पाती के बेटे

चित्रा चली गयी। स्वाति का आगमन हुआ। टहटही तेज धूप, सादे मेघ, नीला आसमान और दूर-दूर फैले ज्वार-बाजरे के पके हुए गद्यगन्धी खेत। नीचे पकी हुई धूसर और शस्य-पीत धरती और ऊपर प्राणों का सखा तेजस्वी सूर्य। ऐसे मरदाने वातावरण में चातक, 'पी कहाँ' रूमान और कविता कहाँ से आये ? हाँ, मेरी खिड़की के पास ही पुराना पीपल का पेड़ है जिस पर से समय-कुसमय गृध्र-युग्मों के काम-सीत्कार के घोर रव सुन पड़ते हैं। जहाँ की प्रकृति के हिस्से में ज्वार-बाजरे और ईख-जैसे लाठीनुमा कवित्वहीन और गद्याकृति पौधे मिले हों, वहाँ की किसी चीज में बंगाल की माया कैसे प्रवेश करे ! रोज इन्हीं गृध्र-युग्मों का प्रणय देखने को मिलता है। प्रणय-पूर्व गृध्र नायक दूर-दूर के दरख्तों से सूखी-अधसूखी टहनियाँ तोड़कर गृध्र-स्वामिनी प्रिया को सौंपता है और वह नीड़ रचती है। प्रणय और नीड़ की माया दोनों का वितान साथ-साथ तनता जाता है। काल पाकर अण्डे फूटते हैं। सघन पत्तों के बीच गृध्र-शावक पलता है। शिशु के बड़े हो जाने पर गृह की माया बिखर जाती है। माया की अर्गला के एक बार टूटते ही शावक भी भूल जाता है और चिर कुमारिका गृध्रस्वामिनी फिर से उर्वशी बन जाती है। पत्नी नहीं, माता नहीं, सनातन प्रिया। फिर वही मुक्त विहार। घर जोड़ने की माया का क्षणिक आवेश समाप्त हो जाता है। सहजानुभूतियों और संवेगों पर आधारित यह माया-युक्त जीवन निरन्तर इसी प्रकार चलता रहता है, जिसे मनुष्य ने बुद्धि के आदेश से शृंखलाबद्ध कर दिया है, क्योंकि मनुष्य आखिर मनुष्य है। वह गृध्र नहीं, चील-कौवा नहीं, कबूतर नहीं। यों, जब कभी डी. एच्. लारेन्स की तसवीर देखता हूँ तो गृध्र पुरुष की छवि मन में उभर आती है। वैसे ही लम्बी गरदन, दाढ़ीवाला ऊबड़-खाबड़ मुखमण्डल और ठण्डी, गहरी दृष्टि ! जब मन में गहरा अन्धकार छा जाता है, और कुछ दिखाई नहीं पड़ता, सिवा अन्धकारयुक्त एक प्रगाढ़ नशे के और कुछ की अनुभूति करने में हम समर्थ नहीं रह जाते, तो उन क्षणों में ही लारेन्स द्वारा प्रख्यात 'सहज वृत्तियों' की 'विशुद्ध अनुभूति' होती है। परन्तु यह एक विशेष आवेश और विशेष अवस्था है। समस्त जीवन का दर्शन होने का सामर्थ्य इसमें नहीं। हाँ, कभी-कभी कोटरबद्ध मन

के अन्दर का अनजिया व्यक्तित्व गरज-गरजकर इसकी माँग करता रहता है। लेकिन जीवित व्यक्तित्व की ही माँगों का विस्तार एवं दायित्व-उपलब्धि का लेखा-जोखा इतना कठिन और उलझा हुआ है कि अनजिये की ओर ताकने की फुरसत कहाँ ? ताकने-देखने के लिए इस कामरूपिणी अनन्तवर्णी की, सतरंगी धरती वधू की विभ्रमचेष्टाएँ और वयःसन्धि क्या कम हैं, कि अनजिये की, अप्राकृतिक की, आदिम की अपेक्षा करें, मिनती करें, सूअर काटें और खून पिलाएँ, जिससे ये दैत्यशिशु प्रसन्न हों और हम धन्य-धन्य हो जाएँ ? इस खुले आकाश के नीचे सोने-सी चमचमाती और बरसती हुई क्वार-कार्तिक की धूप, ज्वार-बाजरे के पट्ठ पर पट्ठ खड़े खेतों की सेना और बीच से अपना बाग; अथवा शरद् की बरसती चाँदनी, आकाश और धरती की बातचीत,—ऐसे परिवेशों में बाहर निकलता हूँ तो मैं पेड़ों, पौधों, मस्त हवाओं और सुनहली किरणों-जैसी प्रेमिकाओं के बीच मन को मुक्त भाव से बाँटने लगता हूँ। तब लगता है कि लारेन्स झूठा था, फ्रॉयड कपटी था। प्रकृति की मुक्त और अनन्त छवि को सम्मुख पाकर मन के रसबोध का दायरा इतना विस्तृत हो जाता है कि 'जिस्म' का वह आकर्षण जो बद्ध सीमित शयनकक्ष के अन्दर 'बद्ध' मन को रेशमी माया बुनकर बाँधता है, इस महिमा में विलीन हो लापता हो जाता है। कृष्ण ने राधा के साथ जिस महाभाव की साधना की, जिस काम-गन्धहीन रसबोध की उपासना की उसका श्रेय यमुनातट, करील और कदम्ब की हरीतिमा तथा शरद्-पूर्णिमा को है। वे द्वारिका कि शयन-कक्ष में क्यों नहीं महाभाव पा गये ?

गृध्र शाक्त पक्षी है। समरभूमि में नर्तन करनेवाली योगिनियों-डाकिनियों का लीला-शुक है। श्मशान-भूमि के क्रीड़ा-शिशु वैतालों का साथी है। इसका भाव-सम्बन्ध जरा और मृत्यु के साथ है। लम्बी गरदन, वृद्ध मुखाकृति, कुटिल-क्रूर बूढ़ी जैसी आँखें, मृतक-मांस-भक्षण (बाज और गरुड़ की तरह शिकार करके तेजस्वी जीवन बितानेवाला यह नहीं है) और बीभत्स जीवनवाला यह पक्षी जरा और मृत्यु का प्रतीक न होगा तो क्या प्रेम-शृंगार और वीरता का प्रतीक होगा ? इसको देखकर तो पता ही नहीं चलता कि इसके अन्दर भी बचपन और जवानी आते हैं, काश्मीर और बंगाल इसके मन में भी लहलहाता है, वासन्ती हवाओं का स्पर्श इसे भी व्यथित करता है, काम के तीर इसे भी सहने पड़ते हैं। यदि यहाँ बैठे-बैठे दिन में तीन बार इनकी काम-सीत्कार नहीं सुनता तो कल्पना ही नहीं होती कि इनके दिल में भी एक वृन्दावन उगा है और रस की अवस्थाएँ पूर्वराग, अभिसार, संकीर्ण रति, रति, मान-मनुहार इसको भी वैसे ही मिली हैं जैसे औरों को। दरअसल, रस को विधाता ने मुक्तहस्त होकर सबको बाँटा है। यह विधाता भी अजीब फक्कड़ है। रस सबको बाँट दिया, रुदन सबको बाँट दिया। मनुष्य रहता तो मुँहदेखी करता, भाव चढ़ा देता, काला बाजार चला देता, रातों-रात रस के पीपे और रुदन की बोरियाँ गायब करा देता और शायद दिल्ली में भी रस और रुदन

की वह सस्ती नहीं होती जो आज है ! लेकिन विधाता ऐसा क्यों करे ? उसे कौन-सा मुनाफा कमाना है ? वह तो कवि है ! कवि को अपनी प्रत्येक कृति में अपना ही प्राण-रस जलाना पड़ता है चाहे वह रावण-इयागो हों या राम-हैमलेट हों। सबके अन्दर उसी का प्राण पिघलकर संचारित हो रहा है। इसी से यह विधाता मदन-सखा रसाल को ही मंजरी-भूषित नहीं करता, बल्कि बबूल को भी अपना प्यार और आशीर्वाद उसी भाँति देता है। एक बार हल्दी सब पर चढ़ती है। बबूल-जैसे कण्टकमय भाग्यहीन वृक्ष पर जब चटख-पीले खूबसूरत फूल गहगहाकर छा जाते हैं तो लगता है कि तारों की बारात सज गयी है, सारा वसन्त इसी बेवकूफ पर उतर आया है।

यहाँ पर अपने एक बंगाली अन्तरंग मित्र की याद आ जाती है, जो आधुनिक चित्रकला का अभ्यास कर रहे हैं। ये अपनी सहन में जहाँ कभी फूलगोभी और गुलाब की पाँतें खड़ी थीं, बबूल के बाग लगाये हैं, आधुनिक भावबोध की प्रेरणा पाने के लिए वसन्तागम के समय पीले-पीले फूलों से अपने कमरे की सजावट करते हैं। फलतः कमरे में इधर-उधर काँटे फैले रहते हैं जो समय-असमय पत्नी की उँगलियों में, मेज साफ करते समय या कमरा बुहारते समय गड़ जाते हैं। उस समय जो अमृत-वर्षा प्रारम्भ होती है उसमें बँगला भाषा की सहज बौछार का कमाल सुनते ही बनता है। संयोगवश जब कभी ऐसे अवसरों पर उधर से निकलता हूँ तो इस सुनहले मौके को हाथ से जाने नहीं देता और किसी-न-किसी बहाने पन्द्रह-बीस मिनिट ठहरकर इसी जीवन में स्वर्ग-सुख लूटता हूँ। कभी-कभी 'दादा' को अति संकट में पड़ा देखकर कह उठता हूँ : 'बउदि, दादार 'टेस्ट' खूब भालो आरु परिष्कार ! देखिए न यह रात-भर उसी रूमानी ढंग से झरता है जैसे मौलश्री अथवा शेफाली।' 'भाभी' तुरत चमककर उत्तर देती हैं, 'छाई आसे !' कभी-कभी 'दादा' श्रीमती को कायल करने के लिए गुरुदेव के किसी भतीजे का उदाहरण देते हैं (जो पता नहीं कितना सत्य है !), जिसने गुरुदेव के रूमानी काव्य-बोध के विरुद्ध ढाका-दल के बुद्धदेव वसु, जीवनानन्द दास आदि के प्रभाव में आकर एक उल्लू पालना शुरू कर दिया था। गुरुदेव को पता चला तो बुलाकर एक दिन डाँटा, 'सुन रे,..., हमारे घर में दो उल्लू साथ-साथ नहीं रह सकते !' पर विद्रोही आत्मा की पुकार एवं आधुनिक का आग्रह दब नहीं पाये। बंगाल की 'नयी कविता' और 'क्षुब्ध' युवकों और 'क्षुधित' युवा चित्रकारों का दल इस बात का साक्षी है कि गुरुदेव साहित्यिक समर हार गये और मैदान 'नये' लोगों के हाथ में रहा ! फिर भी 'बउदि' (भाभी) इस तर्क की कायल नहीं होतीं। गुरुदेव के नाम का जादू भी व्यर्थ हो जाता है।

तुलसीदास ने गृध्रों की अपार दृष्टि और दूरदर्शिता का उल्लेख करके उनकी इज्जत

बहुत-कुछ बचा ली है : 'गीधहिं दृष्टि अपार।' मनुष्य-समाज में भी दूरदर्शिता और दृष्टि की विशालता वृद्धता के साथ जुड़ी है। वृद्ध ही दूरदर्शी होते हैं; नौजवान को तो हरा-हरा ही सूझता है : ऐसा प्रचार वृद्धों के द्वारा कर दिया गया है। अकसर वे अपने मुँह से ही ऐसी हाँकते हैं, भले ही नयी पीढ़ी उनके इस आग्रह को कौड़ी का तीन माने, आमूल परिवर्तन की चर्चा करे, नया साहित्य पढ़े और नयी कविता लिखे। 'वृद्ध' के साथ 'गृध्र' (अर्धतत्सम रूप 'गृद्ध') का ध्वनिसाम्य भी उनके इस आग्रह का पोषक है। ऐसा लगता है कि प्राचीन काल में जब शायद वैदिक संस्कृति का जमाना था, वृद्धों ने मिल-जुलकर किसी पुरातन डॉ. रघुवीर से अपने लिए ऐसा सुन्दर शब्द गढ़वा लिया। खैर ! बात तो यहाँ गृध्रों की हो रही है। उनकी 'अपार दृष्टि' के उल्लेख का सम्बन्ध सम्पाती से है जो इस महाकुल का पुराणपुरुष है। जटायु और सम्पाती दोनों भाई आकाश मापने और सूर्य को छूने का साहस करके उड़े। आसमान की परत-पर-परत फाड़कर पूरी आस्था के साथ उड़ते गये, पर आगे चलकर एक ऐसा बिन्दु आया जहाँ निरावरण तेज असह्य हो उठा। जटायु तो लौट आया। तेज को निरावरण देखने की लालसा से सम्पाती आगे बढ़ा। पर निरावरण तेज, निरावरण नग्न सत्य और निरावरण सौन्दर्य को सभी कोई बरदाश्त नहीं कर सकते। इनके सम्मुख पड़ जाने पर सभी कोई अपनी संज्ञा और सुध-बुध को सन्तुलित नहीं रख पाते। सम्पाती का अहं उसे तेज और सौन्दर्य को आवरणहीन नग्न रूप में स्पर्श करने के लिए प्रेरित करता है। फलतः उसके पंख भस्म हो जाते हैं और वह धरती पर गिर पड़ता है। मूसा को निरावरण तेज का दर्शन हुआ था, पर वह भी एक हरी झाड़ी के पीछे और केवल एक क्षण के लिए। दूसरे ही क्षण मूसा की आँखें बन्द हो गयीं और जब वे लौटे तो उनके चेहरे पर वृद्धता आ गयी थी और काले बाल सफेद हो चुके थे। महाकवि निराला के निधन पर एक अग्रजन्मे स्वर ने कहा था : 'वे पंखहीन सम्पाती की तरह अपनी यूटोपिया की पराजय देखते हुए मरे।' हर एक साहित्यकार थोड़ा-बहुत सम्पाती होता है और प्रायः सभी तथ्यों की प्रखर ज्वाला में अपनी यूटोपिया के पंखों को झुलसा हुआ पाते हैं। सलीब पर झूलता हुआ मसीहा स्वतः एक बहुत बड़ा सम्पाती था ! पर पैगम्बर या साहित्यकार ऐसे सम्पाती हैं जो पंखों के जल जाने पर भी हार नहीं मानते, पछताते नहीं। चारों ओर पराजय है, निराशा है, रिक्तता है, दुर्गन्ध है। फिर भी कोई पश्चात्ताप नहीं। संघर्ष का रथ आगे बढ़ेगा। यदि पथ नहीं मिलता तो अपने इस एकाकी अकेले रथ की लीक ही पथ है। कोई चिन्ता नहीं, कोई परवाह नहीं, भविष्य के अजन्मे मन के लिए सर्वस्व समर्पण।

दूसरे वे हैं जो जटायु की तरह निरावरण सत्य की खोज में चलते तो हैं, तेज के स्पर्श की इच्छा तो है, पर वे चुनौती स्वीकार करके सूर्य तक जाने का साहस नहीं कर पाते। पैगम्बरों का जोगिया बाना उन्हें आकृष्ट नहीं करता। मन्त्रद्रष्टा बनने की,

हिन्द महासागर को पी जाने की या नयी सृष्टि रचाकर देवताओं से प्रतिद्वन्द्विता करने की चाह उनमें नहीं। उनका उद्देश्य जीवन में सीधे-सादे कुछ आदर्शों में विश्वास-भर होता है और वे सहज शान्तिप्रिय जीवन बिना किसी ध्वजा-पताका के ही बिताना चाहते हैं। वे अति लघु हैं। उन्हें वामन बनकर रहना ही आता है। पर जब इतिहास की गति रुकने-रुकने को हो जाती है, जीवन कोई बड़ा 'चुनौती' फेंकता है और आदर्श जब उनके सामने भिक्षा-पात्र लेकर खड़ा हो जाता है, तो अचानक उनमें हिमालय-जैसा पौरुष आ जाता है और उस हालत में वे किसी भी रावण से टक्कर ले बैठते हैं। उस समय उनका मामूलीपन हवा हो जाता है। ऐसा अकसर देखा गया है कि संक्रमण के क्षणों में महत्त्वाकांक्षा और महत्त्व दोनों से हीन साधारण वामन भी अपने अन्तर के तेज को पहचानकर ललकार उठता है और विराट् बन जाता है। पर सम्पाती ऐसे नहीं होते हैं। ये सम्पाती सदैव पैगम्बर बनने की चेष्टा करते हैं, सदैव नयी लीक खोजते हैं, पंख जलाते हैं। लीक नहीं बन पाती, अन्तरिक्ष की माप का स्वप्न अधूरा रह जाता है। फिर भी सम्पाती लघुता और क्षुद्रता की सीमा से अपने को आबद्ध नहीं मानता। पंगु और शक्तिहीन होकर भी उसकी दृष्टि अभी बची है। इस दृष्टि का संकेत सत्य के, आदर्श के, जीवन की महिमा के अन्वेषियों को वह देता रहता है। उसके पास शक्ति नहीं कि वह हनुमान् को पीठ पर लादकर सागर पार करा दे। पर वह दिशा-निर्देश कर देता है। वर्तमान का इतिहासकार कलम-पर-कलम मारता जाता है, पंक्ति-पर-पंक्ति जुड़ती जाती है पर इन सम्पातियों पर वह दृष्टिपात भी नहीं करता। उसकी काली स्याही का राजतिलक इन पंगु सम्पातियों को नहीं मिलता है। पर ये कितने आवश्यक हैं, इसे इतिहास-विधाता खूब जानता है।

प्रति सन्ध्या इन पीपल और आम की डालों पर बलाकाओं पर बलाकाएँ उतरती हैं। जिस डाल पर हरे-हरे सुग्गों का झुण्ड अभी बेतहाशा नीचे उतरकर हरीतिमा में अन्तर्धान हो गया है, उसी पर सफेद बगुलों की कतारें उतर रही हैं। बगल में ही कहीं कौवे हैं तो कहीं ढेंकी, पेंचें और जंगली कबूतरों की पंक्तियाँ। सबके सब इस गृध्र-परिवार के अगल-बगल डेरा डाल चुके हैं। सिर्फ रैन-बसेरा का ही तो सवाल है, कल फिर अपने-अपने काम पर ! हरीतिमा के जाल में सभी छिप गये हैं। पर स्वरों-द्वारा पहचाने जा सकते हैं—पूरा पेड़ एक आर्केस्ट्रा बन गया है। ये द्विजन्मे पाखी मनुष्य से अधिक सभ्य लगते हैं। ये विविधता और सह-अस्तित्व को बरदाश्त तो करते हैं। कितने रंग, कितनी छायाएँ, कितनी सज्जाएँ, कितने बाने, कितने नृत्य, कितने गान, कितना हर्ष और कितनी विचित्रता ! मनुष्य की तुलना में रोते भी बहुत कम हैं। प्रायः नहीं ही रोते। और यदि कोई रोता है, तो इतिहास बन जाता है, नये छन्द का जन्म हो जाता

है, कवि उत्पन्न हो जाता है। नहीं तो हर्ष, केवल हर्ष। शोक और मोह के परे नृत्य और गान। हरे, नीले, पीले, रुपहले और स्वर्णिम गीतों की बलाका नील आसमान के हृदय को रँगती रहती है। ये रंग दृष्टिवालों को दिखाई देते हैं, पर सुनाई तो सभी को पड़ते हैं, हमको, तुमको, उसको, और 'उसको भी जो बछड़े को नहला रहा है।' इनके हाव, इनके भाव, इनकी हेला के सामने चिदम्बरम् के भित्ति-उत्कीर्ण मुद्रा-चित्र झख मारते हैं, गौड़ीय वैष्णव रस-सिद्धान्त और भरत मुनि अधूरे ज्ञात होते हैं। ये कभी केवल रंग-ही-रंग हैं और कुछ नहीं, तो कभी केवल ध्वनि हैं, रंग-रूप का लोप हो गया है। ध्वनियाँ, केवल ध्वनियाँ, निराकार शब्दहीन, भाषाहीन, अर्थों के मामूली बचकाने घेरे से बाहर की ध्वनियाँ। 'शुद्ध' अतियथार्थवादी कला। केवल संकेत, पर कोई विशिष्ट सीमित अर्थ नहीं। इतनी सारी विविधता के बावजूद इनका सह-अस्तित्व बड़े मजे में चल जाता है। कहीं कोकिल और बुलबुल है तो कहीं कौवा और गृध्र ! फिर भी ध्वनि-गुम्फ (सिम्फॅनी) बिगड़ती नहीं, इनमें कोई नहीं कहता 'अबे चुप ! क्या सवेरे ही सवेरे......'

मनुष्य भी बड़ा अजीब है। विशेषतः यह नया मनु। वह मन से वैविध्य बरदाश्त नहीं करता है। ऊपर से तो बाण्डुंग सम्मेलन कराता है, जेनेवा और लेकसक्सेस में तीर्थ बाँधता है, विज्ञप्तियाँ प्रकाशित करता है और नये-नये शब्द, 'सह-अस्तित्व', 'पंचशील', 'सर्वोदय', 'साम्यवाद' आदि-आदि गढ़ता है, पर उसका अन्तराल कुछ ऐसा है अथवा ऐसा हो गया है कि वह वैविध्य को बरदाश्त कर नहीं पाता। उसकी आत्मा अपनी अस्मिता के आग्रह से ऐसी पीड़ित है कि वह समानान्तर अस्मिता का अस्तित्व बरदाश्त नहीं कर पाता। वह सम्पूर्ण का अकेले भोग करना चाहता है, दूसरी अस्मिताओं से संयुक्त करके पारस्परिक भोग नहीं। और तो और, बेचारे का प्यार भी इस रोग से मुक्त नहीं। कहने को तो इसी प्यार के पीछे वह संन्यास ले लेता है, कौपीन बाँधता है, रोमियो-जूलियट बनता है, जहर-माहुर खाता है। पर एक-दूसरे को 'पारस्परिक प्रदान' एक आदर्श-भर रहता है। वह यथार्थ में 'आत्मनस्तु कामाय सर्वं प्रियं भवति' से जिसे सर्ग के प्रथम चरण में ही उपनिषद्‌कार ने अनुभूत किया था, आगे नहीं जाता। एक-दूसरे को मुष्टिगत रूप में रखना, एक-दूसरे को अधिकृत रखना, इसी की परिष्कृत विधा का नाम है प्यार। वैदिक और यूनानी क्लासिकल युग में यही विधा थी। बाद में मध्य युग में पारस्परिकता का आदर्श स्थापित हुआ सही, पर व्यवहार में एक-दूसरे की आत्मा को काटकर अपने गले की शोभा बनाने का सम्प्रयत्न ही वास्तविक स्थिति रही। आधुनिक मनु को शॉ और लारेन्स जैसे गुरु मिले हैं। आज तो प्रत्येक प्रेमिका चण्डिका है और प्रत्येक प्रेमी अघोर शिव। ये एक-दूसरे का मुण्ड काटने के लिए एक-दूसरे के व्यक्तित्व को 'अधिकृत' करने के लिए ही, खुलेआम लालायित हैं। यहाँ अर्धनारीश्वर नहीं। मानुषी प्यार तो चाहे वह कुमारी कंकावती मुखर्जी और सहगल साहब का हो

अथवा रामभरोसे और रामनिहोर-बौ भौजी का हो, सभी अघोर भैरव और चण्डी भैरवी का आपसी संघर्ष है। कल्पना के जगत् में अर्धनारीश्वर है, जयदेव हैं, सूरदास हैं और पारस्परिक समर्पण है। असलियत है मृगया, मृगशावक और शरासन-स्थित बाण ! क्योंकि मनुष्य की आदत ही नहीं कि वह किसी भी तरह का—चाहे वह भाव-जगत् हो, अर्थ-जगत् हो या राजनीति हो, सह-अस्तित्व बरदाश्त करे। यही तथ्य है।

पर यह भी सही है कि मनुष्य केवल 'तथ्य' ही नहीं है। मनुष्य के सम्पूर्ण का केवल एक भाग ही 'तथ्य' पर जाकर समाप्त है। उसका शेष तथ्य से आगे जाता है। तथ्यों से भी परे एक अनचीन्हा-अनजाना जगत् है जिसकी मस्ती, जिसकी हवा के नशे में आकर वह मुण्ड मुँड़ाता है, मेखला तोड़ता है, कौपीन बाँधता है, अन्धकार में डुबकी लगाता है और दूर-दूर की खाक छानता है। तथ्यों की पहचानी ठोस भूमि के परे भी एक ऐसी भूमि है जिसकी गन्ध से पागल होकर वह हृदय में दीपक प्रतिष्ठित करता है, अपना रक्त जलाता है और उसके प्रकाश में किसी की छवि का आभास पाकर धन्य-धन्य हो उठता है, चाहे वह छवि किसी लड़की की हो या श्रीकृष्ण की ! बात एक ही है। पारस्परिक समर्पण ही नहीं सह-अस्तित्व के अन्य क्षेत्रों में भी अपने उच्छृंखल अस्मिता-भोग पर वह नियन्त्रण रखने की चेष्टा में सदैव लीन रहता है। जोर-जबर्दस्ती ही सही, पर वह सह-अस्तित्व का मूल्य पहचानता है, इसी सह-अस्तित्व के लिए वह लाख उपाय रचता है। गृह जोड़ता है, कचहरी-थाना बनाता है, विधानसभा, लोकसभा बैठाता है, चर्चों और चैत्यों की स्थापना करता है, अग्नि की वेदी बाँधता है। वह क्या-क्या नहीं करता जिससे किसी तरह भी, घिसटते हुए ही सही, सह-अस्तित्व चल जाए और क,ख,ग एक साथ रह सकें। वह राजा, नियामक, मिल-मालिक और 'अध्यक्ष' चुनता है, 'बोर्ड' संगठित करता है, 'कोड' पास करवाता है। वह अपने ही लिए नयी-नयी बेड़ियाँ गढ़ता चलता है और उसका सारा जीवन भिन्न 'काण्ट्रैक्टों' की भुगतान करते ही बीत जाता है। आज हम अपने पिता को, अपने सन्त को, अपने कवि को गालियाँ देते हैं कि वे तो मर गये पर हमारे लिए ये 'काण्ट्रैक्ट' और ये बेड़ियाँ छोड़ गये। पर वे पिता, वे सन्त और वे कवि लाचार थे। उन्होंने अपने लिए और अपनी सन्ततियों के लिए बेड़ियाँ इसी सह-अस्तित्व के लिए गढ़ीं। हम भी जब इन बेड़ियों को तोड़ फेंकेंगे तो सिर्फ इसीलिए कि हमें नयी-नयी बेड़ियाँ चाहिए। यह और बात है कि वे नयी होंगी इसीलिए खूबसूरत लगेंगी और हमारे पैरों में नये स्वरों से झनझनाएँगी।

चण्डी-थान

करीब दस वर्षों बाद चण्डी-थान फिर देखने का अवसर इस बार मिला। ग्रीष्म की ढलती दोपहरी। वेला लटक गयी थी। मैंने शिव-प्रिया चण्डिका के चैत्य पर, स्वभाववश, शीश नवाया। माथे पर भभूत मली। फिर पास के वट-वृक्ष के नीचे पड़े एकाकी शिव को प्रणाम किया और बैठ गया। अपनी महायोगिनी प्रिया की काम-चितवन की आशा में बैठे इस 'चीरवासा' भैरव के शीश पर एक अबोध मैना बैठी हुई थी। मुझे देख कर वह विग्रह की गोद में उतर आयी। बस इतना ही परिवर्तन हुआ। बरगद पर कुछ कौवे और कबूतर भी थे। सभी दुपहरिया काटने के फेर में थे। अटूट और धीर एकान्त। तप्त उच्छृंखल लू के झोंके बाहर-बाहर उत्पात कर रहे थे। पर चैत्य की पुरानी टूटी चहारदीवारी के भीतर का वायुमण्डल ध्यानयोग में लीन था। यहाँ तक कि मेरा सहज तमोगुणी मन भी इससे प्रभावित हो गया !

यह चण्डी-थान आस-पास के बावन वत्सगोत्री ग्रामों का कुल-पीठ है। इस क्षेत्र के जड़-चेतन पर इस देवी का शासन है। यहाँ का आसमान, यहाँ का हवा-पानी और यहाँ के पावस-मेघ, सभी इसके अधीन माने जाते हैं। अतिवृष्टि, अनावृष्टि, सूखा-अकाल, अष्टग्रही, गंगा की उन्मत्त क्रुद्ध वन्या सभी को डाँटने के लिए, माताओं द्वारा तेजस्वी प्रजा उत्पन्न करने के लिए, हमारे पापों के बावजूद इस क्षमाशील धरती से गेहूँ-जौ और ज्वार-बाजरा जैसे शक्तिशाली शस्य पैदा करवाने के लिए, संक्षेप में प्रत्येक मंगल-कामना के लिए यहाँ के निवासी इसी के पास नालिश-फरियाद करते हैं। इससे सस्ता और सुलभ दरबार उन्हें कहाँ मिलेगा! गत पाकिस्तानी आक्रमण के अवसर पर भी इसे जगाया गया। इससे पता चलता है कि विश्व-राजनीति में भी यह दखल देने लगी है। घर-घर कथा प्रचलित है कि जब शालिवाहन ने इस 'बावन'-क्षेत्र पर आक्रमण किया था तो इस भैरवी ने सुरसा की तरह मुँह फैलाकर सारे क्षितिज को ढक लिया और अत्याचारी जान लेकर भागा। पता नहीं यह शालिवाहन है कौन ? इस देश में भोजों, विक्रमादित्यों और शालिवाहनों की एक फौज खड़ी है। और ये नाम व्यक्तिवाचक संज्ञा न होकर भाववाचक संज्ञा बन गये हैं। यह भी प्रचलित है कि प्रति अमावस्या

की घोर रात्रि में सबके सो जाने पर चुपके से यह देवी पाँच वर्ष से नीचे के प्रत्येक शिशु के सिरहाने आकर खड़ी होती है, उसका मुख देखने के लिए। मातृका जो है। माँग में सिन्दूर, हाथों में शंख की चूड़ियाँ और कोई अलंकार नहीं। यह मुक्तकेशी षोडशी माँ अपने गैरिक परिधान में एक हाथ में खट्वांग और दूसरे में सूप लिये हुए अमावस्या की घोर रात्रि में मन-वेग से बावन गाँवों के आकाश-मण्डल पर चक्कर काटती है और घर-घर उतरती है—ऐसा लोगों को विश्वास है। आज से बीस-तीस वर्ष पहले यह शूकरबलि लेती थी। पर आज इसकी उपासना शुद्ध द्विज-पद्धति से होती है। षोडशोपचार और हवन-मात्र। यदि कोई तन्त्र-पद्धति से पूजना ही चाहता है तो मांस के स्थान पर 'उड़द' (माष) और 'कारन' (मदिरा) के स्थान पर ब्राह्मण 'सोंठ और गुड़' तथा क्षत्रिय 'नारियल का पानी' दे देता है, जैसा कि तन्त्राचार का आदेश है। आज जब कि चमारों और दुसाधों ने पंचायत करके गाँव-गाँव में कठोर निर्णय ले लिया है कि वे मांस नहीं खाएँगे, प्रायः प्रत्येक चमार-टोली में रात को तुलसीकृत रामायण का पाठ होता है और सभी निम्नवर्ग अपने को आर्यत्व की दीक्षा में प्रस्तुत करने पर तुले हुए हैं, इस मातृका की किरात-मत से उपासना करने का प्रश्न ही नहीं उठता। इस समूची सामाजिक प्रक्रिया के पीछे, जो देवता से लेकर मनुष्य तक चल रही है, एक शुभ का महान् आरोहण चल रहा है, एक समूची जाति का तेजस्वी पावक में कायाकल्प हो रहा है।

इस चण्डी-थान से सटा हुआ पुराना मिडिल स्कूल है जिसमें बचपन में हम पढ़ने आते थे। तब इस देवी-चैत्य के पीछे एक बड़ा-सा इमली का पेड़ था जिसकी एक डाल पोखरे के पानी पर झुकी थी। पोखरे के ऊँचे भीटे पर यह चैत्य, यह भैरववट तथा बगल का शिव मन्दिर और इन्हें घेरे हुए एक आदमकद पुरानी चहारदीवारी, ये सभी खड़े हैं कम-से-कम तीन सौ वर्षों से। तीन सौ वर्षों की हवा-बयार की छाप और औरंगज़ेब-फ़र्रुखसियर आदि के इसलामी अश्वमेध का चिह्न इन देवमूर्तियों पर स्पष्ट है। शिव-मंन्दिर अपेक्षाकृत नया है। हमने अपने उन सतयुगी दिनों में इस इमली पर के बन्दरों से दोस्ती कर ली थी। वे प्रायः हमारे माँगने पर इमली का पका फहुआ गिरा देते थे। और कभी-कभी जब हमारी प्रार्थना अनसुनी हो जाती, तब हम लोग 'वीरभोग्या वसुन्धरा' के आदर्श पर ढेलेबाजी शुरू कर देते थे और वे सब भी प्रत्याक्रमण में फहुए तोड़कर दुगुने वेग से चलाते थे। फलतः उनकी मूर्खतापूर्ण रणनीति से हमारा मतलब निकल आता था। कभी-कभी इमली की लट की डाल पर चढ़कर हम लोग छलाँग लगाकर वीर भाव से पानी में कूदते थे। तैरते हुए पश्चिमी कोने पर जाकर काई-सेवार-भरे कमल-वन में घुस जाते थे और खिली-अधखिली कलियों को तोड़ लाते थे। उन वयःसन्धि की देहरी पर आयी कलियों को निर्दयतापूर्वक अपनी उँगलियों से खिलाते थे और यदि सतोगुण का मन में उदय हुआ तो पचासों कमल देवी के चैत्य

पर चढ़ा देते थे (यह सतोगुणी 'मूड' महीने में एक बार से ज्यादा नहीं आता था) अन्यथा उनके चिथड़े-चिथड़े कर इस क्षमाशील धरती से बेमोल पायी गयी सौन्दर्यश्री को अकारण नष्ट कर पाशविक आनन्द का अनुभव करते थे। कभी-कभी दो दलों में 'बदान' (रण-आमन्त्रण) देकर यहीं पर, 'फैसला' होता था, 'देवी माई' के प्रांगण में। मास्टरों को कानोकान खबर नहीं लगती। धर्मयुद्ध के सारे नियमों का पालन होता था। वीर-भयानक रौद्र के बाद अनिवार्यतः करुण रस की धारा भी बहती थी। घोर आर्तनाद होता था । देवी चुपचाप अपने उत्पाती बेटों का सारा कुकृत्य बर्दाश्त करती थी। अप्रैल-मई में सवेरे का स्कूल होता था। वैशाख की कड़ी दुपहरी में पोखरे का पानी तेज तलवार के पानी की तरह चमाचम हो उठता था, रोशनी की तेजस्वी लकीरों पर नजर नहीं ठहरती थी, बाहर-बाहर हू-हू करके चक्कर काटती गरम हवा बहती थी, उसमें सूखी पत्तियों के झुण्ड चरखी की तरह नाचते-नाचते हवा के साथ-साथ दूर तक चले जाते थे, तो हम लोग समझते थे कि हवा में 'बवण्डर' देवता का प्रवेश हो गया है। मारे भय के हम चहारदीवारी के बाहर अकेले नहीं जाते थे क्योंकि 'बवण्डर' प्रेतयोनि का देवता है । उस झन्न-झन्न करती दुपहरिया में जब चिड़िया का पूत भी नहीं बोलता था, हम उस इमली के गाछ के नीचे बवण्डरों की लीला देखते हुए या खेलते-कूदते समय काट लेते थे।

यह तो उस समय की बात हुई जब मेरे जीवन का त्रेता-द्वापर चल रहा था। आज देखता हूँ, वह इमली काट दी गयी है। एक मन्दिर की नींव उस चैत्य के चारों ओर उसे घेरते हुए पड़ी है। कुछ अंश उठ भी गया है। कल्पना की इस दरिद्रता को बाजारू, 'फिलिस्तीन'-दृष्टि के इस आरोपण को देखकर अत्यन्त खेद हुआ। यह आद्या है, समस्त सृष्टि की आदियोनि है, अन्तरिक्ष के जन्म के पूर्व से, कल्प के जन्म के पूर्व से इसका अस्तित्व है, यह त्रिपुरसुन्दरी है, हिरण्यगर्भ विष्णु और महाकाल रुद्र इसके कामबाणों से विद्ध होकर ही सक्रिय होते हैं। इस आदि महाविद्या के मन्दिर की छत सूर्य-चन्द्र को मस्तक पर धारे आकाश से क्या कम ऊँची होगी ! इसके मन्दिर की दीवारें दसों दिशाओं से क्या कम लम्बी-चौड़ी होंगी ! पर यह मनुष्य है। जैसे अपनी आत्मा टके सेर बेच रहा है, और शायद भविष्य में यह कौड़ी के मोल भी न बिके, वैसे ही सोचता है कि वह देवी को भी टके सेर खरीद लेगा, देवी अपने लिए एक छोटा-सा घर पाकर खुश होंगी और अपनी किस्मत सराहेंगी तथा दाता के नौबतखाने पर रोज सवेरे जाकर सलामी ठोंक आएँगी। चाहे देवता की विराटता हो या सौन्दर्य की पवित्रता हो या आत्मा का तेज हो, मनुष्य सबको अपने मन की हीनता के प्रतिमान से नापकर सबका रेट-भाव बाँधता फिरता है। विराटता, पवित्रता और तेज के इन दर्पणों में अपने बौने दरिद्र मन

की कुरूपता एक बार भी देख पाता तो उसका मोह भंग हो जाता। जो एक बार भी किसी भी एक दर्पण के माध्यम से इस 'वज्र-विरूप' मन की भद्दी मुखाकृति को देख गया है उसका मोह तुरन्त समाप्त हो गया है, और वह दार्शनिक, कवि या सन्त बन गया है।

देवी के चैत्य से कुछ दूर पर वट के नीचे एक शिव-चैत्य है। निस्संग, एकाकी शिव। एक सफेद सुडौल आमलक-आकृति का बड़ा-सा प्रस्तरखण्ड। यही शिव हैं। 'नर्मदा कंकर, सब शंकर'। वट की जड़ के नीचे एकाकी पड़े हुए हैं। यही इस महायोगिनी चण्डी के चीरवासा अघोर-भैरव हैं। अगल-बगल मुरझाये धतूरे के फूल और अक्षत बिखरे हैं जिसे चींटियाँ ढोकर ले जा रही हैं। पास ही बीस गज की ही दूरी पर हाल का बना शिव-मन्दिर है जिसके गर्भगृह में एक फुट ऊँचे लिंग-विग्रह के साथ-साथ शिव और सौभाग्यपार्वती की मूर्तियाँ हैं। इन अलग-अलग दक्षिणामुद्रा में स्थित मूर्तियों के सामने की दीवार पर गणेश की प्रतिमा है—द्वार के ठीक ऊपर। दरवाजे से बाहर वृषभ है। यहाँ हमें देवी के मन्दिरवासिनी होने में एतराज नहीं। यहाँ वे महामुद्रा में नहीं हैं। यहाँ वे सौभाग्यपार्वती हैं, पत्नी हैं, माता हैं, एक छोटा-सा सुखद संसार बसाकर चल रही हैं। मैं, एक पुराने कवि के साक्ष्य से अपने अन्तर्मन में सब देख रहा हूँ, सब सुन रहा हूँ। दोनों बच्चे लड़ रहे हैं—'माँ देख, यह कार्तिक मेरी नाक को पकड़कर एक हाथ, दो हाथ, तीन हाथ करके नाप रहा है और मेरे पेट में उँगली कोंच रहा है।' दूसरी आवाज आती है कुछ तेज और चंचल-सी—'और माँ इसका भी देख, इसी ने पहले मेरी आँखों को एक आँख, दो आँख, तीन आँख... करके गिनना शुरू किया था !' माँ हँसती हैं और डाँटती हैं—'अरे छोड़ दे रे कार्तिक !'

यहाँ हमें एतराज नहीं कि शिवानी को मन्दिर में क्यों रखा। पर यह महामुद्रा यह महायोगिनी, यह चण्डिका-विग्रह और यह चीरवासा भैरव—इनकी बात और है। यह महामुद्रा शिव-पत्नी नहीं, उनकी दक्षिणा प्रेमिका है; स्वतन्त्र है; योगिनी है; किसी भी 'पति' से अनुशासित नहीं। चीरवासा भैरव ही उलटे इस त्रिपुरसुन्दरी, इस कामेश्वरी का एक काम-कटाक्ष-भर पाने के लिए उसकी आराधना में रत हैं। 'पत्नी' और 'प्रेमिका' में फर्क होता है। सहचरी 'पत्नी' एक खास अर्थ में 'आश्रिता' भी है। परन्तु प्रेमिका सदैव 'स्वामिनी' है। वह गृह की सीमा से अभी आबद्ध नहीं है। 'शिव' इस त्रिपुरसुन्दरी के रंगीन चरण का स्पर्श हृदय पर पाते हैं तो उनमें 'चिति' का संचार होता है अन्यथा वे 'शव' मात्र हैं, निष्क्रिय स्थिति में हैं। पौराणिक शिव और तान्त्रिक शिव में मूलतः यही भेद है। पौराणिक शिव सौभाग्यपार्वती के पति हैं, गृहस्थ हैं, पर तान्त्रिक शिव महामुद्रा त्रिपुरसुन्दरी के अघोरभैरव हैं। यही त्रिपुरसुन्दरी चण्डिका, भैरवी, उग्रतारा, काली आदि बनकर विभिन्न महामुद्राओं में अघोर भैरव शिव द्वारा साधित होती हैं। दरअसल, तान्त्रिक शाक्त-मत मूलतः वेदान्त होते हुए भी सांख्य की ओर झुका-झुका-सा

लगता है। सांख्य दर्शन ने मूल माना है 'प्रकृति' को जो सविकार और सक्रिय है तथा नाना रूप धरकर षोडश श्रृंगार से असंख्य निष्क्रिय 'पुरुषों' के मन को सक्रिय करती है। यह सही है कि शाक्तों ने 'असंख्य' की जगह एक पुरुष 'शिव' को प्रतिष्ठित किया परन्तु वे निष्क्रिय तब तक रहते हैं जब तक त्रिपुरसुन्दरी प्रिया का चरण उनके हृदय को स्पर्श नहीं करता है। तान्त्रिक शाक्त-मत 'प्रकृति' प्रधान दर्शन में संशोधन करने के बावजूद प्रच्छन्न 'सांख्य'-सा लगता है। चंचल कटाक्षवाली सविकार 'प्रकृति' और यह निर्विकार आद्या की 'महामुद्रा' दोनों में स्वभावगत समानता है। दोनों के लिए 'पुरुष' पूरक और गौण है।

हिन्दी-क्षेत्र 'पुरुष' प्रधान दर्शन का उपासक है। फिर भी यहाँ साधनागत एकांगीपन कभी भी नहीं रहा। यहाँ सौभाग्यपार्वती और महामुद्रा या महाशक्ति दोनों रूपों की उपासना चलती है। मिथिला और असम-बंगाल की तरह यहाँ दश महाविद्याओं[1] की अलग-अलग तान्त्रिक पद्धति से उपासना न करके चण्डी या महाशक्ति के रूप में 'मातृका' के रूप में उपासना चलती है। वामाचार और तन्त्राचार का तो यहाँ असर ही बहुत कम रहा। परन्तु पूर्वी भारत के सारे शक्तिपीठ योगिनी-पीट हैं। और 'सर्वेशी योगिनीपीठे धर्मं कैरातजं मतः'। साधना-पद्धति किरातमत पर पंच 'म'कार के साथ चलती है। साधारणतः दक्षिणाचार में मानसिक या प्रतीकात्मक रूप से 'म' ('मांस, मद्य, मत्स्य, मिथुन और मुद्रा) चलते हैं, पर वामाचारी साधक द्रव्यगत रूप में 'म' का प्रयोग करता है। यह बात और है कि यह अति गुह्य रूप में होता है । यही नहीं यहाँ शिव की पूजा अकसर 'भैरव' रूप में होती है, पौराणिक शिव के रूप में नहीं। अक्षत, दूध और धतूर-पुष्प से शिव को पूजनेवाली हिन्दी जाति को सुनकर आश्चर्य होगा कि कामाख्या के भैरव उमानन्द शिव को महाशिवरात्रि के अवसर पर बलि भी दी जाती है। इससे भी दुःसाध्य कल्पना है विष्णु की भैरव रूप में प्रतिष्ठा। पूर्वी भारत में वैष्णव-साधना का केन्द्र है पुरी का जगन्नाथ मन्दिर। यहीं नीलाचल पर बैठकर महाप्रभु चैतन्य देव राधा-भाव की साधना करते थे। यहीं महाकवि जयदेव जब गाते थे :

पश्यति दिशि-दिशि रहसि भवन्तम्
तदधरमधुरमधूनि पिबन्तम्
नाथ हरे, जय नाथ हरे—
सीदति राधा वासगृहे !

---

1. दश महाविद्याओं को विभिन्न तन्त्र-ग्रन्थों में दी गयी तालिकाओं में थोड़ा-बहुत मतभेद है। पर बहुप्रचलित सूची में 'काली तारा, षोडशी, भुवनेश्वरी, छिन्नमस्ता, धूमावती, बगला, भैरवी, मातंगी और कमला' आती हैं। षोडशी को ही 'श्री', कामेश्वरी, ललिता या त्रिपुर सुन्दरी कहा जाता है। श्री विद्या के अनुसार यही मूल शक्ति है और चरम सौन्दर्य का प्रतीक है। तन्त्रों ने इसे पूर्णिमा रूप कहा है और काली को शक्ति के भैरवी रूप का प्रतीक अमावस्या रूप।

—वासकसज्जा राधा की व्याकुलता का स्मरण कर जगन्नाथ-मूर्ति की आँखों से जल की धारा बह उठती थी। वह जगन्नाथ प्रभु शाक्त तन्त्रों के अनुसार विमलादेवी के भैरव हैं जो उस पुरुषोत्तम क्षेत्र (शाक्तों की भाषा में 'बिरजा क्षेत्र') की महायोगिनी है। विमला का मन्दिर जगन्नाथ मन्दिर के प्रांगण में दायीं ओर है और लक्ष्मी का बायीं ओर। यही नहीं, एक विश्वस्त सूत्र का दावा है कि साल में एक बार गुप्त बलि भी वहाँ दी जाती है। यह पता नहीं कितना सत्य है। जब 'योगिनी' तन्त्र और अन्य तन्त्र-ग्रन्थ हयग्रीव, नृसिंह और वाराह को भैरव बताते हैं तो उतना आश्चर्य नहीं होता जितना अपने चिर-परिचित नटखट 'बालगोपाल' का भैरव के रूप में उल्लेख पाकर। कहाँ उत्तर प्रदेश में माखन चुराते थे और माँ द्वारा मार खाते थे। और कहाँ असम प्रदेश में जाकर पंच 'म'कार की रेल-ठेल में मौज मारने लगे ! गोया वे 'शिशु गोपाल' न होकर 'शिशु औरंगज़ेब' हों !

पर यह सब शास्त्र-चर्चा मात्र है। व्यवहार में वामाचार और तन्त्र आज भारत के किसी भी भाग में नहीं है। पूर्वी बंगाल, जो इसका प्रधान केन्द्र था, अब पाकिस्तान में है। अन्य जगहों पर वैष्णवों ने यमुना बहा दी है। महामुद्रा की जगह पर महाभाव ! राष्ट्र की मानसिक पवित्रता और परिष्कृत राष्ट्रीय मन के लिए यह आवश्यक भी था। क्योंकि तन्त्राचार दार्शनिक स्तर पर शिव-शक्ति का मिलन-बिन्दु भले ही खोजे, व्यावहारिक स्तर पर यह शिश्न-उदर की साधना हो जाता है। यह धर्म का कामनादंशित आदिम रूप है। और शाक्त-साधना तथा तन्त्र अपने उच्चस्तर पर भी काम, क्रोध, मद, लोभ की ही आराधना है। आखिर सिद्धियाँ क्या हैं ? शत-प्रतिशत कामना ज्वर की महत्त्वाकांक्षाएँ। पर वैष्णव धर्म का तो आदेश है कि युद्ध भी करो तो 'विगतज्वर' होकर, प्रेम की तो बात ही नहीं। हाँ, तन्त्राचार का दक्षिणाचारी रूप अवश्य ही ऊर्ध्वमुखी है। उसका उद्देश्य है दिव्यदेह की प्राप्ति। इस पंकदेह के माध्यम से भागवती तनु (दिव्यदेह) की प्राप्ति कुण्डलिनी के सहस्रार में जाने पर होती है। प्रथम तो यह साधना का अति दुरूह रूप है। दूसरा यह कि इसकी पृष्ठभूमि में कोई सामाजिक दर्शन न होने से राष्ट्रीय धर्मानुशासन में अक्षम है। और हर हालत में प्रवृत्तिमूलक तो रहता ही है। प्रवृत्ति-मूलकता बुरी चीज नहीं, यदि वह घोर कामना से पैदा न हो। पर वामाचार और तन्त्राचार में कामना की असिधारा पर व्रत-भंग स्वाभाविक है। स्मरण रहे कि ये सब बातें सम्पूर्ण शाक्त-साधना के लिए नहीं, उसके तन्त्राचारी, वामाचारी रूप के लिए ही लिखी जा रही हैं। शाक्त-साधना के भक्ति मार्ग का मूल रस है वात्सल्य। यह उतना ही सुन्दर और पवित्र है जितनी वैष्णवता। बल्कि सामान्य जन के लिए सत्त्वगुण प्रधान 'पुरुष' की उपासना से कहीं अधिक उपयुक्त होगी : सत, रज और तम की त्रिगुणात्मक प्रकृति के मूल रूप आद्या की उपासना।

दुपहरी ढल रही है। दिन लुब्ध जार की तरह कामना-शाप के आकर्षण से बाधित-सा खिंचकर पश्चिम दिशा में सोयी तक्षक-वधू की ओर धीरे-धीरे जा रहा है। तप्त धूसरवर्णी आकाश ठण्डा आसमानी रंग ले रहा है। जल्दी ही यह दारुण नीलवर्ण लेगा, मृत्यु के पूर्व का कठोर शीतल लौहनील। इसके बाद सतीदाह की चिता की तरह लाल लपटोंवाली सन्ध्या आएगी। पर अभी आधे घण्टे की देर है। मैं इस चण्डी-चैत्य के सामने भैरव-वट के नीचे बैठा-बैठा सोच रहा हूँ—बेतरतीबवार ऊर्णनाभचिन्तन। इस दारुण नील आकाश के तले मुझे एक-एक करके अपने गाँव के विविध उत्सव—काली-पूजा, वनस्पति-पूजा, धरती-पूजा, हरियारी (हरीतिमा)-पूजा याद आते हैं और लोकगीतों में 'माँ' को सम्बोधित करके व्यक्त की गयी करुणा याद आती है ! वह माँ, जो नीम की फूली डाल पर झूलती है रात्रि के एकान्त में, जो पान के पत्ते-सी पतली तन्वी है। जिसकी तनिमा रात की टहटही चाँदनी की तरह है और जो सचराचर मातृका होते हुए भी दरिद्र धनहीन ग्रामवधू की सखी है। ग्रामवधू का पति बाहर, शायद किसी रूरकेला या भिलाई में है। भूख से रोते बच्चों को सुलाकर वह भी सो गयी है। गौरा पार्वती का हृदय करुणा से द्रवित हो जाता है और सखी के सिरहाने वे चुपके सेर-भर 'साठी' या 'साँवा' रख आती हैं। लोककथाओं के ग्रामीण रचयिता को इस समय भी बासमती नहीं सूझा। ठीक भी है। जो गौरा पार्वती इस दरिद्र वधू की सखी होगी, उसे बासमती स्वयं के लिए नहीं जुटता होगा। गरीब का देवता भी तो गरीब ही होता है। और शिव जैसे फक्कड़ की वधू ! रुपये-पैसे को पहचाननेवाली लक्ष्मी रहती तो और बात थी। पर वह क्यों दरिद्र ग्रामवधू की सखी होने लगे ? तमीचर उलूकों की श्रीमतियों, आई. सी. एस्.—भोग्याओं और हिरण्यशापित हिरण्यगर्भाओं से ही उसे फुरसत नहीं।

इसी समय मन में एक प्रश्न उठता है कि यह विशाल सहस्रफण हिन्दी साहित्य जो उत्तर-दक्षिण, पूरब-पश्चिम, आर्य-द्रविड़, हिन्दू-मुसलमान आदि की शब्द-धाराओं एवं भाव-धाराओं का पवित्र संगम है, इस शाक्त भाव-साधना से क्यों वंचित रहा ? पहले के कवियों की दो-चार स्तुतियाँ और महाकवि 'निराला' अपवाद हैं। निराला जिनका काव्य महनीय (क्लासिकल) परम्पराओं से अर्जित पुण्य का नये अर्थ और सन्दर्भ के साथ पवित्र प्रस्फुटन है, इस महाशक्ति के मोहक सौन्दर्य के मारण-मोहन-उच्चाटन वशीकरण-स्तम्भनवाले सारे रूपों को अपने साहित्य में व्यक्त कर गये हैं। कवि सदैव राम की तरह 'प्रेम', 'अभय', और 'मंगल' के लिए इस अपराजिता की उपासना काव्य के माध्यम से करता रहा क्योंकि उसे समस्त जीवन रावण से जूझना पड़ा था। 'निराला' को यह कवच विवेकानन्द के प्रभाव से मिला था। पर उन्हें छोड़कर समस्त हिन्दी साहित्य, प्राचीन हो या अर्वाचीन, पुरुष की उपासना में समर्पित है। इसके विपरीत गौड़-देश सदैव 'प्रकृति' का उपासक रहा है। यहाँ की वैष्णव साधना का भी केन्द्र है राधा, जो ब्रह्म की आह्लादिनी शक्ति का प्रतीक है। सहज प्रेम-साधना के कवि

चण्डीदास ने भी अनेक पदों में 'सुनो हे वासुली', कहकर किसी वासुली देवी (सम्भवतः उग्रतारा ?) को सम्बोधित किया है। फिर विशाल मंगल काव्य परम्परा और श्यामागान-परम्परा तो है ही, जिसका जन्म और उत्कर्ष वैष्णव युग के बाद होता है। 18वीं शती के श्यामागान के गायक साधक रामप्रसाद का महत्त्व चैतन्य देव से कम नही आँका जाता है। वात्सल्य रस और सहज मातृ-प्रेम की सर्वश्रेष्ठ अभिव्यक्ति इन श्यामागीतों में होती है। 'माँ, मेरी साधना व्यर्थ हो गयी। आशा पूरी नहीं हुई। एक-एक करके सब-कुछ हाथ से निकल गया', साधक रामप्रसाद कहते हैं ! 'पर माँ, तू एक बार भी पुत्र के निकट नहीं आयी', पुत्र के प्रति उदासीन माँ से लड़ते-लड़ते खीझकर वे कह बैठते हैं—'इस बार मैं ही तुझे निगल जाऊँगा (तू सारे संसार का भक्षण करनेवाली काली है तो क्या हुआ ?) पर मैं कण्ठ से नीचे उतारकर हृदय में तुझे स्थित कर दूँगा और मानस-कमलों से तेरी पूजा करूँगा।'

गौड़ीय शाक्त-साधना में एकाध साधकों ने काली को पत्नी रूप में भी आराधित किया है। पुत्री रूप में मातृका की आराधना तो सभी बंगाली करते हैं। उनके यहाँ पुत्रियों को 'माँ' कहकर पुकारा जाता है। दुर्गा-पूजा के अवसर पर प्रत्येक का विश्वास है कि माँ उसके घर पुत्री-रूप में आती हैं। षष्ठी के दिन उनका आगमन पति-गृह (कैलास) से होता है और नवमी को वे फिर ससुराल लौट जाती हैं। इस अवसर पर 'आगमनी' और 'विजया' दो प्रकार के गीत गाये जाते हैं। आगमनी उमा की आगमनी का गान है और विजया उसकी महिमा का कीर्तन है। ये 'आगमनी' गीत बड़े ही करुण हैं। पुत्री के लिए माँ की तीव्र ममता इनमें अभिव्यक्त हुई है। इस दर्पण से बंगाली माँ का व्याकुल ममतामय हृदय झाँकता है। गौड़ देश के पल्ली-ग्राम-अंचलों में दुर्गोत्सव के अन्तिम दिवस लगता है कि धरणी ही करुणाविह्वल हो गयी है और हवा में व्यथा बह रही है। आज पुत्री की विदाई है। उमा पतिगृह को यात्रा करेगी। सारा परिवार शोकविह्वल है। प्रतिमा जब विसर्जन के लिए उखड़ती है तो सबका मन भारी हो जाता है और कुछ की आँखें भी नम हो जाती हैं। अवश्य ही सीमेण्ट का पक्का दिल रखनेवाली कलकत्ता नगरी की बात मैं नहीं कहता। मृण्मय-हृदया ग्राम-धरती की बात कर रहा हूँ जो पसीजती है तो धान के पौधों के माध्यम से चारों ओर नटखट प्राण खेलता-खिलता नजर आता है। पर समझ में नहीं आता कि माँ अपने मैके में अस्त्र-शस्त्र धारण करके दुर्गा रूप में क्यों आती है। क्या इसलिए कि वह गृहिणी हो गयी है, कन्या नहीं है और कुशल गृहिणी सतत खड्ग-हस्त रूप में रहती है ?

गौड़ीय शाक्त-साधना के अन्तिम महासाधक थे महाप्रभु रामकृष्ण परमहंसदेव। विश्व की प्रत्येक सत्ता के साथ ये काली का अद्वैत देखते थे। स्वतः अपनी पत्नी की एक बार काली रूप में पूजा की थी। स्वतः अपने साथ भी काली का अद्वैत मानते थे। उनके एक गान में कहा गया है—'आश्चर्य देखो, ब्रह्म ही ब्रह्म के चरणों में बिल्व-पत्र

चढ़ा रहा है।' उनके बारह शिष्यों में विवेकानन्द तो जगद्विजयी वेदान्त-केसरी थे। पर उनका एक तेरहवाँ लाटू नामक शिष्य था, उनका अनपढ़ निरक्षर बिहारी नौकर। वह सम्भवतः छपरा जिले का था। परमहंसदेव भी मस्त फक्कड़ अवधूतों की तरह बे-लगाम जबानवाले थे। श्री अचिन्त्यसेन गुप्त की लिखी हुई परमहंसदेव की जीवनी में कई मनोरंजक प्रसंग आते हैं। परमहंसदेव स्वयं बँगला छोड़कर और कुछ नहीं जानते थे। उनके मन में बात आयी कि लाटू को साक्षर बना दें। पहले तो लाटू ने बड़ी आनाकानी की, पर डर के मारे पाठ पर बैठा और शिक्षक के रूप में बैठे उस युग के हिन्दू राष्ट्र के सर्वश्रेष्ठ गुरु परमहंसदेव स्वयं। परमहंसदेव ने कहा—'कह 'क'।' लाटू ने कहा—'का'। परमहंसदेव ने दुबारा फिर कहा—'अरे, कह 'क'।' फिर वही 'का'। एक बार, दो बार नहीं, कई दिन तक बेचारे परमहंसदेव घोर परिश्रम करते रहे। पर उसे 'का' से 'क' कहने नहीं आया। अन्त में उन्होंने खीझकर कहा—'की, रे शाला ? यदि 'क' 'का' बला जाए तो 'क' की होबो ? जा, भाग।' लाटू प्रसन्न हुआ—चलो जान बची, पढ़ने से गला छूटा।

हिन्दी साहित्य में वैष्णव मन की ही चलती थी। वैष्णव मन का मूल भाव है समर्पण। इसके विपरीत शाक्त साधना बलि माँगती है। समर्पण और बलि में भेद होता है यद्यपि दोनों देवता के चरण पर ही चढ़ते हैं। नये साहित्य के उदय के साथ-साथ लगता है कि हिन्दी साहित्य में भी प्रच्छन्न संज्ञा-निरपेक्ष रूप में ही सही, एक शाक्त मन जन्म ले रहा है। नये साहित्य के अन्तराल में है भीतर के किसी कोमल और सुकुमार का वध। इस वध या बलि से साहित्य की नयी फसल उगती है। जिसे लोग दमित वासना कहते हैं वह वास्तव में नये साहित्य-सर्जन की बलिप्रक्रिया है। यद्यपि यह वासना सदैव सुन्दर और सुकुमार ही नहीं होती। विशेषतः नये युरॅपीय साहित्य में। 'लोलिता' इस कुरूप वासना की बलि का उदाहरण है। ऐसा साहित्य देव-नैवेद्य नहीं हो सकता। पर भारत के नये साहित्य में ऐसे उदाहरण नहीं हैं। मैंने तो अभी तक नहीं देखा है।[1] शरद, जैनेन्द्र, 'अज्ञेय'—सभी इसी देव-नैवेद्य के लिए एक 'क्रूसीफिक्शन' की प्रक्रिया के अन्दर अपने रचनात्मक मन को विकसित किये हैं। इनके साहित्य के अन्तराल में जाने पर ज्ञात होता है कि ये किसी अति असाध्य साधन के फेर में हैं। यह 'क्रूसीफिक्शन' किसी गहरी असाध्य आस्था की खोज में है। इसे मैं विकृति नहीं मानता। विकृति तभी आती है जब आस्था को, देव-नैवेद्य-भाव को, इनकार करके अन्तर की बलि दी जाती है। तब इसे आत्महत्या कहेंगे। नये साहित्य में विकृति वहीं पर आयी

1. मेरा तात्पर्य सन् '60 के पूर्व के साहित्य से है।

है जहाँ आत्महत्या की मौज में साहित्यकार दिग्भ्रान्त हो गया है।

मैंने देखा : दारुणनीलवर्ण आकाश में साँझ उतर आयी है। क्षितिज-रेखा के उस पार सती की चिता जल रही है। इधर पूरब दिशा में शोक-कातर शिव अकेले बैठे हैं। चिता की लाल-पीली लपटों की आभा से आकाश का रंग बदल गया है। मैंने देखा कि दिन तक्षक-वधू के मोहिनी दंश से पीड़ित होकर पीड़ा से रक्तवर्ण फिर लौहनील होने लगा है। मैंने देखा, पूरब दिशा में विश्वेश्वर शिव के भाल पर शोक और एकाकीपन के दुस्सह दुःख की कालिमा छा रही है।

काफी देर हो गयी। अब चलूँ घर। अँधेरा करने से क्या फायदा !

आज से दस वर्ष पूर्व ऐसे विदा के क्षणों में आदतवश ही सही 'रूपं देहि जयं देहि यशो देहि द्विषो जहि' (और मंन-ही-मन 'पत्नीं मनोरमां देहि....' भी) आदि कहकर विदा होता था। पर अब यह सब कहने को मन नहीं करता। अब तो मैं अपने को तटस्थ दर्शक मानता हूँ। तटस्थता का तप कर रहा हूँ। यह तटस्थता ही नया ज्ञान-योग है जिसमें नयी पीढ़ी विश्वास करती है। मैं भी इसी नये सांख्य में दीक्षित हूँ। मैं इस चैत्य के नीचे शीश झुकाकर गरिमा और कीर्ति का, दूध-पूत का, आशीर्वाद माँगना अपने नये सांख्य का अपमान मानता हूँ। तथ्य तो यह है कि मैं इस देवी से अब अपना पल्ला छुड़ाना चाहता हूँ। सयाना हो गया हूँ। क्या सदैव आश्रित ही रहूँ ? अब तो मैं स्वतः इस लायक हो गया हूँ कि चाहूँ तो सातों समुद्र सोख डालूँ, दिशाओं को लँगोटी बनाकर बाँध लूँ और नील आकाश तले हिमालय पहाड़ की तकिया बनाकर ठाठ से सोऊँ।

पर यह जो है मुझे छोड़ती नहीं। घर जाने पर माँ दरवाजे पर पानी लेकर आती है तो लगता है कि यही छद्मवेश में खड़ी हो गयी। घर से बाहर निकलते ही देखता हूँ कि सफेद फ्रॉक पहने, लाल पेटी कसे, बगल में किताब दबाये एक पवित्र 'त्रिपुर-बाला' आकर 'काका !' कहते हुए लिपट जाती है। कभी-कभी हाट-बाजार या इधर-उधर मुझे लगता है कि किसी जन्म-जन्मान्तर में मैं मनियारा साँप था। नाग की मणि खो गयी। वह छटपटाकर सिर पटककर मर गया। इस जन्म में राह चलते वही खोयी मणि अचानक दिखाई पड़ जाती है और मेरा मन जन्मान्तर की भूली मणि के तीव्र खिंचाव में दूर तक खिंचा चला जाता है। मैं जानता हूँ कि यह और कोई नहीं 'त्रिपुरकामिनी' है। गंगा की बाढ़ में डूबते पशुओं का आर्तनाद सुनता हूँ। भादों की रात क्रोध बरसाती है। कच्चे मकान धम्म-धम्म करके गिरते हैं। मैं जानता हूँ कि 'त्रिपुर-भैरवी' अमावस्या रूप में रोष का प्रदर्शन कर रही है। चौरंगी और 'न्यू मार्केट' में अपने शीश को काटकर हाथ में लिये हुए 'छिन्नमस्ता' की कबन्धमूर्ति का दर्शन तो प्रायः करता हूँ। यह कबन्ध अकसर बगल के 'ग्रैण्ड होटल' से अपसरित होता हुआ भीड़ में अन्तर्धान हो जाता है। इसी तीर्थ-भूमि में नर-बलि लेने को उत्सुक भगवती

'उग्रतारा' के भी दर्शन हो जाते हैं। 'उग्रतारा' के कानों और उँगलियों पर जलते हीरक-खण्डों से प्रकाश फूटता रहता है और पीछे-पीछे निरीह कमसिन बलिपुरुष धरती के भार की तरह अनुगमन करता है। और 'धूमावती' ? उसे रोज पास-पड़ोस में देखता हूँ। अभी तो कल की ही बात है झाड़ू-हस्ता करनबौ काकी ने शुद्ध भोजपुरी साहित्य की समस्त महिमा और अर्थ-गौरव के साथ टोले-मुहल्ले के सात ही नहीं चौदह पुश्तों को घण्टों तक आशीर्वाद दिया था।

लगता है कि चर-अचर, हवा-पानी, धरती-आकाश में कोई ऐसा बपुरा नहीं जो इसकी नजरों के तीर से घायल न हो। 'वेधि रह्यौ सगरो संसारा !' सभी इसी के माध्यम से प्रत्यक्ष या अप्रत्यक्ष रस, प्राण और मरण की उपासना कर रहे हैं। तो फिर मेरा पल्ला यह कैसे छोड़ेगी ? घण्टे में कम-से-कम दो बार मेरी तटस्थता का अधम तप इसके किसी-न-किसी रूप का स्पर्श पाकर हवा हो जाता है। मैं लोक-संयुक्त हो जाता हूँ। मेरा ज्ञानयोग भंग हो जाता है। और मैं तप-भ्रष्ट होकर सोचता हूँ कि जीवन-भर तो यह लोक-संयुक्त मुझे रखेगी ही, मरण में भी अकेले नहीं छोड़ेगी। मैं जानता हूँ, जब प्राण और रस का सहचर मेरा चन्द्रमा पुण्य क्षीण होकर पाण्डुर वर्ण हो जाएगा, जब मरण-सूर्य का उदय मेरे सिरहाने होगा और उसके तेज की वर्षा से मेरे शीश का पुण्य अभिषेक होगा जिससे मेरा समस्त कर्दम भस्म हो जाएगा, उस महान् क्षण में यही त्रिपुरसुन्दरी 'मृत्यु-प्रिया' के रूप में मेरे सम्मुख आएगी। इसका हाथ पकड़कर मरण-पथ पर भी मुझे 'भय' नहीं सताएगा। पार्वतीरूपी धरती से लेकर मृत्युलोक की दुस्तर वैतरणी तक वृन्दावन छा जाएगा। भय किस बात का ? मृत्यु और अमृत दोनों 'एक' की ही छाया हैं ! भय तो तभी है जब तक निस्संग हूँ, तटस्थ हूँ। साथ-साथ चलने पर भय कैसा ?

निर्गुण नक्शे : सबुज-श्याम धरती

पहले-पहल जिस नक्शे का दर्शन हुआ वह था गाँव का बन्दोबस्ती नक्शा। काका ने एक दिन बुलाकर दिखाया था—"देख, यही गाँव का नक्शा है। बिलकुल पक्का। लाट साहब भी इसे काट नहीं सकते हैं।" मैंने देखा, आड़ी-तिरछी वक्र रेखाओं का जाल और एक सफेद कागज। बड़ा चिचित्र-सा लगा। हरे-हरे खेतों, खपरैल के मकानों, इमली और नीम के पेड़ों, चबूतरों और बिरवाइयों से भरा मेरा गाँव इस रेखा-व्यूह के अन्दर कहाँ है ? मेरी कल्पना कोई अर्थ पाने में असमर्थ रही। फिर एक बार जब चैत्र में आम फलकर लद गये और काका ने नक्शे के बल पर 'बजाब्ता, दीवानी, अदालत, हकूक तकसीम' आदि उर्दू-शब्दों का उछल-उछलकर उच्चारण करते हुए मेरे दो पेड़ों को अपने हिस्से में सिद्ध कर दिया तब पिताजी को इस उर्दू-लिपि-अंकित रेखा-व्यूह के प्रति नत-मस्तक पाकर मुझे भी इसकी महिमा स्वीकार करनी पड़ी। पर इसके प्रताप एवं इसकी सत्ता के प्रति नतमस्तक होते हुए भी मन में यह बात धँस नहीं पायी कि जमीन हरी है, आकाश नीला है, खपरैल लाल हैं, तो इन सबका इस नक्शे के निर्गुण-चित्र में लोप कैसे हो गया। मेरा मन उन दिनों सगुण भाव-बोध खोजता था। कवि शेली की तरह बहती हवा के झोंकों से बाजी लगाकर कभी भी नहीं दौड़ा और न वर्ड्सवर्थ की तरह आत्मा को सौन्दर्य एवं भय के संवेदनों का पान कराने के लिए आधी रात में सुनसान झीलों के वक्ष पर नौका-विहार किया। पर अपने आँगन में घुसती वर्षा की जलधारा को लाठियों से पीटकर दण्डित कर चुका हूँ। मदोन्मत्त औरंगज़ेब की तरह छोटे-मोटे पौधों को कई बार निरपराध सजा दे चुका हूँ। उन्हें ध्वंस करके गर्व से मेरा सीना तन जाता था, मूँछें न होने का अफसोस हो जाता था। निसर्ग के इस प्रगाढ़ सगुण भावबोध को ग्रहण करनेवाली मेरी कल्पना उन दिनों भला उर्दू-लिपि एवं काली रेखाओं के निर्गुण विस्तार को क्यों स्वीकार करती ? भले ही नक्शा सरकार बहादुर के घर से आया हो, जैसा कि काका का दावा था। भले ही नक्शे को सरकार बहादुर ने छुट्टी के दिनों में अपने हाथ से स्वयं बनाया हो, तो इससे क्या ?

बाद में हिन्दुस्तान का मानचित्र देखा जिसमें उत्तर प्रदेश को हरे रंग से और बंगाल

को लाल रंग से दिखाया गया था। तब उस प्रथम या द्वितीय श्रेणी के टाट पर बैठनेवाले नम्बर 'एक' विद्यार्थी के मन में, जिसे मैं उन दिनों 'मैं' कहकर पुकारता था, यह धारणा बनी थी कि बंगाल की मिट्टी लाल है—पके झाँवा की तरह। कई वर्ष बाद बंगदेश की 'सुजलाम् सुफलाम् शस्यश्यामलाम्' का साकार दर्शन हुआ। पर आश्चर्य तब हुआ जब बंगाली बन्धुओं के मुँह से 'सोनार बाँग्ला' ही सुना—'शन्यश्यामलाम्'—मातरम् की चर्चा और उसके 'फासिस्ट कवि' (अन्तर्राष्ट्रीयतावाद के मूढ़ मोहान्धकार से ग्रस्त बुद्धिवादियों की कायर शब्दावली में, जिन्हें लोहिया 'भेड़-विप्लवी' कहते हैं), दोनों को कलकत्ते में घोर उपेक्षा का पात्र पाया। 'सोनार बाँग्ला' दूसरे प्रकार का झूठा नक्शा है जिसके मोह को निर्गुण रवीन्द्रनाथ भी अस्वीकार नहीं कर सके। सबुज-नील धरती और धूसर नील आकाश का यह घोर अपमान है। पर मनुष्य के अन्दर शायद स्वर्ण का आकर्षण अधिक प्रबल है, इसी से वह सदैव 'एल्डोरेडो' की कल्पना में लीन रहता है। धरती सदैव हरी रहती है। जीवन सदैव प्रवहमान रहता है। पर मनुष्य इस हरीतिमा और इस प्रवाह को भूलकर उस पर अपने मन के पूर्वाग्रहों, अपने संस्कारों और बुद्धि के निर्गुण नक्शों की मुहर मारता रहता है। पर इस अतल गोताखोरी के बावजूद उपलब्धि के नाम पर सड़ी मछली हाथ लगती है।

मनुष्य ने भाव-विकास की लम्बी प्रक्रिया में संस्कार एवं पूर्वाग्रहों की रेखाओं द्वारा जितने निर्गुण नक्शे तैयार किये हैं, उन सबका विषय या तो निसर्ग है, नहीं तो मनुष्य। समस्त वाङ्मय, समूचा साहित्य निसर्ग एवं मनुष्य से सम्बन्धित मानचित्रों का 'एटलस'-मात्र है। इन दो में भी निसर्ग ही मनुष्य का प्रथम परिचय होता है, द्वितीय तो स्वचिन्तन के साथ उत्पन्न होता है, जो उसके बादवाले स्तरों की विधा है।

निसर्ग साहित्य से मेरा प्रथम परिचय 'बेसिक हिन्दो रीडर' से हुआ। हम लोगों से पहले शिशुकक्षाओं में चौथी श्रेणी तक एक बेजान, मरी वर्णसंकर भाषा (जो भाषा नहीं ऐसी 'सौदाबाजी' थी जो पट नहीं सकी और न कभी पट सकेगी) पढ़ायी जाती थी : हिन्दुस्तानी। उसमें ऐसी भद्दी-भद्दी पंक्तियाँ थीं :

उछलें-कूदें दोहे गाएँ
आओ, आओ सैर को जाएँ।

यहाँ 'कविता' के स्थान 'दोहे' हिन्दुस्तानी शैली की बदतमीजी है। इसके बाद आयी बेसिक रीडर। इसमें भाषा की भंगी एवं अभिव्यक्ति की शक्ति एकदम भिन्न थी।

नन्ही-नन्ही जल की बूँदें जब लेकर आता है बादल।
बेला की नव पंखड़ियों में मोती बिखराता है बादल ॥

संगीत, भाषा की सरलता एवं सुरुचि सभी इन पंक्तियों में वर्तमान हैं। आगे है :

कुछ सिहर-सिहर
कुछ मचल-मचल
चम्पे की नव कलियाँ
खिल उठतीं नव जल से सुरभित होकर
झर-झर झरते तुषार के कण
इन्द्रधनुष-सी रेखा बनकर
आभामय हो उठता उपवन।

समूची कविता में 'नव', 'सुरभित', 'आभामय' और 'उपवन' यही चार शब्द थे जो बोल-चाल में नहीं आते। काश्मीरी-संस्कृति के सड़े गुलाबों को भले ही एतराज हो पर चौथी-पाँचवीं श्रेणी के छात्रों को बोल-चाल की भाषा से जरा अधिक अभिव्यक्तिपूर्ण भाषा की ओर ले जाने का प्रयत्न कौन-सा पाप है ? क्या विडम्बना है कि हिन्दी में एम. ए. तक की किताबें एवं प्रधान मन्त्री के द्वारा दिये गये विदेश-नीति पर भाषण भी लोग बोल-चाल की भाषा में ही सुनना चाहते हैं अन्यथा 'शीर्षवलक्ष, बूढ़ा नीतिज्ञ' फाँसी का ही हुक्म दे देगा।

बेसिक रीडर में पढ़ी निसर्ग कविता का भाव-बोध बड़ी सरलता से मिल गया। उन दिनों मैं बेला की नव पंखुड़ियों में मोती बिखेरने का दृश्य नित्य देखा करता था। परियों की शाहजादी का आकर मोतियों से आँचल भरना एक सत्य कथा थी। काका का नक्शा झूठा था, पर कविता, जो कुछ बड़े होने पर पढ़ी, झूठी नहीं ज्ञात हुई। दिल के मौसम बदलते रहते हैं। बचपन में हृदय की जलवायु ऐसी थी कि उसमें मनुष्य की भाषा बोलनेवाले पेड़-पौधे जन्म लेते थे और अनोखे-अनदेखे रतन हृदय-समुद्र से मथकर मैं प्रतिदिन निकाला करता था। उसी पुस्तक में एक जगह था :

है गुलाब फूलों का राजा, लिली फूल की रानी
चम्पा है फूलों की देवी, रूप सुगन्ध सुहानी।
किन्तु कमल सब का सरताज
वह सब फूलों का महराज।...

ऐसा ही कुछ एक कोरस-गान था जिसमें पुष्पों के सम्राट्, शोभा और उल्लास के प्रतीक, सरोवर के वीतराग संन्यासी, मत्तगजराज एवं मरालों द्वारा दिया जानेवाला प्रिया को रति-उपहार एवं इस भारतवर्ष के सौभाग्य के प्रतीक कमल की राज-वन्दना थी। तब मेरा मन राजा, रानी, परियों और मोतियाँ चुननेवाली शाहजादी को खूब पहचानता था। उसे अपनी हीनता एवं दरिद्रता का बोध तब नहीं था। आज मेरा मन कितना कंगाल हो गया है। मोती और आभा को कल्पना मानकर अपने को सन्तोष दे लेता हूँ।

राजा-रानी का तो प्रश्न ही नहीं उठता। राजा-रानी एवं शाहजादियों की वंश-परम्परा अपने मायावी रूप को बदलकर आज भी वर्तमान है। पर कभी मैं उनका मित्र था तो आज उनका समूल विनाश, निर्वंश करने का स्वप्न देखता हूँ। रस और सौन्दर्य के प्रति मेरी शत्रुता, जैसे-जैसे मनुष्य के साथ परिचय प्रगाढ़ होता गया, वैसे-वैसे बढ़ती गयी। मैं आज मानने-सा लगा हूँ कि यह रस और यह सौन्दर्य हमारे पिताओं, हमारे सन्तों और हमारे कवियों-द्वारा गढ़ी गयी लौह-शृंखलाएँ हैं। बिना इसे सम्पूर्णतः छिन्न-भिन्न किये आत्म-त्राण नहीं। हो सकता है कि मेरे इस क्रोध के मूल में अपनी हीनता का बोध, अपना आत्म-तिरस्कार ही हो।

मनुष्य के साथ परिचय की बढ़ती प्रगाढ़ता ने न केवल मेरे मोतियों और मेरे आभामय उपवन को मुझसे छीन लिया और रस तथा सौन्दर्य के खून का प्यासा बना दिया, बल्कि निसर्ग भी धीरे-धीरे मेरे लिए मरने-सा लगा। मेरे कहने का तात्पर्य यह नहीं कि मुझे इसका पश्चात्ताप है कि अब बन्दरों पर ढेले नहीं फेंकता, कोकिलों को बाग में नहीं चिढ़ाता अथवा मूर्खों की तरह गरजते बादलों को कुत्सित गाली नहीं देता। नहीं, यह तो सगुण बोध की प्रारम्भिक भोथर-अनगढ़ अवस्था थी। इसे तो जाना ही था। पर इसके बाद इसे सुरुचिपूर्ण सौन्दर्य-बोध में धीरे-धीरे परिणत होना चाहिए था, पर वैसा कुछ हुआ नहीं। वह रस-बोध वहीं पर मर गया और बुद्धि के 'ड्रिल' ने मन के अन्दर लोहे के प्राचीर खड़े कर दिये। ये प्राचीर कभी-कभी पिघल पड़ते हैं अवश्य, पर इनकी दरार से हरीतिमा नहीं उग सकती है। युग-बोध वीरता का उपदेश देता है, अन्तर में लोहा भर देता है। पर जीवन के सारे क्षणों में कवच बाँधे वीरासन में रहना बड़ी दयनीयता है। यह भय की दुर्निवार चिरन्तन स्थिति का बोध है। भय की यह चिरन्तन उपासना है।

वैदिक-युग हमसे इतना दूर और विच्छिन्न है कि उसकी किसी भाव-धारा का आंशिक भावबोध नहीं हो पाता। इस वैदिक-युग में निसर्ग-उपासना के चिह्न मिलते हैं। पर उनकी चर्चा करना इसलिए व्यर्थ है कि उसकी सगुण अनुभूति करने में आज का मन असमर्थ है। इसके बाद महाकाव्यों से छायावाद तक एक अविच्छिन्न धारा बहती है जो विकासमान होते हुए भी परिवर्तनवादी या क्रान्तिशील अत्यल्प मात्रा में है। साहित्य में निसर्ग की स्थापना रूमानी-युग के आगमन के साथ, अर्थात् छायावाद से चलती है। इसके पूर्व निसर्ग मनुष्य के उल्लास अथवा व्यथा की सजावट या पृष्ठभूमि के रूप में मिलता है, स्वतन्त्र विषय के रूप में नहीं। रूमानी आन्दोलन के-नेता वर्ड्सवर्थ तथा शेली ने निसर्ग को सजीव एवं दार्शनिक सत्ता के रूप में देखा। बदलती ऋतुओं और लता-तरुओं तथा धरती-आकाश के निरन्तर प्रवाहशील-परिवर्तनशील दृश्यों के पीछे

एक नित्य सत्ता का आभास या कम-से-कम सजीव सत्ता का आभास, निसर्ग-बोध की नयी दिशा थी। यह एक प्रकार का नक्शा था जिसे दर्शन की चिन्तन-पद्धति में अनुशासित बुद्धि ने सजीव धरती और निसर्ग पर आरोपित किया। फिर भी यह नक्शा निर्गुण नहीं। सगुण रंगों को पोंछकर इसे बिलकुल दार्शनिक कंकाल के रूप में उपस्थित नहीं किया गया है। कल्पना और अनुभूति की बनावट में कहीं-कहीं चिन्तन के रंगीन डोरे डाले गये हैं।

यह क्रम बहुत दिन तक चला। पर धीरे-धीरे इसकी बौद्धिक 'अपील' चुक गयी और महज रूमानी आकर्षण रह गया। दूसरी ओर चित्रकला में प्रभाववाद का फैशन बढ़ा, जीवन की यथातथ्यता को महत्त्व मिला और यह रूमानी आकर्षण हलके मद्धिम संवेगों का आकर्षण मात्र रह गया एवं इसके पीछे एक दार्शनिक पद्धति एवं बौद्धिक धरातल का लोप होता गया। निसर्ग फिर संवेदनों का आश्रय मात्र हो गया। 20वीं शती में निसर्ग-बोध की रूमानी दिशा की चरम परिणति प्रतिबिम्बवादी कविता में होती है :

"यह नीली तरुपाँति, तुम
यह नील शैवाल, तुम
तुम नीली काई, तुम हो बनफ्शा के फूल
बैंगनी, उस पर बहता वातास तुम हो
एक बच्चा—इतना ऊँचा—कन्धे पर
तुम हो।"

—(ई. पाउण्ड)

"मथो इस समुद्र को
झकझोरो ये नुकीले देवदार
(हरे समुद्र—हरे देवदार)
नहला दो ये हरे देवदार
हमारी इन शिलाओं पर
उड़ेलो ये सारी हरीतिमा हम पर
हरे पत्तों के सरोवरों से ढक दो
हमारे तन को, मन को।"

—(एच. डी.)

आधुनिकतम निसर्ग-कविता प्रतिबिम्बवाद और प्रतीकवाद के मेल से उत्पन्न टेकनीक में लिखी जाती है और उसकी पृष्ठभूमि अब मात्र संवेदन आश्रित न रहकर चिन्तन-प्रधान हो गयी है। डी. एच्. लॉरेन्स और बाद में डायलन टॉमस की कविताओं

में जैविक (बॉय-लॉजिकल) अद्वैतवाद एवं जैविक दर्शन के साथ-साथ एक नयी आध्यात्मिक अनुभूति को मूर्त किया गया है। यह नयी आध्यात्मिकता डी. एच्. लॉरेन्स में अनगढ़ और सादी है। पर डायलन टॉमस तक आते-आते परिष्कृत और विदग्ध बन जाती है। डी. एच्. लॉरेन्स के देवदारु टस्कनी (एक प्रान्त) के आदिम निवासियों की मुक्त आत्मा एवं मुक्त जीवन-प्रवाह के प्रतीक हैं। सर्प कवि का बन्धु है, जो बिछुड़ गया है। मनुष्य के संस्कारों ने, जिन्हें उसने संस्कृति-सभ्यता के नाम पर विकसित किया है, धरती के अन्य जीवों से उसे वियुक्त कर दिया है। ये संस्कार हमें भय और अविश्वास तथा हिंसा का पाठ पढ़ाते हैं, इसी से सर्प-जैसा सीधा-सादा एवं शानदार जीव हमसे भय और अविश्वास करता है। यह संस्कार-जाल हमारी स्वस्थ एवं मुक्त-वृत्तियों को जकड़कर बाँधे है और हमारा बढ़ाव इस संस्कारों के लौह-कवच में हमारे बद्ध हो जाने के कारण रुक गया है। हम आदमी नहीं, साँचे में कसे जीवमात्र हैं। प्रकृति से वियुक्त की कथा वर्ड्सवर्थ भी कहता है पर उसका दृष्टिकोण अद्वैतवादी एवं कम या बेश श्रद्धालु है। यहाँ पर डी. एच्. लॉरेन्स के चिन्तन में श्रद्धा नहीं विवेक है, अद्वैतवाद नहीं नया जीवशास्त्र है, जिसने जैविक स्तर पर एक नये अद्वैतवाद का प्रतिपादन किया है। आधुनिक निसर्ग कविता जैविक सत्यों का विस्तार है। डायलन टॉमस की आधा दर्जन चुनी रचनाएँ (उसकी हर प्रकार की सर्वोत्तम एक दर्जन रचनाओं में से) इसी जीवशास्त्रीय अद्वैत तथा नयी आध्यात्मिकता को व्यंजित करती हैं। वह शक्ति जो 'हरित अग्निवाही तार' के रूप में पेड़-पौधों, पशु-पक्षियों एवं निर्झर-पाषाण आदि में व्याप्त है कवि के अन्दर से होकर गयी है। वह कवि के अन्दर भी व्याप्त है और समस्त जीव-जगत् से कवि को संयुक्त करती है। ('द फोर्स दैट रंस थ्रू द ग्रीन फ्यूज...')। 'हरी आग' को डायलन टामस ने जीवन-ऊष्मा या जीवनी शक्ति के अर्थ में प्रयुक्त किया है। उसकी एक अन्य कविता का भावार्थ यह है :

"जिस रोटी को मैं तोड़ता हूँ, जिस शराब को मैं पीता हूँ, वे गेहूँ और अंगूर में निहित थे। दिन में मनुष्य और रात में हवा ने फसल को काटकर धरती पर गिरा दिया।

वह मांस जो अंगूर की लता पर (फल के रूप में) लटका था, वह रोटी जो गेहूँ में निहित थी, दोनों के अन्दर एक साँस, एक जीवन वर्तमान था। मनुष्य ने इस सूर्य (प्राण का प्रतीक) को और इस साँस को काटकर टुकड़े-टुकड़े कर दिया।

जिस मांस को तुम तोड़ते हो, जिस रक्त को तुम धमनियों को शून्य करके बहाते हो, वह वास्तव में एक दिन गेहूँ और अंगूर था जिनकी पैदाइश वासना के रस (शुक्र) से ही हुई थी।...तथ्य तो यह है कि तुम मेरी रोटी (मांस) खा रहे हो और मेरी ही शराब (रक्त) का पान कर रहे हो।"

टॉमस की यह कविता अत्यन्त उलझन-भरी कविताओं में से एक है जिसमें ईसाई रहस्यवाद, जीवशास्त्रीय अद्वैत तथा कवि की रचना-प्रक्रिया का दर्शन तीनों संयुक्त रूप

से बद्ध हैं। पर इस अर्थत्रिपुटी का सम्पूर्ण भार अन्तिम पंक्ति पर ही आकर केन्द्रित हो गया है। इसमें 'तुम' शब्द पाठक के लिए आया है और 'मैं' शब्द कवि तथा 'जेसस' दोनों के लिए। मसीहा के तन को रोटी और रक्त को शराब मानकर पुजारी (प्रीस्ट) दीक्षाकाल में (और अन्तिम काल में भी, मृत्युशैया पर) प्रत्येक ईसाई के साथ सह-पान करता है। कवि भी मसीहा की तरह है। 'क्रास' रचना-प्रक्रिया का प्रतीक है। क्रास पर झूलती कवि-आत्मा के द्वारा सर्जित कविता ही रोटी और शराब है। पाठक इसी का आस्वादन करता है। इन दो अर्थों के अतिरिक्त बायलॉजिकल अद्वैत भाव की एक तीसरी परत भी है। समस्त सृष्टि मूलतः एक जैविक चक्र है जिसमें एक स्थिति से दूसरी स्थिति में हम चलते जाते हैं, पर यह भौतिक तत्त्व (मैटर) कभी नष्ट नहीं होता है। इस तरह जो आज हमारा मांस-रक्त है, कल हमारे मरने पर विविध जैविक प्रक्रियाओं के अनन्तर वनस्पति बनेगा। जीवन-ऊष्मा ('हरी आग') और भौतिक-तत्त्व ये दो अमर हैं। शेष क्षण-क्षण परिवर्तनशील। अतः हो सकता है, कल हमीं रोटी और शराब में परिवर्तित हो जाएँ और कोई अनागत 'तुम' उसका आस्वादन प्राप्त करे।

•

निसर्ग के बोध से मनुष्य ने जिन बौद्धिक नक्शों का निर्माण किया है, उनमें से कुछ की चर्चा हमने की है। निसर्ग एक अनन्त सम्भावनाओंवाली सत्ता है। नक्शे आखिर नक्शे ही हैं। वे उसे बाँध नहीं सकते। वे उसका सगुण भाव-बोध देने में असमर्थ हैं। किसी वर्ड्सवर्थ या डार्विन या लॉरेन्स के नाम निसर्ग का पट्टा नहीं लिखा जा सकता। वयनामा की हेंकड़ी भरना बेकार है। श्यामल दूर्वा जो पुराकाल में विष्णु के साथ प्रकट हुई ("...क्षीरसागर-सम्भूते..." : दूर्वा-मन्त्र) सनातन है। फिर भी मनुष्य का अपराजेय मन, विश्व की ज़ितनी असीम सत्ताएँ हैं, उनकी सीमा बाँधने में सदैव रत रहता है।

निर्वासन और नीलकण्ठी प्रिया

इस बार भी वसन्त वैसे ही आया है, मदपायी फक्कड़ बलराम की तरह। हिन्दुस्तान की धरती अपनी सारी दरिद्रता को भूलकर एक महाराग में लीन हो गयी है। मैं इस समय जिस देश में हूँ वह कामरूप है, नाम और स्वभाव दोनों से। यह महागौरी का 'योनिमण्डल' यहीं पर भस्मीभूत 'काम' को पुनः 'रूप' मिला था। अतः इस कजरी-वन में यदि हरित कचनार फूटे, यदि वायु यहाँ की कच्ची उमर की हरियाली का मर्दन कर नशीली रति-गन्ध से भर उठे, सेमल और पलाश पर कामना का चटक लाल नशा छा जाए, तो इसमें कोई आश्चर्य नहीं। पर मैं सोचता हूँ कि अपनी प्यासी पर दर्पोन्नतशीश राजस्थान की मरुभूमि में भी मोर्चा-दर-मोर्चा कँटीली नागफनी अपनी शोभा का फण काढ़कर गर्व से खड़ी हो गयी होगी कि खबरदार, पद्मिनी है, आगे मत हाथ बढ़ाना ! सर्पमणि है। दर्पण में छाया देखकर सन्तोष कर लो। तुम माया की सन्तान हो अतः छवि को उसकी सारी असलियत के साथ तुम्हारी आँखें बरदाश्त नहीं कर पाएँगी। असली छवि तो वही बरदाश्त करता है जो योगी हो, अवधूत हो, कबीर हो, 'निराला' हो !

वसन्त आया है पर ग्रीष्म से मिला-जुला। एक ओर आम के टिकोरे लगते हैं; शीशम के नरम टूसे उगते हैं फिर डाल-डाल पर निर्मल हरियाली की झार लग जाती है। दूसरी ओर फसल कटती है, खलिहान का वैधव्य समाप्त होता है, पछुआ हवा झकझोरकर बहती है, भूसा एक ओर उड़ता है, दानों की खर-खर वर्षा होती है। लगता है, ईश्वर का जन्म हो रहा है। सारी धूल और गर्द-गुबार मंगलमय लगती है। प्रकृति में कहीं वयःसन्धि, पूर्वराग, राग और नोंक-झोंक है, तो कहीं गर्भाधान और नया जन्म है और कहीं-कहीं पाण्डुरवर्णी निर्वाण है, वह मुक्ति है जिसकी साधना के लिए डाल-पातवाला शरीर मिलता है। यह हिन्दुस्तान की धरती ही ऐसी है कि इसमें शृंगार, करुण, वीर, रौद्र आदि विभक्त अलग-अलग नहीं आते। एक के भीतर दूसरे की परत समायी है। सब मिल-जुलकर महाबोध या महारस व्यक्त करते हैं। हिन्दुस्तान का वसन्त भी बेवकूफ आशिक नहीं। वह भी दार्शनिक है। मदोन्मत्त बलराम की तरह नशा पीकर

विचरण करते हुए भी उसके एक हाथ में हल है दूसरे में कमण्डल ! रसपायी होते हुए भी भीतर-भीतर से वैरागी और फक्कड़ है।

धरती महाराग में लीन है ! मैं सब-कुछ देख रहा हूँ। किसी उजड़े दरिद्र वृन्दावन से वंशी की आवाज आ रही है। मैं सुन रहा हूँ। पर आज इस वंशी-स्वर का बोध बड़ा ही खण्डित है, गाँठ-गाँठ टूटा हुआ है। मैं इसके समग्र रूप का बोध नहीं पा रहा हूँ। मैं करीब छह दिनों से इस महाराग के गड्डलिका-प्रवाह से निर्वासित कर दिया गया हूँ। आज सातवाँ दिन है। मुझे बुखार है।

विराम नहीं। क्षमा नहीं। मुक्ति नहीं। कभी-कभी तो लगता है कि मस्तक की नाड़ियाँ मारे व्यथा के फट जाएँगी। सदैव न सही, पर कभी-कभी लगता है कपाल में, ललाट के नीचे पीड़ा की हजार-हजार गाँठें हैं। एक-एक गाँठ में अपार वेदना वक्राकार ऐंठन दे रही है। उस समय विराम नहीं, मुक्ति नहीं, क्षमा नहीं। उन क्षणों में लगता है कि यह वसन्त की महाराग लीला नहीं बल्कि दिशाओं में सतीदाह हो रहा है; दोपहर की कठोर, स्पात-सी निर्मम भावहीन वेला में दशों दिशाओं में त्रिपुरसुन्दरी की चिता जल रही है। मैं तप्त आकाश के नीचे अपने अगल-बगल जलती हजार-हजार चिताओं के बीच लेटा हूँ, उनके ताप से झुलस रहा हूँ। माना कि ये अनुभव सदैव नहीं, चरम स्थितियों के हैं। यह चरमस्थिति अविराम नहीं। पर छह दिनों से निर्वासन तो अविराम है। मैं मृत्यु से नहीं डरता। मैंने जिस दिन जन्म लिया, उसी दिन उसके दस्तावेज पर हस्ताक्षर कर दिया था। जो मेरी प्रतिबद्धता है उसका क्या मलाल और क्या पछतावा ! पर इस निर्वासन के लिए मैं प्रतिबद्ध नहीं हुआ था। यह निर्वासन मेरे लिए अति दुर्वह स्थिति है।

रवीन्द्रनाथ ने सोना पैदा करनेवाली एक यक्षपुरी की कल्पना की है। उस यक्षपुरी का एक एकाकी राजा है जिसका असंग एकाकी जीवन मेरे इस निर्वासन की तरह ही दुःखमय है। बाहर-बाहर भीड़ फाग खेलती है। बाहर-बाहर गड्डलिका-प्रवाह का स्रोत अपनी नित्य गति से चालू है। बाहर-बाहर श्रेणी-संग्राम चल रहा है। सिंहद्वार पर भूत और भविष्य का, व्यक्ति और समाज का घनघोर युद्ध चल रहा है। पर यह बेचारा यक्षपुरी का राजा ?

"रोदन रोदन केवलइ रोदन,
केवलि विषाद श्वास
लुकाये, शुकाये, शरीर गुटाये,
केवलि कोटर वास
नाहिं कोनों काज
माझे-माझे चास, मलिन आपना पाने

आपनार स्नेह कातर वचन,
कहिस आपन काने।''

—यह कोटरवासी राजा और मेरा निर्वासित मन दोनों एक ही नियति के शिकार हैं। फर्क यही है कि मैं सोना बनानेवाली यक्षपुरी का प्रभु नहीं, दरिद्र हिन्दुस्तान की मामूली सन्तान हूँ।

रवीन्द्रनाथ 'निर्वासन'-रस के कवि नहीं थे। साहित्य में 'निर्वासन' को स्वतन्त्र रस के रूप में नवलेखन के अन्दर देखा जाने लगा है। रवीन्द्रनाथ 'अकेलापन' के कवि हैं। 'नित्य अकेलापन' में कवि अपने एकान्त में, अपने चरम क्षणों में अकेले जीता है। पर उन्होंने यक्षपुरी का राजा बनना इसलिए हेय और विकृत माना है कि वह अकेला ही नहीं 'निर्वासित', कोटरबद्ध जीव है। अकेलापन में आवश्यक नहीं कि 'निर्वासन' ही हो। कवि अपनें एकान्त में सदैव जीवन देवता के साथ-साथ अकेले हैं—राग-रोष, लोभ-मोह, काम-क्रोध के षड्रिपुओं से दूर, भीड़ में हर गड्डलिका-प्रवाह से दूर। यह चरम एकान्त है :

''यह तन ताँत रबाब है विरह बजावै नित्त,
और न कोई सुन सके, कै साँई कै चित्त।''

इसमें शापग्रस्तता का भाव नहीं, इसमें ज्वर नहीं, इसमें प्रायश्चित्त नही। टैगोर एक ओर अपने को यक्षपुरी का एकाकी राजा नहीं बनाना चाहते, तो दूसरी ओर नाजिम हिकमत की 'व्यक्ति-वर्जित भीड़' का अनाम जीव बनकर जीना भी उन्हें मंजूर नहीं क्योंकि यह भी जीवन की दूसरी हेय स्थिति का प्रतीक है। यह शीर्षहीनों की कबन्धपुरी है, उसमें नामहीन, चेहराहीन, व्यक्तित्वहीन केतु रूप में जीना पड़ता है। टैगोर इन दोनों को छोड़कर अपने चरम एकान्त का वरण करते हैं जहाँ—और न कोई सुन सके, कै साँई कै चित्त।

पर टैगोर के पास पाँच हजार वर्ष पुरानी सीढ़ी थी। अतः वे सुदूर नील-गर्भ के एकान्त बिन्दु पर चढ़ गये। पर आज वह सीढ़ी नहीं। नये कवि का वरण अधिक दुस्तर है। उसके पास कोई जीवन-देवता नहीं जो हाथ पकड़ वैतरणी पार करा दे। उसका अकेलापन दूसरे किस्म का है। वह सम्पाती है उसे अकेले-अकेले नील-गर्भ में अपने पंखों पर उड़ना है। यह उसकी नियति है। उसके पंख जल जाएँगे। यह भी उसकी नियति है। उसे पंखहीन हो निर्वासन भोगना है, यह भी उसकी नियति है। दरअसल टैगोर ने साहित्य में न तो जिज्ञासा उठायी और न उन्हें नया उत्तर खोजना पड़ा। पर नये कवि का वरण अधिक दुस्तर इसलिए ही उठा है कि 'अथातो ब्रह्मजिज्ञासा' के आरामदेह परिवेश को वह अस्वीकार कर नयी जिज्ञासा का जनक बना है। यह उसकी महिमा है। पर जिज्ञासा का उत्तर पाने के पूर्व, सत्य के सूर्य के साक्षात्कार होने के

पूर्व उसके पंख गल गये, वह निर्वासित हो गया, यह उसकी ट्रैजेडी है। इस ट्रैजेडी की महिमा स्वीकार करते हुए भी लोभी-लालची भीड़ उसे पत्थर मारती है। उसने वादा किया था : ''तुम इस सीढ़ी को जला दो, यह पुरानो हो गयी है। बदले में मैं तुम्हें सत्य को स्वर्णमंजूषा में बन्द कर ला दूँगा—तुम सत्य को मुट्ठी-मुट्ठी बाँट लेना और धरती पर ही अमृत होकर विचरण करना।'' सम्पाती ने अपना वादा नहीं पूरा किया। फलतः लोभी-लालची भीड़ उस पर पत्थर मारती है।

पर सम्पाती का यह 'निर्वासन' उसकी नियति होने पर भी नित्य नहीं है। यह स्थायी स्थिति नहीं। उसके पंख आज नहीं तो कल उगेंगे ही। साहित्य के अन्दर 'निर्वासन' स्थायीभाव नहीं है। स्थायीभाव है 'नित्य अकेलापन' और निर्वासन उसकी एक स्थितिविशेष मात्र है। यह महज एक संचारीभाव है। रति के संचारीभाव, हर्ष, राग आदि ही नहीं शोक और रोष भी हैं जो विरोधी स्वभाव के हैं। इसी भाँति स्वभाव-विरोधी लगने पर भी 'निर्वासन' उस नित्य अकेलापन की पूरक अवस्था है। वर्तमान युगबोध में निर्वासन का संचारीभाव प्रधान बोध-सा लग रहा है। यह दुःखमय अवस्था है। पर आनेवाले अनाहूत अनागत के लिए दिशा-निर्देश इसी निर्वासन से मिलेगा—एक ऐसा दिशानिर्देश जो समुद्र-सन्तरण करवाएगा, जो प्रत्यभिज्ञान प्राप्त करवाएगा, स्वर्णपुरी में कैद व्यथापीड़ित सत्यों से साक्षात्कार करवाएगा; और जिससे साहस और वीरता के विकास के लिए अवसर मिलेगा।

हिन्दी की नयी कविता में 'निर्वासन' और 'नित्य अकेलापन' दोनों मनःस्थितियाँ कभी-कभी तो एक ही साथ और कभी-कभी एक के बाद एक के क्रम से आयी हैं। एक ही संग्रह में एक ओर ऊब, विडम्बना, विसंगति और निर्वासन का भाव है तो दूसरी ओर दुःख, समर्पण, करुणा, उल्लास, जैविक रसबोध, साहस और विद्रोह की स्वीकारात्मक स्थितियाँ हैं। इससे पता चलता है कि हिन्दी कवियों ने आत्मविश्लेषण के सहायक संचारी के रूप में ही 'निर्वासन' का प्रयोग किया है। उदाहरण के लिए 'सातगीत वर्ष' में 'नया रस' 'फागुन के दिन की अनुभूति' पहली स्थिति को व्यक्त करती हैं, तो 'प्रमथ्यु', 'अँजुरी भर धूप', 'घाटी का बादल' दूसरी स्थिति को। यही बात प्रायः प्रत्येक नये कवि पर लागू होती है। यह 'नित्य अकेलापन' रचना-प्रक्रिया की अनिवार्य आवश्यकता है। सृजन के चरम क्षण के अवसर पर नारी, कवि और पैगम्बर बिलकुल अकेले होते हैं। उनकी सृजन-पीड़ा का साझा कोई नहीं करता, यहाँ तक कि टैगोर का जीवन-देवता भी नहीं। वह तो महज उपस्थित-भर रहता है। उसकी उपस्थिति से बल भले ही मिलता है—पर भोगना तो अकेले-अकेले है। पर यह अकेलापन अभिशप्त स्थिति नहीं। वह अकेलापन जो अभिशप्त है, जो सृजन के हेतु नहीं, किसी शाप के कारण वरण किया है, जो वन्ध्या दुःख-भोग मात्र है, जिससे किसी अजन्मे 'नये' के जन्म की सम्भावना नहीं, वह है 'निर्वासन'। यह एक हेय स्थिति है।

मैं 'निर्वासन' बरदाश्त नहीं कर पाता हूँ। अवश्य मुझे अकेलापन चाहिए जहाँ मैं अपने 'स्व' के साथ रह सकूँ। पर मुझे यह पसन्द नहीं कि इस निर्वासन की पीड़ा को रस मानूँ, अपने को यक्षपुरी का राजा मानूँ जो अपनी कथा अपने से कहता है, जो अपना रुदन अपने ही कान से सुन सकता है जब कि बाहर-बाहर धरती महाराग में लीन है और एकान्त के चरम क्षणों का जन्म, प्रणय और मृत्यु के अवसरों पर अनुभूत होते हैं, भोग कर रही है। इसीलिए इस ज्वर से, इस निर्वासन से मैं मुक्ति चाहता हूँ, विराम चाहता हूँ, क्षमा चाहता हूँ। लगता है कि यह ज्वर, यह निर्वासन मेरे 'स्व' को कोल्हू में पेर रहा है—मेरी गाँठ-गाँठ टूट रही है। मुझे अपने 'स्व' के साथ प्रगाढ़ रूप से जीना है। मुझे इसे गाँठ-गाँठ तोड़ना, विखण्डित नहीं करना है।

कमरे की खिड़की से बाहर पीपल की हवा में झूमती शाखा दिखाई पड़ रही है। कोमल लाल पत्तियों का रंग हरिताभ हो चला है। मैं हफ्तों से रंगों की वयःसन्धि-लीला देख रहा हूँ। दो हफ्ते पूर्व पीपल नंगी शाखावाला दिगम्बर अवधूत था। आकाश से हवा और पानी की भीख माँगकर खानेवाला नग्न दिग्वासा भैरव ! फिर नरम भूरे अंकुरों से सारी शाखाएँ भर आयीं। बैंगनी आभा लिये ताम्रवर्णी टूसे निकले। धीरे-धीरे ताम्रवर्णी पत्तियों से सारी शाखाएँ भर गयीं। इतनी नरम और पतली पत्तियाँ कि रोशनी के सामने पारदर्शक हो उठती थीं। उनमें धीरे-धीरे हरीतिमा नशे की तरह प्रवेश करने लगी। पहले नसें हरी हुईं, फिर पत्तियों के रेशे में हरियाली घुलने लगी। पेड़ अभी ताम्रवर्णी था, पर हरिताभा ताँबे के रंग को छेदकर झलक उठती थी। यह हरीतिमा नरम कच्ची कुँआरी देह की तरह थी। श्यामली देह में उम्र फूटने के प्रथम चरण में ऐसी ही कच्ची हरीतिमा फूटती है। फिर इन पत्तियों के रेशे मजबूत होते गये, हरीतिमा सघन गाढ़ी होती गयी, ताम्रवर्ण कटता गया और हरे रंग की ताजी किशोर और दृढ़ पत्तियों से सूरज की रोशनी पर सारा पेड़ झलमला उठा। चीरवासा योगी का भरा-पूरा परिवार फिर से बस गया। अब उसे ठौर-ठौर निर्वासित की तरह भीख माँगने, आकाश के सामने हाथ फैलाने की जरूरत नहीं रही।

चीरवासा भैरव की याद आते ही पार्वती की याद आ गयी। लगा कि मुक्ति का द्वार धीरे-धीरे खुल रहा है। मन में वीतराग संन्यासी आदि शंकराचार्य के द्वारा अनुभूत ज्वर की दवा याद आ गयी :

"वसन्ते सानन्दे कुसुमितलताभिः परिवृते
स्फुरन्नानापद्मे सरसि कलहंसानि सुभगे।
सखीभिः खेलन्तीं मलयपवनान्दोलितजले
स्मरेद्यस्त्वां तस्य ज्वरजनितपीडापसरति।" —'आनन्दलहरी'

"हे देवि, वसन्त में खिली लताओं से मण्डित नाना कमलों से, हंसों की मण्डली

से अलंकृत, मलय पवन से आन्दोलित सरोवर में सखियों के मध्य क्रीड़ा करती हुई तुम्हारा ध्यान करने से ज्वरजनित पीड़ा दूर होती है।''

'चञ्चलं हि मनः कृष्ण...।' मुझे बुखार है। पर वायु के समान यह चंचल मन व्यथा की एक गाँठ ढीली होते ही सप्तावरण भेदकर कौए की तरह उड़ता-उड़ता पहुँच गया तपोरता अपर्णा उमा के पास। जब-जब मैं बूढ़े विधाता के बारे में सोचता हूँ तो लगता है उसकी शक्ल-सूरत प्राइमरी स्कूल के मेरे वृद्ध शिक्षक श्री यदुनाथ सिंह-जैसी अवश्य होगी। यह बूढ़ा विधाता मेरे इस नटखट मन से परेशान है। उसने इस मन को जीवन की इस कक्षा में किसी अपराध के कारण ज्वरदंश की सजा दी थी, मुर्गा बनाया था,[1]—पर इधर जरा उनकी आँख भँजी और इसे जरा-सी फाँक मिली कि निकल भागा और दौड़ता-दौड़ता पहुँच गया काल-प्रवाह के आदि छोर पर। उमा तप कर रही है। जटामण्डित शीश, कमलमुख, विलास-चेष्टाहीन पर खिंची हुई कमान-सी ऊर्ध्ववक्र भौंह-रेखाएँ, अधखुली आँख, शान्त सौन्दर्य—'उदकवास व्रत' में लीन, आकण्ठ जल में डूबी पार्वती। शीतकाल की रात्रि है। उसके अधर पल्लव काँप रहे हैं। शान्त जल में उसके मुख-छवि की परछाईं उभर आयी है, जो उसकी ही साँसों से थोड़ा-थोड़ा हिल रही है। लगता है दूसरा कमल पानी में प्रस्फुटित हो गया है। तट के आर-पार चक्रवाक करुण स्वर में परस्पर 'मेघदूत' बोल रहे हैं। देवी के शान्त मुखमण्डल पर धनुषाकृति भौंहों के ठीक ऊपर पवित्रता, शृंगार और करुणा का त्रिकोण युद्ध चल रहा है। मेरा नटखट मन चोर की तरह तट पर छिपा बैठा है और 'कुमारसम्भवम्' का पाँचवाँ सर्ग लिख रहा है।

मुझे धीरे-धीरे नींद आ रही है। लगता है कि भगवान् शंकराचार्य की दवा काम कर गयी।

---

1. सजा देने का एक तरीका। कान पकड़कर धड़ को झुकाकर घुटने तक ले आना और उसी हालत में आधा घण्टा धूप में खड़ा रहना। मेरे जमाने में इस सजा का उपयोग पुलिस-विभाग और शिक्षा-विभाग दोनों में होता था।

शमी वृक्ष पर लटकते शव

महाभारत के भाषा संस्करण से बचपन में ही मेरा परिचय हुआ। युधिष्ठिर से तो अपनी दोस्ती कभी नहीं रही। पर अर्जुन-भीम के साथ कहाँ-कहाँ नहीं घूमा ! द्वैत वन, बदरी वन, गन्धमादन, देवभूमि, यक्षभूमि, कदली वन, नाग लोक--कहाँ-कहाँ नहीं भटकता फिरा। सव्यसाची तो मेरे आदर्श थे, पर दोस्त थे भीम। ये स्वभाव में कुछ सीधे हैं भी। 'वनपर्व' तो मैं बार-बार पढ़ता था। तभी से कुछ आरण्यक तबीयत का हो गया हूँ। मुझे छोटी-छोटी खूबसूरत फूलों की क्यारियों की बनिस्बत जंगलों के लग्घड़-बेमरम्मत, ऊँचे और उजड्ड पेड़ों की पाँतें ज्यादा मोहक लगती हैं। लगता है, ये सब कमर कसकर खड़े हैं, अभी बाँह उठाकर बोलेंगे : 'इन्कलाब' !' और चल देंगे। मुझे लगता है कि बागों की बनी-ठनी लेटी हुई क्यारियाँ और फूलों की महफिलें कलियुग हैं; ये ध्यानस्थ बैठे गाँव के वट-पीपल द्वापर हैं; पर जंगलों के लग्घड़-बेमरम्मत, उद्दण्ड खड़े पेड़ त्रेता हैं और ये यदि चल देंगे तो सतयुग का साकार रूप सामने आ जाएगा। मैं आरण्यक तबीयत होने के कारण ही मानता हूँ कि निरन्तर गतिमत्ता ही सतयुग है। 'चरैवेति चरैवेति' सतयुग का नारा है। इन्द्र ने रोहित से कहा : "जो सोया है, वह कलि है, जो बैठ गया है वह द्वापर है, जो खड़ा हो गया है वह त्रेता है, और जो चल दिया वह कृतयुग है। अतः हे रोहित, निरन्तर चलो, क्योंकि 'चरन् वै मधु विन्दति !' चलनेवाला ही मधु पाता है।" मेरा मधु-लोलुप मन, मेरा रस-आखेटक मन भी इसी में विश्वास करता है।

मेरे बनैले आरण्यक मन को वनपर्व बड़ा ही अच्छा लगता था। उसमें कुछ पेड़ों के नाम बार-बार आते थे, यथा : शमी, अर्जुन, खदिर, देवदारु, शाल और भूर्ज आदि, जिनके सगुण रूप से मैं सर्वथा अपरिचित था। अर्जुन और शमी के बारे में मुझमें विशेष उत्कण्ठा थी। मैं सोचता था, अर्जुन कोई योद्धानुमा पेड़ होगा, पर इसकी साफ कल्पना नहीं कर पाता था। शमी की पत्तियों को अग्नि-जिह्वाएँ कहा गया है, इसका एक नाम अग्निगर्भ भी है। अतः इसकी एक ज्वालामय अग्निवृक्ष के रूप में मैंने कल्पना कर

डाली थी। मेरा अनदेखा, अनचीन्हा, कल्पित शमी बहुत-कुछ हजरत मूसा की उस 'जलती झाड़ी' की तरह था, जिसके पीछे प्रभु ने प्रखर तेज वृत्त के रूप में अपना दर्शन दिया था। प्रकाश की धारा में निरन्तर स्नान करती हुई उस झाड़ी से मूसा को दस दैवी आदेश मिले। मूसा प्रभु के प्रखर तेज को एक क्षण से अधिक बरदाश्त नहीं कर सके। बन्द आँखों से उन्होंने परम-पिता का अग्निवाही सत्य ग्रहण किया। लौटे तो कुछ क्षणों पूर्व ही काले बाल अब बिलकुल सफेद हो चुके थे। देवता की आँच का स्पर्श पाकर तन-मन और वाणी तीनों कुछ क्षणों के मध्यान्तर में ही पकहर और सतोगुणी बन गये। हिब्रू साहित्य इसी अर्थ में पैगम्बरों के होठों को 'अग्नि-चुम्बित होठ' कहता है। पर मेरी कल्पना का अग्निगर्भ शमी मुझसे कभी बोला नहीं, मुझे कोई आदेश नहीं दिया और न मैं ही उससे पिता का अग्निवाही सत्य माँगने गया। मैं मनमौजी जीव ठहरा। मैं इस धराधाम में मौज लेने का विश्वासी हूँ। इस पैगम्बर भूमिका की याचना क्यों करूँ ? वनपर्व में पढ़ा कि विराट् नगर प्रवेश करने के पूर्व पाण्डवों ने अपने हथियार शमी वृक्ष की ऊँची शाखाओं के मध्य रख दिये और ऊपर से एक मुरदा लटका दिया। इस रोमांचक दृश्य की कल्पना मैंने अपने बाल-मन में सैकड़ों बार की होगी। 'शल्य पर्व' में पढ़ा कि भृगु के शाप के डर से अग्नि शमी में छिप गये। फिर 'अनुशासन पर्व' में पढ़ा कि शिव के तेज (वीर्य) को वहन करने में असमर्थ अग्नि पहले जल में छिपे, फिर पीपल के पेड़ में और अन्त में शमी वृक्ष में। वहाँ एक सुग्गे ने उनका पता देवताओं को बता दिया। प्रजा तेज और ऊष्मा के अभाव में हाहाकार कर रही थी। देवताओं ने अग्नि को शमी से बाहर निकाला और शमी वृक्ष को अग्नि का पवित्र वास-स्थान नियत किया। इसी से इसे 'अग्निगर्भ' कहते हैं। इन सब प्रसंगों को पढ़कर ही मैं शमी वृक्ष के प्रति बालसुलभ कुतूहल से आकर्षित हुआ था।

महाभारत एक कवि द्वारा नहीं, कवियों की एक परम्परा द्वारा रचित है। अतः 'शल्य' और 'अनुशासन' के मिथकों में भेद आ गया है। परन्तु निष्कर्ष में समानता है। दोनों के अनुसार शमी वृक्ष 'अग्निगर्भ' है। कालिदास ने 'शाकुन्तल' में इसी परम्परा का उपयोग किया है। कण्व तीर्थयात्रा से लौटने पर सुनते हैं : "हे ब्राह्मण, जैसे शमी अग्नि को धारण किये है वैसे ही तुम्हारी कन्या ने प्राणियों के मंगल के लिए दुष्यन्त का तेज धारण किया है।"

"दुष्यन्तेनाहितं तेजो दधानां भूतये भुवः।
अवेहि तनयां ब्रह्मन्नग्निगर्भां शमीमिव।।"

—'अग्निगर्भ' के अतिरिक्त कोशकारों ने इसे ईशानी, पार्वती, शिवा, सुपत्रा, मंगल्या आदि कहकर सम्मानित किया है। यह साक्षात् पार्वती रूप है, क्योंकि अग्नि के माध्यम से इसने कुछ काल तक शिव के तेज का वहन किया था। अग्निगर्भ होने

से यज्ञकर्म की आवश्यक समिधा है। 'ईजे यज्ञेभिः शशमे शमीभिः' (ऋग्वेद 6।3।2) स्वयं विष्णु ही 'यज्ञ' हैं। अतः कोशकारों ने 'हविर्गन्धा' और 'लक्ष्मी' दो और पर्याय दिये हैं। परन्तु इन सब बातों से मेरा परिचय बाद में हुआ। उस बनैले आरण्यक मन से इन भारी-भरकम तथ्यों का कोई वास्ता नहीं। मेरा आरण्यक मन शमी की ओर दो कारणों से ही आकर्षित था। एक तो विराट् पर्व वर्णित शमी वृक्ष, उस पर रखे हथियार, जो किसी गैर के पास जाने पर सर्प बनकर फुफकार उठते थे, और उसकी एक डाल पर लटकता मुरदा एवं मुरदे के नीचे भयानक अन्धकूप—इन सब बिम्बों के सम्मिलित रोमांचक प्रभाव के कारण। दूसरा कारण था इसके भीतर आग के निवास होने और पत्तियों के ज्वालावर्णी होने का वर्णन, जो एक विचित्र कुतूहल की सृष्टि करता था।

बाद में शमी देखने का मौका मिला। मेरा तात्पर्य उस वृक्ष से है, जिसे असम प्रदेश में 'शमी' कहकर पुकारा जाता है। अशोक, शमी आदि वृक्षों के बारे में साधारणतः सम्पूर्ण भारत में मतैक्य नहीं। उत्तर प्रदेश में जिस लहरदार पत्तेवाले पेड़ को अशोक कहते हैं, उससे भिन्न अशोक असम-बंगाल में देखा है। और लगता है कि यह पूर्वांचल का अशोक ही 'सुन्दर काण्ड' में वर्णित रक्तपीत अग्निवर्णी पुष्पों से लदा हुआ अशोक है, जिसके बारे में मोनियर विलियम्स का दावा है कि वनस्पति जगत् में इससे सुन्दर और अपूर्व कृति विधाता सृजित नहीं कर सका है। अतः यह मेरा शमी और जगहों का स्वीकृत शमी है या नहीं, यह मैं नहीं जानता; परन्तु इस असम प्रदेश का यही शमी है। मेरे कमरे के सामने ही तीन पेड़ एक पाँत में खड़े हैं—अर्जुन, शमी और वट। तीनों अभी किशोर वय के हैं। अर्जुन वृक्ष को भी मैं यहीं पर आकर पहचान पाया हूँ। पता नहीं इसे क्यों अर्जुन कहते हैं। इसमें योद्धानुमा कुछ भी नहीं। अर्जुन का एक अर्थ होता है श्वेत। परन्तु महाभारत के श्यामवर्ण अर्जुन की तरह यह भी श्याम-हरित पत्तों से लदा एक सघन-झमार पेड़ है। यह अर्जुन मेरे कमरे के सामने वट-शिव और शमी-पार्वती के सम्मुख छहों ऋतुएँ और बारहों महीने भक्ति-भाव से खड़ा है और मैं साँझ-सवेरे बरामदे में बैठा-बैठा इस किरातार्जुनीयम् को रसपूर्वक देखता रहता हूँ।

परन्तु मैंने जिस तेजपुंज दिव्यवृक्ष की कल्पना कर रखी थी, वैसा कुछ वास्तविक शमी में मिला नहीं। दूर से लरछेदार पत्तियों और सफेद तने की वजह से यह आँवले के पेड़ जैसा लगता है। पर पास जाने पर इसके दृढ़ मजबूत चपटे काँटों और चपटी फलियों को देखकर यह बबूल जाति की वनस्पति ज्ञात होता है। फूलों की हरिताभ श्वेत मंजरी होती है, तुलसी की मंजरी के दूने आकार की। फलियों में बबूल की फलियों की तरह ही बीज होते हैं। तने की ऊपरी छाल अत्यन्त नरम होती है और नरम शाखाओं तथा किशोर तने से नाखून के द्वारा ही इसकी परतें उभाड़ी जा सकती हैं। भूर्जपत्र

की तरह पतली महीन कागजी परतें एक में एक लिपटी रहती हैं। भूर्जपत्र में ये परतें कुछ लम्बी-चौड़ी होती हैं, शमी में ये दो अंगुल बाद ही टूट जाती हैं। अतः कोई किन्नरी या विद्याधर इसकी छाल को प्रेमपत्र लिखने के लिए नहीं ले जाता है, जैसा कि भूर्जपत्र के बारे में कालिदास ने प्रसिद्ध कर दिया है। पर इसकी छाल और इसकी लकड़ी आग बड़ी तेजी से पकड़ती है। पेड़ में कोई दिव्यता का लक्षण नहीं। हाँ, बरसात में इसकी पत्तियों और फूलों का दृढ़ मंजरीनुमा 'छन्द-बन्ध' तथा तीव्र धानी रंग एक प्राणवान् दृश्य की रचना करते हैं। धानी हरा किशोर वय का प्रतीक है। यों भावात्मक दृष्टि से प्रकाश का रंग भी हरा माना गया है। सूर्य के एक घोड़े का नाम 'हारीत' है और सूर्यस्तोत्र में हम प्रतिदिन पाठ करते हैं : "ॐ नमो हरितवर्णाय सुवर्णाय च नमो नमः।" तेज हरीतिमा और प्राण के बीच न केवल भावात्मक बल्कि जैविक (बायोलॉजिकल) सम्बन्ध भी है।

जब-जब मैं शमी के बारे में सोचता हूँ तो लगता है कि यह आत्मतेज धारण करनेवाली हमारी जातीय संस्कृति का प्रतीक है। यह संयोग की बात नहीं कि कालिदास ने शकुन्तला की तुलना अग्निगर्भ शमी से की है। महाकवि ने बड़ी ही सावधान मनोदशा में उस उपमा का अर्जन किया है। जिस तेज को शकुन्तला ने धारण किया था, उससे 'भरत' का जन्म हुआ और इसी भरत से इस देश को अपना नाम 'भारत' मिला। आज का भारत ऋषियों का आर्यावर्त नहीं। यह वह भारत है, जिसकी धर्मसाधना का अन्तिम विकसित रूप महाभारत में मिलता है और यह महाभारत हम करोड़ों 'भारतों' का जातीय महाकाव्य है, जिसके नायक श्रीकृष्ण हैं, इन्द्र, अग्नि या वरुण नहीं। इस भारत में आर्यों की अग्नि (हवन) और द्रविड़ों के जल (तीर्थम्), आर्यों के चिन्तन और द्रविड़ों की भावुकता को समान स्थान मिला है। इस महाकाव्य महाभारत के पात्र हैं भरतवंशीय पुरुष गण, जिनके प्रथम पुरुष की जननी थी शकुन्तला। अतः शमी और शकुन्तला की तुलना बड़े ही सावधान मन से की गयी है। शमी भारतवर्ष की अस्मिता और आत्मतेज का प्रतीक है। भारतवर्ष की यह अस्मिता निरन्तर विकासमान और प्रवाहशील रही है। इस निरन्तर विकासमानता को ही सनातन प्रवाह मानकर इसे सनातन धर्म कहा गया है। सनातन का अर्थ जड़, स्थितिशील या अपरिवर्तनवादी नहीं है। यह सनातन इसी अर्थ में है कि इसका प्रवाह निरन्तर और अविच्छिन्न रहा है और इसका आन्तरिक रूप ऐसा है कि बाहरी रूपान्तर के बावजूद यह अपने पूर्व और उत्तरकालीन रूपों से अविच्छिन्न और एक होकर निरन्तर चलायमान है।

परन्तु आज स्थिति भिन्न है। पुरोहित वर्ग के जड़ीभूत चिन्तन ने सनातन को गलत अर्थ में पकड़ा है। उनके अनुसार सनातन का अर्थ है जड़ता, अगति-अपरिवर्तनवादिता और स्थितिशीलता। उन्होंने शब्द के सतही अर्थ को रटकर इसे जड़ीभूत और प्रेरणाहीन बना दिया है, और इसी सतही अर्थ में धर्म के नाम पर जो कुछ बाजार

में चल रहा है, वह सम्पूर्णतः मरण की उपासना है, अविद्या है, हमारी राष्ट्रीय अस्मिता के लिए एक आत्मघाती रास्ता है। इस वर्ग का धार्मिक नेतृत्व जितना ही जल्दी समाप्त हो, उतना ही अच्छा है।

भारतीय अस्मिता का विकास एक अविच्छिन्न सनातन प्रवाह के रूप में हुआ है। वैदिक प्राणवाद से निकला उपनिषदों का अन्तर्मुखी चिन्तन और आत्मवाद। यह आत्मवाद 'श्वेताश्वतर' तक आते-आते शैव और वैष्णव धर्म-दर्शन का रूप लेने लगा। यह अन्तर्मुखी चिन्तन मूलतः वैदिक बाह्याचार के प्रति 'सजातीय विद्रोह' था जब कि सांख्य, बौद्ध और जैन 'विजातीय विद्रोह' थे। इस सजातीय विद्रोह का उच्चतम रूप महाकाव्य महाभारत में व्यक्त है और यह पौराणिक हिन्दू धर्म के रूप में स्थिर होता है। फिर कालान्तर में द्रविड़ भावुकता के संयोग और बौद्ध धर्म के घात-प्रतिघात से इसमें भक्ति आकर मिलती है। इसके दो रूप होते हैं—आचार्यश्री लोगों की कट्टर वैष्णवता और सन्तों तथा भक्तों की उदार वैष्णवता। फिर 19वीं शती का महाजागरण आता है, जिसमें सन्तों की उदार वैष्णवता को विकसित करके महात्मा गान्धी और दयानन्द आदि सामाजिक स्तर पर सनातन धर्म का पुनर्गठन करते हैं। और राममोहन-विवेकानन्द-तिलक प्रभृति प्रस्थानत्रयी की पुनः व्यवस्था करके बौद्धिक स्तर पर जातीय मानस का पुनर्गठन करते हैं। आज का 'नया हिन्दू' 18वीं या 19वीं शती के पुरणापन्थी हिन्दू से बिलकुल भिन्न है। इस प्रकार हम देखते हैं कि एक अविच्छिन्न प्रवाह चल रहा है। ऋग्वेद-उपनिषद्-व्यास (ब्रह्मसूत्र, और महाभारत)—शंकराचार्य-रामानुज-चैतन्य-कबीर-तुलसी-तिलक-गान्धी-दयानन्द ! इन सबमें एक सनातन तथ्य निरन्तर चल रहा है—जिसे उचित शब्द के अभाव में 'श्रुति' कह सकते हैं, जिसे मोटे तौर पर 'वेदान्त' कहते हैं। इस देश में वही आन्दोलन सफल हुआ है, जिसने प्रस्थानत्रयी (उपनिषद्, ब्रह्मसूत्र और गीता) का आधार लिया है। गत 'अभिनव हिन्दू आन्दोलन' या राष्ट्रीय स्वातन्त्र्य आन्दोलन इसका अपवाद नहीं। और मेरा विश्वास है कि यदि समाजवाद को इस भूमि में सफल होना है, तो उसे प्रस्थानत्रयी से मुहर लेनी ही होगी। वेदान्त इतना व्यापक दर्शन है कि उसके हृदय में सब-कुछ के लिए स्थान ढूँढ़ा जा सकता है।

परन्तु इस मूल अविच्छिन्न सूत्र वेदान्त (श्रुति) को छोड़कर शेष सब-कुछ निरन्तर परिवर्तित होता रहा है। स्मृति यानी समाजशास्त्र निरन्तर परिवर्तनशील रहा है। ऐसी ही घोषणा विवेकानन्द ने की थी : "श्रुति सनातन है, पर स्मृति परिवर्तनशील है।" वेदान्त स्वयं कहता है, आत्मा ही परिवर्तन से परे है, देह का जन्म-जन्मान्तर में रूपान्तर होता रहता है। आदि शंकराचार्य ने बृहदारण्यक की टीका लिखते हुए एक स्थल पर कहा है—"न आसीत् पुरा क्षत्रियादि-भेदः।" मनुस्मृति के अलावा अन्य अनेक स्मृतियों के नाम आते हैं। जाहिर है कि वे भी कहीं और कभी चलती रही होंगी। तब मनुस्मृति

अपरिवर्तनीय कैसे हुई ? परन्तु जड़ पुरोहित वर्ग सनातन के इस गतिशील अर्थ को स्वीकारने के लिए तैयार नहीं।

पुरोहित वर्ग न केवल 'सनातन' का अर्थ लगाता है, 'जड़' 'गतिहीन' यानी 'मुरदा'; बल्कि बाह्याचारों को और अविद्या को ही धर्म के नाम पर दुनिया-भर में बेचता है। बुद्ध ने इन्हें पहचाना और इनका तिरस्कार कर दिया। कृष्ण ने इन्हें पहचाना और इन्हें घसीटकर भागवत धर्म के मार्ग पर चलाया। पर ये घूम-फिरकर बाह्याचार पर ही आ गये। 'फिर बैतलवा डाल पर'। उदाहरण के लिए वैदिक धर्म-साधना को लें। प्रारम्भिक वैदिक धर्म कल्पप्रधान और सकाम था। वैदिक ऋषियों की साधना प्राणवादी थी और प्राण-साधना के लिए सकाम उपासना आवश्यक है। उनकी वाणी पौरुषमयी थी और वे कुण्ठाहीन भाव से धन, नारी या शत्रुनाश के लिए देवगणों की प्रार्थना में मन्त्र गाते थे। इस साधना के सामूहिक कल्प को 'यज्ञ' कहते थे। परन्तु उपनिषदों तक आते-आते यज्ञ का बाह्याचारी कर्मकाण्डी अर्थ उपेक्षा का पात्र हो गया और 'यज्ञ' को 'जीवनयज्ञ' या निष्काम आत्ममेध के रूप में लिया जाने लगा। पुरुष-मेध आदि प्रकरणों का यही अर्थ है। पुरुष-मेध अर्थात् कामना आश्रित व्यक्तित्व का मेध और निष्काम व्यक्तित्व की प्राप्ति। इसका चरम रूप महाभारत और गीता में विकसित हुआ। श्रीकृष्ण का निम्नलिखित आदेश बताता है कि भागवत-धर्म कर्मकाण्ड-प्रधान वैदिक साधना के प्रति स्पष्ट 'विद्रोह' है :

> ''त्रैगुण्यविषया वेदा निस्त्रैगुण्यो भवार्जुन !।
> निर्द्वन्द्वो नित्यसत्त्वस्थो निर्योगक्षेम आत्मवान् ॥
> यावानर्थ उदपाने सर्वतः सम्प्लुतोदके।
> तावान् सर्वेषु वेदेषु ब्राह्मणस्य विजानतः'' (गीता 2।45-46)

(हे अर्जुन, वेद तीनों गुणों की शिक्षा देते हैं, परन्तु तुम गुणों का अतिक्रमण कर के गुण-निरपेक्ष कर्म करो। तुम द्वन्द्वरहित, सत्त्वस्थ, योग-क्षेम की चिन्ता से परे, आत्मपरायण बनो। जिस प्रकार चारों ओर से भरे-पूरे जलाशय पाने पर, छोटा जलाशय अर्थहीन हो जाता है, वैसे ही ब्रह्मवेत्ता के लिए वेद प्रयोजनहीन हैं)—महाभारत के बाद श्रीकृष्ण ने जिस धर्म-व्यवस्था की स्थापना की है, वह वैदिक कर्मकाण्ड से विकसित, परन्तु अधिक ऊँची धर्म-साधना है। उसमें यज्ञ आदि बाह्याचारों का कोई अर्थ नहीं। वैष्णवता में यज्ञ को बाह्य रूप में न लेकर सदैव प्रतीकात्मक या भाव रूप में स्वीकृत किया गया है।

परन्तु जब-जब इस देश में अकाल और सूखा पड़ता है, आचार्यश्री लोगों द्वारा 'वैष्णव यज्ञ' धूमधाम से सारे देश में कराया जाता है। एक ओर एक मुट्ठी अन्न के अभाव में बच्चे छटपटाकर मरते हैं, जीवन हाहाकार करके प्राण त्याग करता है, तो

दूसरी ओर धनीधोरियों के पैसे के बल पर अविद्या की अग्नि हाहाकार करके जलती है, अन्न आर्तनाद करके ज्वाला का वरण करता है, एवं इस वर्ग की पाँचों उँगलियाँ घी में रहती हैं। एक ओर 'इदं इन्द्राय इदं न मम' और दूसरी ओर दक्षिणा के लिए डोमकचई ! परन्तु तथ्य तो यह है कि वैष्णव साधना का चरम विकसित रूप भक्ति और सन्तों का मानववाद है और उसमें यज्ञ को कोई जगह नहीं। वैष्णव धर्म प्रारम्भिक रूप में वैदिक धर्म की एक शाखामात्र था और विष्णु इन्द्रादि देवों के समकक्ष एक देवता थे। उनके रूप को उदात्त करते हुए कहा गया : 'यज्ञो वै विष्णुः' और उस आदिम या प्रारम्भिक वैष्णवता में यज्ञ स्वीकृत है। भागवत धर्म आदिम वैष्णवता के साथ प्रवाह की अविच्छिन्नता स्वीकार कर लेने के कारण यज्ञों का उग्र विरोधी कभी नहीं रहा। परन्तु इसके चरम रूप में यज्ञ को कोई स्थान नहीं। यह तो भाव-साधना है। जो आदिम और अनुपयोगी है उसे त्याग देना होगा।

मैं धर्म की आवश्यकता को स्वीकार करता हूँ। जिस प्रकार एक संविधान चाहिए, एक सरकार चाहिए वैसे ही एक धर्म तो चाहिए ही। बिना इसके समूह का काम चल नहीं सकता। धर्महीनता, नास्तिकता और प्रौढ़ बुद्धिवाद दो-चार व्यक्तियों के जीवन में भले ही सफल हो, परन्तु समूह के मनोविज्ञान के यह विपरीत है। एक राहुल, एक नरेन्द्रदेव या एक नेहरू के लिए जो ठीक है, वही धर्महीनता विशाल जनसमूह के लिए अप्राकृतिक है। कभी भी सारा विशाल जनसमूह 'बुद्धिवादी' नहीं बनाया जा सकता है कि 'धर्म' की जरूरत ही न रहे। जो बुद्धिवाद एक प्रतिशत के लिए ठीक है, वह शत-प्रतिशत पर लागू किया जाए, ऐसा निर्णय लेना मूर्खता है। जहाँ-जहाँ यह किया गया है, वहाँ पार्टी का अधिनायक ही 'ईश्वर' बन गया है अथवा कोई विदेशी जीवनदर्शन उस रिक्तता को भरने के लिए आ गया है। 'समर्पण भाव' और 'अध्यात्म-पिपासा' समूह का सनातन मानसिक आग्रह रहा है। समूह का काम न तो कोरे बुद्धिवाद से चल सकता और न कोरे वैज्ञानिक मानववाद से, जो अध्यात्म-निरपेक्ष होता है। अतः एक धर्म चाहिए और अध्यात्मसापेक्ष धर्म चाहिए।

इस सिलसिले में चीन का उदाहरण ले सकते हैं। चीन के पास अपना कोई निजी अध्यात्म-सापेक्ष धर्म नहीं था। लाओत्से का 'ताओ'-मत एक गुह्य रहस्यवादी साधना है। वह जनधर्म बनने की क्षमता नहीं रखता। कनफ्यूशियस के पास अध्यात्मशास्त्र नहीं। वह मानववादी नीतिशास्त्र (स्मृति) को प्रदान करता है, पर आध्यात्मिक 'दर्शन' (मेटाफिजिक्स) उसके पास नहीं है। फल होता है आध्यात्मिक और दार्शनिक रिक्तता और इस रिक्तता (शून्य स्थान) को भरने एक विदेशी बौद्ध धर्म आ जाता है (देखिए डॉ. राधाकृष्णन : 'इण्डिया ऐण्ड चाइना') यहाँ पर इतना ही संकेत कर देना पर्याप्त है कि सनातन धर्म में अविद्या की उपासना भीतर-भीतर से तथा अखिल भारतीय राजनीति-शिक्षानीति बाहर-बाहर से एक आध्यात्मिक और दर्शनिक रिक्तता की सृष्टि

करते जा रहे हैं। इससे न केवल राष्ट्रीयता के लिए महान् खतरा है, बल्कि हमारे राजनीतिक और सांस्कृतिक व्यक्तित्व के विकास का मार्ग ही अवरुद्ध होने जा रहा है।

जिसे हम हिन्दू धर्म कहते हैं, जो बौद्ध, जैन, सिख और सनातन सम्प्रदायों की सामूहिक संज्ञा है, हिन्दुस्तान की प्रतिभा की उपज है और हिन्दुस्तान की जिजीविषा से इसका जैविक सम्बन्ध है—यही है जो हमें आसेतु हिमाचल बाँधे है, धारण किये है, साथ-साथ चला रहा है। जहाँ यह कमजोर है वहाँ हिन्दुस्तान कमजोर है। जहाँ यह बिखर गया वहाँ हिन्दुस्तान बिखर गया। यह इतिहास का महासत्य है। और यह महासत्य गरजकर अपनी माँग सामने रखता है कि यदि राष्ट्र का मानसिक, आध्यात्मिक और बौद्धिक स्वास्थ्य ठीक रखना है, तो इस हिन्दूधर्म को स्वस्थ करो। चाहे समाजवाद हो या प्रजातन्त्र, इस महासत्य से टकराने की अपेक्षा 'श्रुति' को स्वीकार करते हुए रूपान्तरित संशोधित हिन्दुत्व के साथ सन्धि कर ले, तभी कल्याण है, क्योंकि यह हिन्दू धर्म हिन्दुस्तान की जिजीविषा की माँग है। इसे नष्ट, विकृत या भ्रष्ट करने के भीतरी या बाहरी प्रयत्न का अर्थ होता है हिन्दुस्तान की जिजीविषा को नष्ट, विकृत या भ्रष्ट करने का प्रयत्न।

आज इस तेजगर्भ शमी के गले में विधि-निषेधों के, पुरोहिती अविद्या के और जड़ीभूत चिन्तन के शव लटक रहे हैं। समय आ गया है कि हिन्दुस्तानी सव्यसाची इन मुरदों से इस तेजगर्भ शमी को मुक्त करे और सृजन का विराट् धनुष पुनः धारण करे। मैं उस दिन की प्रतीक्षा में हूँ जब तेजपुंज शमी पुनः शव-मुक्त होगा और शकुन्तला-रूपिणी भारतीय संस्कृति पुनः शापमुक्त होगी।

बहुरूपी

कुछ साल पहले 'मासानां मासोत्तमे मासे मार्गशीर्षे' यानी अगहन में बहुरुपियों का दल हर साल हमारे देहात-जवार में आता था। उन दिनों अगहन में घर-घर में ईश्वर का निवास था, कूँड़े-कूँड़े में बाजरा और गोले-गोले में धान रहता था। गरीबी तो तब भी थी, पर दो-तीन महीने अगहन-पूस-माघ तो चैन से कट जाती थी और फागुन में भी गुजर-बसर हो ही जाती थी। फिर पवित्र चैत्र की शरण मिल जाती और वसुन्धरा खेत-खेत, दियारे-दियारे में गेहूँ-जौ के रूप में जानदार सोने की फसल तैयार कर देती। फिर तीन-चार मास के लिए अमीर-गरीब सबकी चल जाती। वर्षा के चार मास अवश्य गरीबों की मौत तब भी थे और अब तो कुछ पूछना ही नहीं है। लोगों का विश्वास है कि वर्षा के चार मास धाता विष्णु सो जाते हैं और कार्तिक की देवोत्थान एकादशी को उठते हैं। इन दिनों संन्यासी चातुर्मास्य बिताते हैं और मजदूर-किसान उपवास करते हैं। कार्तिक के बाद मार्गशीर्ष आता है। मार्गशीर्ष स्वयं धाता विष्णु है। 'मासानां मार्गशीर्षोऽहमृतूनां कुसुमाकरः।' (गीता, 10 ।35) साफ निर्मल सुसभ्य शरद् बीत चलता है, और सवेरे-साँझ वातावरण नम और आसमान ओस-भीगा हो उठता है। किरणें नरम-मुलायम और गुनगुनी बन जाती हैं। सूर्य पूर्व में जेठ-वैशाख की भाँति साँड़ की तरह हँकड़ता हुआ आसमान में नहीं चढ़ता, बल्कि फूल की तरह उगता है और पालतू मृगछौने-सा कोमल कच्ची नजरों से धरती की ओर देखता हुआ धीरे-धीरे नभ-मेरु का आरोहण करता है। इस अगहन में माठ-मैदान सूना पड़ जाता है और खाली खेतों में किसान बैलों को टिटकारता हुआ जुताई-बुवाई शुरू कर देता है। उन दिनों लगता है—खेत-खेत में ईश्वर के भाई फक्कड़ हलायुध सहस्रशीर्ष बलराम, अवतार ले लिये हैं और सहस्रबाहु सहस्रपाद बनकर धरती का कौमार्य भंग कर रहे हैं जिससे यह धरती फागुन-चैत में जानदार सोना उत्पन्न कर सके। ऐसे मासोत्तम मार्गशीर्ष में उन दिनों हर साल बहुरुपियों के दल, आल्हा-गायकों, नटों और कलाबाजों की टोलियाँ तथा यायावरों और जोगियों की भीड़ हमारे जवार-देहात में घुसती थी और गाँव-गाँव में 'किसान राजा' से एक मुट्ठी अन्न का आशीर्वाद माँगती थी और विमुख कभी नहीं

लौटती थी। हमारे चेखुरी पण्डित भी जो अपने नाम को शुद्ध कर के 'श्री चक्षुरी नारायण चतुर्वेदी' कहकर उच्चारित करते हैं, बहती गंगा में हाथ धोते थे और चण्डी-थान पर एक मास भागवत कथा का संकल्प गाँव-भर से करा ही लेते थे।

मार्गशीर्ष की इस समूची शोभा-यात्रा में बहुरुपियों का दल ही हमारे आकर्षण का विषय था। उन दिनों लगता था कि ये सभी देव-लोक के प्राणी हैं, इच्छा वपु धारण करनेवाले कामरूपी विद्याधर हैं। गाँव में रामलीला होती थी, पर उसके पात्र 'राम-रज' पोतने और चेहरा लगाने के बावजूद पहचाने जाते थे कि ये अमुक हैं और यह अमुक हैं। परन्तु इन इच्छा-वपुधारी जीवों को तो देखकर सन्देह ही नहीं होता था कि ये अवास्तविक हैं। पहले दिन जो बहुरुपिया आता, वह वीणाधारी सिद्ध के वेश में आता और हमें वह सचमुच जगत्-कल्पवृक्षरूप देवर्षि नारद ही ज्ञात होता था। उसके मुँह से जान-बूझ कर किया गया विकृत उच्चारण 'सेत्ता राम ! सेत्ता राम !' ही हमें अलौकिक और अनुकरणीय ज्ञात होता था। दूसरे दिन दो किशोर बालक वैष्णव तिलक लगाये, भगवा बाँधे, भिक्षा-पात्र लिये नर और नारायण का वेष सजकर निकलते और हमें लगता कि साक्षात् ऋग्वेद और सामवेद साथ-साथ चल रहे हैं। फिर हम लोगों की जमात अपने समवयस्क नर-नारायण के पीछे लगती और हम लोग मोहमुग्ध-से साथ-साथ चलते। यदि कोई कुत्ता भूँकता, तो उसे तत्काल दण्डित करते और प्रत्येक लड़का रो-गाकर यही कोशिश करता कि उन्हें अधिक-से-अधिक अन्न अपने घर से दिलाये। हमारी अकारण सहानुभूति पर घर के लोग कुढ़ते। दूसरे दिन 'राजा इन्द्र की मालिन' बनकर कोई पहुँचता। झकाझक बेल-बूटेदार सस्ती हरी साड़ी और रोल्ड-गोल्ड से सज्जित मालिन द्वार-द्वार पर त्रिभंगिमा में खड़ी होती और विचित्र-विचित्र संवाद बोलती तथा कल के कुढ़नेवाले बड़े-बूढ़े उसके पाउडर-पुते चेहरे पर बाग-बाग हो जाते और इकन्नी-दुअन्नी क्या, पम्बू दादा-जैसे लोग चवन्नी तक न्यौछावर कर देते। हमें अत्यधिक आश्चर्य होता—जब कोई कहता कि, 'अरे, यह तो वही परसोंवाला 'सेत्ताराम' है।' इस तरह वह 'सेत्ताराम' बहुरुपिया और उसके दो बेटे करीब पन्द्रह दिन तक तरह-तरह के वेष धारण करके आते। आखिरी दिन तो उनकी सर्वोत्तम भूमिका होती और इस दिन 'सेत्ताराम' की बहू भी साथ-साथ रहती। यह भूमिका होती शुक-सारिका—तोता-मैना की। शुक हरी चपकन, हरी धोती, हरी पगड़ी और लाल कमरबन्द पर सुग्गे का 'चेहरा' यानी 'मुखोश' (मुखौटा) लगाये चलता और साँवली सारिका पीली चोली और पीले छींटेवाली बादामी-भूरी साड़ी पहनकर माथे पर झकाझक तारे की तरह चमकती टिकुली लगाकर बिना किसी मुखोश के, चलती। लोग कहते, "क्यों रे, आज तो बहू को मैना बना दिया !" मैना बहू सिर नीचा कर मुसकराती, पर तोता कहता, "कौन कहता है बाबू, मैना ! अरे कौआ है कौआ !" और शुरू होता रसपूर्ण संवाद !

मैनाबहू कहती : "यह है तोता जैसे हरी घास का खोंता।

मैं हूँ मैना, मोरे हैं रसभरे बैना।।''

तोता बोलता : ''चुप रह काली-कलूटी, जबान की खोटी।
दिल की छोटी, अकल की मोटी।
और दिन-भर में खाती है पचीस रोटी।''

अन्तिम वाक्य को सुनकर हम लोग बड़े खुश होते। पर मैना नहले पर दहला मारती :

''चुप रह तोता; बेवकूफ का पोता !
जबान चलाता है जैसे सरौता।''

और इस तरह की कुछ ऊटपटाँग कहा-सुनी के बाद तोता अथवा मैना अपनी बारी के अनुसार औरत या मर्द की बेवफाई पर एक किस्सा कहते। एक कहता जाता और दूसरा बीच में ठिठोली करता। जनता रस लेती, मजाक करती और खुशी-खुशी पैसे देती। अन्त में शुक कहता : ''मेरी प्यारी मैना ! चल, बहुत टें-टें कर लिया।'' चेखुरी पण्डित को 'भागवत' याद आ जाता और मैना की ओर इकन्नी बढ़ाते हुए मुसकराकर कहते, ''हाँ भाई, सुग्गे का काटा फल मीठा होता ही है।''[1] सुनकर कोई बूढ़ा मचलते हुए कहता, ''तो कहीं से एक पिंजड़े का जुगाड़ करो न, पण्डित।'' और बूढ़े के चेहरे पर अकाल वसन्त छा जाता, आँखों में आम के बौर गदरा जाते और मन में अरहर के झमार घने खेत उग आते, जिसमें कोई सुप्त मैना चहक उठती। दूसरे ही क्षण वह बूढ़ा सब-कुछ दबा जाता, सारा दर्द पी जाता और वसन्त का झटका, सनातन पतझार में विलीन हो जाता। किसी को पता भी नहीं लगता कि मन की ऊसर परती में अभी-अभी एक हरा बिरवा उगा था ! तोता और मैना इस चौपाल से उस चौपाल तक चलते और पीछे-पीछे चलता बच्चों तथा नवयुवकों का दल। वही संवाद पर कहानी दूसरी। बच्चों को तोता जँचता था और वे खुले आम उसका पक्ष लेते थे, तो युवजन मन-ही-मन मैना पर मरते थे ! अपनी-अपनी भूख और अपना-अपना संवाद।

यह उन दिनों की बात है, जब मैं गाँव में रहता था। तब गाँव, विदेशी शासन और महायुद्ध के बावजूद अपेक्षाकृत खुशहाल थे। अफसरों से लोग डरते थे, पर अफसर भी ऊपरवालों से डरते थे और ऊपरी स्तर पर व्याप्त भ्रष्टाचार के बावजूद जिलास्तर पर धर्मदण्ड और राजदण्ड बिलकुल बेअसर नहीं हुए थे। यह सही है कि भ्रष्टाचार और महँगाई, दोनों के बीज अँगरेज बोकर गये। परन्तु इनकी प्राथमिक अवस्था में ही राष्ट्रीय शासन की स्थापना हुई। पर ये घटने के बजाय बढ़े। काले कुत्तों ने सफेद

---

1. निगमकल्पतरोर्गलितं फलं शुकमुखादमृतद्रवसंयुतम्।
पिबत भागवतं रसमालयं मुहुरहो रसिका भुवि भावुकाः। (श्रीमद्भागवत)

कुत्तों को भी मात कर दिया। गाँवों का सहज मन असहज और विषाक्त हो उठा। अब वे पुराने बहुरुपिये, रस और सौन्दर्य लुटानेवाले विद्याधर नहीं आते, पर उनकी जगह पर नये बहुरुपिये गाँव-गाँव पैदा हो गये हैं। पुराने बहुरुपिये देव-योनि के प्राणी थे तो नये बहुरुपिये पशु-योनि के हैं। लगता है कि जंगलों में 'सावज' (शिकार) के अभाव में शेर-चीते, बाघ-भालू, स्यार-लोमड़ी आदि आदमी के चेहरे लगाकर चरने-खाने के लिए गाँव-गाँव में वास ले लिये हैं। इनके सामने बहुरुपिये क्या आएँ ! दरिद्रता और स्वभाव-परिवर्तन, दोनों साथ-साथ चलते हैं। 'श्री' जाती है तो साथ-साथ 'धी' भी चली जाती है। आजकल धाता विष्णु इन गाँवों के लिए साल-साल-भर सोये रहते हैं। अगहन आता है, पर सिर्फ छाती पर 'अदहन' जलाने। पहले चन्दन की गाछ पर काग बोलता था, प्रीतम का सन्देश पढ़ता था, तो आज दिन में ही छत पर उल्लू बोलते हैं और रात में शाप मँडराता है। अतः स्वभाव और अभाव, दोनों के कारण बहुरुपियों की कला की कोई कदर नहीं रही। मैं समझता हूँ, उनमें 'शुक' रिक्शा खींच रहा होगा तो 'सारिका' मूँगफली बेच रही होगी। नर भिलाई या दुर्गापुर में मिट्टी काट रहे होंगे और नारायण कलकत्ते में पॉकेट काटते होंगे। औखिर कला के नाम पर कब तक उपवास करेंगे ! और पहले भी तो कला उनके लिए जीवन का साधन ही थी। पहले वे ललित कला के द्वारा पेट भरते थे तो आज लालित्यहीन कला का आश्रय पकड़ लिये होंगे। आखिर जीना तो है ही।

यहाँ पर एक सवाल उठाया जा सकता है : यदि 'शुक' 'सारिका' रिक्शा खींचें, मूँगफली बेचें तो क्या हर्ज है ? जो कला उत्पादक नहीं, उसके अस्तित्व की क्या सार्थकता है ? और यह प्रश्न बहुरुपिये के घेरे से ऊपर उठकर विराट् प्रश्न को जन्म देता है : दुर्गापुर-भिलाई के युग में सूर-तुलसी, रवीन्द्र-निराला, रास-आल्हा, 'भावना'-'जात्रा' आदि का क्या महत्त्व है ? व 'संस्कृति' (ललित कला, ललित कारीगरी, ललित चिन्तन और ललित व्यवहार के लिए कोई सर्वनिष्ठ मिली-जुली संज्ञा के अभाव में 'संस्कृति' शब्द ही इन चारों की कामचलाऊ अभिव्यक्ति दे देता है) जो उत्पादक नहीं है, क्यों बोझ की तरह ढोयी जाए ? आखिर वेदान्त, सूफीवाद, ताजमहल और दान्ते-रवीन्द्रनाथ के रहने या न रहने में हमारी छूँछी भात की हाँड़ी का क्या बनता-बिगड़ता है ? अतः असली प्रश्न है 'उत्पादन' बनाम 'संस्कृति'। संस्कृति सर्जन करती है, उत्पादन नहीं कर पाती। और भात की छूँछी हाँड़ी, जो सबसे बड़ा युग-तथ्य है, उत्पादन की उपयोगिता ही समझ पाती है, सर्जन की सार्थकता से उसका कोई ताल्लुक नहीं है। यह सवाल बार-बार हमारे सामने उच्छृंखल मुद्रा में खड़ा होता है और हम जवाब नहीं पाते।

यह सही है कि रवीन्द्रनाथ के गीत भात की हाँड़ी में कोई स्वाद जोड़ नहीं पाते

और इस हिसाब से वे उपयोगी नहीं। पर क्या इसी से वे हलके या मूल्यहीन हो जाते हैं ? यदि नहीं, तो फिर रवीन्द्रनाथ के गीतों या शंकर-अफलातून या ताजमहल का क्या मूल्य है, जिसके बल पर इनका अस्तित्व रूरकेला-भिलाई के युग में भी आवश्यक माना जाए ? उपयोगितावादी युग में संस्कृति की क्या आवश्यकता है ? इसका उत्तर यह है कि रवीन्द्रनाथ के गीतों से, वेदान्त से और ताजमहल के माध्यम से जीवन का कोई अर्थ जो अब तक अनाविष्कृत-सा था, अचानक खुल जाता है या कोई अर्थ जो अब तक खाली या अध-भरा था, लबालब भर जाता है, या कोई अर्थ जो अभी तक बे-स्वाद और पतला था, प्रगाढ़ और सम्पृवत़ हो जाता है। ललित कला, ललित चिन्तन, ललित कारीगरी और ललित व्यवहार यानी समूची लालित्य-साधना जिसे काव्य, कला, लोकगीत, लोकनृत्य, दर्शन, स्थापत्य आदि के रूप में अपने-अपने मानसिक स्तर और रुचि के अनुसार प्रत्येक व्यक्ति वरण करता है—इसी अर्थ में महत्त्वपूर्ण और 'मूल्यवान्' है कि वह जीवन को सार्थकता प्रदान करती है। जो लोग झटके से कह बैठते हैं : 'हटाओ, इससे क्या पेट भरेगा ?' वे बिना सोचे-समझे, बिना गम्भीरतापूर्वक विचार किये ऐसा कह बैठते हैं। मार्क्स उपयोगितावादी था। पर वह अपने को शेक्सपियर और ग्येटे का प्रेमी घोषित कर चुका है। तथ्य तो यह है कि आज तक मनुष्य जाति के इतिहास में कोई भी ऐसा उपयोगितावादी पैदा नहीं हुआ, जो लालित्य-साधना के मूल्य को अस्वीकार करे। झगड़ा सिर्फ प्राथमिकता के लिए है। श्रम और कला, दोनों मूल्यवान् हैं, पर कौन प्रथम है और कौन द्वितीय महत्त्व की—इसी को लेकर चखचख है। मेरी समझ से श्रम यानी उत्पादक श्रम जीवन का साधन है पर ऊपर की कही गयी सार्थकता साधन नहीं, लक्ष्य है। साधारण आदमी की नजर साधन पर ज्यादा इसलिए जाती है कि वह नजदीक है, उससे तात्कालिक सम्बन्ध है, उसमें वह जुता हुआ है, उसके जुए का निरन्तर अनुभव हो रहा है। परन्तु लक्ष्य मंजिल का टिमटिमाता तारा है, अतः दूरी के कारण वह सदैव हमारी नजर पर चढ़ा नहीं रहता और कर्म में जुते होने के कारण हम इसके प्रति निरन्तर सचेत नहीं रहते। पर सचेत मनःस्थिति का एक क्षण भी पर्याप्त है, यह बताने के लिए कि समूचे जीवन के 'अर्थ' को समेटे वह लक्ष्य 'है' और वह 'है' इसीलिए जीवन और उसके साधन भोजनादि की भी आवश्यकता है। जब वह डूब जाता है, तो न तो जीवन ही आवश्यक है और न उसका साधनस्वरूप उत्पादक श्रम। जीवन के उस अर्थगर्भ लक्ष्य-बिन्दु को, सार्थकता के उस बीजगणित को जिन सूत्रों द्वारा हम पकड़ने का प्रयास करते हैं, वे सूत्र यानी गीत, नृत्य, अभिनय, काव्य, दर्शन, स्थापत्य आदि महत्त्वहीन और मूल्यरहित कैसे हुए ?

लगता है, यह दृष्टि धीरे-धीरे भोंथर होती जा रही है। इसका एकमात्र कारण गरीबी नहीं। इस देश का साठ प्रतिशत तो सनातन से गरीब है। इस साठ प्रतिशत को वर्णाश्रित समाज-व्यवस्था ने अनन्तकाल के लिए भूख और दरिद्रता के हाथ बेच दिया है। मेरा

तात्पर्य निचली श्रेणी के वैश्यों और शूद्रों से है। परन्तु पहले वे रास, लोक-गीत और लोक-नृत्य के माध्यम से अभिरुचि को तेज और धारदार किये रहते थे। लोहारों के टोले में, धोबियों के टोले में, तेलियों के टोले में, चमारों के टोले में अपनी-अपनी मण्डली बैठती थी। हर बिरादरी की अपनी लोकगाथा थी। यथा : तेलियों का 'बेहुला', दुसाधों का 'सहलेस', अहीरों की 'लोरकी'। हर बिरादरी का अपना निजी छन्द था, अपना निजी राग था। कई बिरादरियों का अपना लोक-नृत्य भी था जैसे अहीरों, कहारों और धोबियों का। प्रायः हर रात अपनी-अपनी बिरादरी में बैठकर लोग अपना-अपना सांस्कृतिक कार्यक्रम चलाते थे और इस प्रकार फुरसत के समय को गरीबों-द्वारा दी गयी जीवन की रिक्तता दूर करने में लगाते थे। इन सांस्कृतिक कार्यक्रमों से एक ओर तो जीवन की रिक्तता भरती थी और जीवन में कुछ क्षणों के लिए ही सही अनाविष्कृत उल्लास का संचार होता था। साथ-ही-साथ बेहुला, सहलेस या लोरकी के माध्यम से भ्रातृत्व और निजत्व हृदय के अन्दर प्रवेश करता था। कहते भी थे : "एक पाँत, एक भात, एक गीत।" 'भात' और 'गीत' के माध्यम से बन्धुत्व का संचार एक गहरी मनोवैज्ञानिक प्रक्रिया की ओर संकेत करता है। परन्तु आज गाँवों में ये मण्डलियाँ प्रायः नहीं बैठती हैं। हर बिरादरी में दलबन्दी है, गुट है, राजनीति है। दुःख, गरीबी और मजदूरी तो वही रही, पर साथ में आ गयी राजनीति। उल्लास और भ्रातृत्व चले गये। इसका कारण, गरीबी नहीं। ब्राह्मणों, राजपूतों और कायस्थों की नववधुएँ लोककथाएँ और मांगलिक गीतों को नहीं जानती हैं। इस मशीन-युग में चक्की चलाने और धान कूटने की भी इन्हें तकलीफ नहीं करनी पड़ती। ये अपेक्षाकृत अभावों से उतनी पीड़ित नहीं। फिर भी ये लोककथाएँ और मांगलिक गीतों को सीख नहीं सकीं। इसका कारण है—जीवन की व्यवस्था और रुचि का परिवर्तन, जो औद्योगिक क्रान्ति की वजह से, जो संस्कारों के शहरीकरण की वजह से, घटित हो रहे हैं। इसमें गरीबी का कोई खास हाथ नहीं।

आज संस्कृति और जीवन—दोनों में एक ध्रुवण चल रहा है। वह यह है कि गाँवों में शहरी संस्कृति प्रवेश कर रही है। औद्योगिक प्रगति और शहरी संस्कृति, दोनों का दायरा विस्तृत होता जा रहा है। फलतः गाँवों का मन बदल रहा है। उनके संस्कार बदल रहे हैं। जहाँ तक गाँवों के शहरीकरण का प्रश्न है एक हद विशेष तक मैं इसे शुभ का आरोहण मानता हूँ। गाँव कूड़े-कचरे और अज्ञान के ढेर बन गये हैं। गन्दगी, असभ्यता और अज्ञान को सनातन के ठेकेदारों ने धर्म और संस्कृति कहकर शताब्दियों तक बेचा है। अतः कुसंस्कारों और विकृतियों को यदि हम शहरीकरण के माध्यम से दूर कर दें, तो यह शुभ है। परन्तु इस प्रक्रिया में कुछ प्राणवान् तत्त्व भी नष्ट हो रहे हैं, ग्रामों की रागात्मक संस्कृति, इनके गीत-नृत्य, इनके उल्लास और भ्रातृत्व के साधन। नयी नगर-संस्कृति में सबसे बड़ा दोष यह है कि उसमें वह स्थायित्व या अन्तर्बल नहीं,

जो ग्राम-जीवन को समेटकर एक में बाँधे रहे और उसे टिकाऊपन दे सके। नयी नगर-संस्कृति प्रगतिशील है अर्थात् निरन्तर काल के दबाव में पड़कर परिवर्तित होती रहती है। ग्रामों के माध्यम में ही हम हिन्दुस्तान के व्यक्तित्व की, उसकी निजी सनातन अस्मिता की रक्षा कर सकते हैं। और यदि हिन्दुस्तानी मन को जिन्दा रखना है तो लोक-संस्कृति के उन प्राणवान् साधनों को बचाये रखना होगा तथा उन्हें नये-नये संस्कार देकर निरन्तर युगानुरूप करते रहना होगा।

नगर-संस्कृति में भी कला-साहित्य और नृत्यगीत हैं। उनका अपना निजी महत्त्व है। वे हिन्दुस्तानी अस्मिता के अभिजात अंश से उत्पन्न होते हैं और उनमें भी बहुत-कुछ उदात्त, स्थायी और सनातन है। परन्तु जहाँ तकं गाँवों पर आरोपित नगर-संस्कृति का सम्बन्ध है, यह नागरिक सांस्कृतिक साधना बिलकुल ही सहायक नहीं हो सकती। यह महनीय है, अभिजात है अतः यह लोक-संयुक्त नहीं हो सकती। गाँवों के शहरीकरण के फलस्वरूप धोबी-नृत्य या कहरवा नाच तो मर जाएगा। उसकी जगह 'कथक' या 'भरतनाट्यम्' आता तो कोई बात नहीं थी। परन्तु 'कथक' या 'भरतनाट्यम्' लोक-संयुक्त कलाएँ नहीं। यहाँ ये बिलकुल सहायक नहीं हो सकतीं। धोबी-नृत्य और कहरवा नाच के नष्ट होने से जो रिक्तता या शून्य स्थान पैदा हो गया, वह शून्य ही रह जाएगा। यदि काटकर दूसरे पेड़ की कलम लगे तो ठीक है, परन्तु जहाँ कलम लगाने की गुंजाइश न हो, वहाँ डाल काटना निरंकुश हत्या—रक्तपात के ही समकक्ष है।

गाँवों की नयी पीढ़ी अपने मन को जिस दिशा में विकसित कर रही है, वह है शहरी मन की दिशा। इस प्रकार गाँवों में संस्कारों का ध्रुवण प्रारम्भ हो गया है। नयी पीढ़ी का ध्रुव है शहरी मन। परन्तु शहरी मन और शहरी सन्दर्भ में कला और जीवन, दोनों विच्छिन्न चलते हैं। शहरी संस्कृति में कला और जीवन सतीर्थ नहीं। गाँवों में कला लोक-संयुक्त है। उसका जीवन से प्रगाढ़ सम्बन्ध है। वह जीवन को सजावट ही नहीं, उल्लास-उत्साह देती है। इसमें कलाकार और दर्शक, दोनों 'सहभोक्ता' हैं। इसी से लोक-कलाएँ अकसर 'वृन्द' (कोरस) के माध्यम से व्यक्त होती हैं। परन्तु नगर-संस्कृति में दर्शक 'भोक्ता' है, 'सहभोक्ता' नहीं। दर्शक निष्क्रिय और तटस्थ होकर भोग करता है। अतः कला से उसका कोई आत्मगत या प्राणगत सम्बन्ध नहीं। कला के पास वह रक्त-रोमांच या उत्तेजना के लिए जाता है। उसमें उसे सामाजिक प्रतिबद्धता, बन्धुत्व, बिरादरीपन और निजस्व आदि नहीं मिलते। कला उसके लिए मनोरंजन है, वासना-पूर्ति का साधन है और सौ में नब्बे के लिए दमित वासना या 'सैडिज्म' की पूर्ति का साधन है। फिल्मों के आ जाने से यह और ऐसा हो गया है। परन्तु ग्रीकों ने, पुराने हिन्दुओं ने, वैष्णवों ने, ईसाइयों ने, विशेषतः 14वीं-15वीं शती के ईसाइयों ने कला को एक विशेष जीवन-दर्शन की सार्थकता को व्यक्त करने का माध्यम बनाया था। बिरहा, लोरकी, बेहुला, कहरवा तो लोक-जीवन को सार्थकता और सम्पृक्तत देते

ही हैं, विदग्ध रचनाएँ यथा जायसी का 'पद्मावत' और तुलसी का 'मानस' भी जीवन को सार्थकता प्रदान करने के लिए लिखे गये हैं। हरेक जाति, कौम, बिरादरी या कवि-शायर के द्वारा आविष्कृत सार्थकता का स्वभाव अलग-अलग है। परन्तु सबकी कला का उद्देश्य 'सह नौ भुनक्तु सह वीर्यं करवावहै' ही है। कवि, अभिनेता, दर्शक—सभी सहभोक्ता हैं और सभी साथ-साथ उस कला के माध्यम से तेज का अर्जन कर रहे हैं। परन्तु नये शहरीपन में, जो गाँवों की नयी पीढ़ी का ध्रुव है, यह आदर्श नहीं। इस ध्रुवण के फलस्वरूप गाँवों के लड़के सिनेमा का गीत सीखते हैं, परन्तु पुराने गीत जो परस्पर सामाजिक भोग के माध्यम थे, मरते जा रहे हैं। नववधुएँ रेडियो सुनती हैं, लता मंगेशकर के गीत गुनगुना भी लेती होंगी, पर परस्पर सामाजिक स्थायित्व देनेवाले मांगलिक गीतों को वे भूलती जा रही हैं। मैं समझता हूँ कि उत्तर प्रदेश में यह सांस्कृतिक ध्रुवण और भयावह होगा। यहाँ की नागरिक संस्कृति भारत के अन्य भागों की तुलना में पहले से ही कृत्रिम और अभारतीय रही है। भारत में नौकरशाही मुगल-युग से शुरू होती है और इस नौकरशाही के प्रतिनिधि हिन्दुओं और मुसलमानों के कुछ वर्ग-विशेष हैं, जो उत्तर प्रदेश का केन्द्रीय और प्रान्तीय स्तर पर नियन्त्रण करते हैं। यहाँ की नागरिक अभिरुचि दरबारों के कृत्रिम संस्कारों को लेकर चलती है। पर यह कृत्रिम दरबारी संस्कृति, जिसकी सीमा उर्दू गजल तक ही खतम है, अति दरिद्र और संकीर्ण है। इसके माध्यम से उनका मुक्त विस्तार असम्भव है। परन्तु उत्तर प्रदेश के नागरिक जीवन पर वह इतने घोर रूप से हावी है कि इसमें पला हुआ तथाकथित संस्कारी व्यक्ति 'दुष्यन्त' और 'शकुन्तला' शब्दों का ठीक से उच्चारण नहीं कर पाता और अपने गलत उच्चारण का ही घमण्ड करता है।[1] यह किसी जाति की मानसिक और आत्मिक दासता की खास निशानी है कि जाति के सदस्य अपने प्रभुओं की 'विकृति' को गर्वपूर्वक 'संस्कृति' मान कर ग्रहण करते हैं। उत्तर प्रदेश की नौकरशाही कौमें जो दुर्भाग्यवश यहाँ के नागरिक जीवन का मालिक बनी बैठी हैं, अपने मन को इतना कृत्रिम बना चुकी हैं कि उन्हें यह बात खलती ही नहीं। अतः उत्तर प्रदेश के गाँवों में सांस्कृतिक ध्रुवण एक बड़ी त्रासदी लाएगा। यह त्रासदी हिन्दुस्तानी जिजीविषा और हिन्दुस्तानी अस्मिता की त्रासदी होगी।

---

1. एक बार एक बारात में जाने का अवसर मिला, जिसमें भोजपुरी-भाषी क्षेत्र के कुछ अफसर क्लास के लोग थे। बारात बिहार में गयी थी। वहाँ एक गायक ने विद्यापति का विश्व-विश्रुत पद 'सखि, की पूछबि अनुभव मोय' जिसके प्रशंसक गुरुदेव रवीन्द्रनाथ भी थे, गाया। पर उक्त कृत्रिम संस्कृति के अभिजात रंग में रँगे एक साहब को यह सब गँवारू-जैसा लगा, जबकि एक मामूली गजल पर वे 'वाह-वाह' कर उठे। इस सांस्कृतिक कुण्ठा और रस-बोध की दयनीयता का कारण है वह मानसिक अवरोध, जो प्रत्येक किस्म के देशीपन के विरुद्ध उस कृत्रिम संस्कृति द्वारा पैदा किया जाता है।

परन्तु प्रगति और औद्योगिक विकास के युग में गाँवों के शहरीकरण को तो रोका नहीं जा सकता। और रोकना उचित और कल्याणप्रद भी नहीं होगा। क्योंकि ग्रामों का शहरीकरण किये बिना उद्धार नहीं। परन्तु साथ-ही-साथ सांस्कृतिक ध्रुवण और सांस्कृतिक प्राण-क्षय को भी रोकना आवश्यक है, क्योंकि यह ग्रामों की जिजीविषा और ग्राम-जीवन की सार्थकता का क्षय है। इसके लिए संस्कृति के सैनिकों, यथा कवियों, नाटककारों, अभिनेताओं और नर्तकों को ही कुछ करना होगा। वह कार्यक्रम होगा : उलटा हाथ लगाना, 'उलटी यमुना' बहाना अर्थात् लोक-कलाओं को ही नागरिक संस्कृति के भीतर प्रविष्ट करा देना। इससे एक ओर तो नागरिक संस्कृति की कृत्रिमता घटेगी और दूसरी ओर लोक-कलाओं में नगर-जीवन का संस्पर्श प्रवेश होने पर सुरुचि-सम्पन्नता और सफाई आएगी। उदाहरण के लिए रवीन्द्रनाथ और नजरुल की कृपा से भटियाली गान और बाउल गान बंगाल की नागरिक रुचि के भीतर प्रवेश पा चुके हैं। यामिनी राय की चित्रकला नागरिक अभिरुचि को स्वस्थ संस्कार दे रही है और इससे हिन्दुस्तानी अस्मिता को बड़ा बल मिला है। यामिनी राय की रेखाएँ और आकृतियाँ गाँवों के कोहबरों, भित्तिचित्रों और कुम्हारों द्वारा पात्रों पर अंकित चित्रों से ली गयी हैं। इस प्रकार हम देखते हैं कि यामिनी राय के चित्रों के माध्यम से नागरिक अभिरुचि को स्वस्थ एवं प्राणवान् स्पर्श मिला है और बदले में नागरिक अभिरुचि ने इसे नयी परिष्कृति और सुरुचि प्रदान की है। असम प्रदेश में प्रसिद्ध नर्तक विष्णु राभा के नेतृत्व में लोक-नृत्यों और लोक-गीतों के क्षेत्र में यही 'उलटी यमुना' की प्रक्रिया चल रही है। नागरिक संस्कृति और लोक-संस्कृति परस्पर एक-दूसरे को नवसंस्कार और नवप्राण दे रहे हैं। परन्तु हिन्दी प्रदेशों में नगर-संस्कृति नौकरशाही की पिछलग्गू है और यह नौकरशाही या तो 'बाहरी' है या 'बाहरी' बनकर जीने में गर्व करती है। अतः यह पारस्परिक वरण या पारस्परिक आदान-प्रदान, जो सांस्कृतिक स्तर पर गाँवों और शहरों के बीच अन्य प्रान्तों में सम्भव है, यहाँ पर सम्भव नहीं। यहाँ की त्रासदी है—कुछ लोगों का 'बाहरी' बने रहने का हठ, मोह और घमण्ड; और इस मोह और घमण्ड का विश्लेषण किया जाए तो अन्त में आकर यह उनकी हीनता 'ग्रन्थि' ही साबित होता है।

ऐसी अवस्था में मैं समझता हूँ कि साहित्यकार विशेषतः हिन्दी के साहित्यकार को कुछ करना है। उसे अपने को लोक-संयुक्त करके उसी प्रकार ग्रामों और नगरों के पारस्परिक सांस्कृतिक वरण की भूमि तैयार करनी है, जिस प्रकार रवीन्द्रनाथ, नजरुल आदि ने काव्य में, यामिनी राय ने चित्रकला में और विष्णु राभा ने नृत्य में अपने-अपने प्रदेशों में किया है। उसे कुछ लिखना होगा जो 'समूह' के लिए होगा। नया साहित्यकार 'समूह' के लिए लिखना अपनी तौहीनी मानता है। युधिष्ठिर जिस तरह अकेले स्वर्ग गये, वैसे ही वह भी अकेले-अकेले शिखरारोहण करना चाहता है, लोक-संयुक्त रूप में नहीं। परन्तु वह भूल जाता है कि युधिष्ठिर अकेले सीमित अर्थ में ही थे, साथ-साथ

धर्मरूपी श्वान भी चल रहा था। यदि वे श्वान को इनकार करते, तो इन्द्रयान ऊपर ही ऊपर चला जाता और दाँतों से बर्फ काटते हुए मुट्ठी दबाकर वे भी औरों की भाँति निर्जन में प्राण त्याग करते। यह सही है कि केवल लोक-संयुक्त रहने से केवल समूह के लिए लिखने से प्रचारवादी साहित्य ही पैदा होगा। पर लोक को छोड़ना भी आत्मघाती होगा। अतः आज के साहित्यकार को तुलसी और रवीन्द्रनाथ की ही तरह दुहरा उत्तरदायित्व लेना है, दुहरा जीवन जीना है, 'अकेले' रहना है, साथ ही लोक-संयुक्त भी रहना है, 'लोक' के लिए लिखना है, साथ ही 'स्वान्तः सुखाय' लिखना है। दुहरा उत्तरदायित्व और दुहरा जीवन—यही उसकी नियति है।

आज का साहित्यकार एक ही प्रतिबद्धता को श्रेय का मार्ग मानता है। पर एकहरी प्रतिबद्धता और एकहरा जीवन अस्वाभाविक तथ्य है। एकहरा जीवन या तो पशुओं का होता है या रोबॉटों (यन्त्र मानवों) का। मनुष्य के लिए सम्भव ही नहीं कि वह एकहरा जीवन जिये। मनुष्य का जीवन अपने साधारण से साधारण रूप में बहुपहली, बहुमुखी और उलझावपूर्ण रहता है। एक 'सेल' (कोशाणु) के प्राणी अमीबा द्वारा ही एकपहलू, एकहरा, जीवन जीना सम्भव है। मनुष्य एकहरा जीवन नहीं जी सकता। तो साहित्यकार जैसा संवेदनशील प्राणी एकहरी जिन्दगी कैसे जिएगा ? उसे तो दुहरा-तिहरा जीवन जीना ही है, क्योंकि दुपहली, तिनपहली, बहुपहली सिसृक्षा के आवेश से वह ग्रस्त रहता है। सिसृक्षा का एक पहलू है 'आत्मान्वेषण', जो वेदान्त सूत्रों के रचयिता और नयी कविता के कवि—दोनों को समान रूप से करना पड़ा है। दूसरा पहलू है 'आत्मान्वेषण' के सत्यों को एक गठन और व्यवस्था देकर लोक के सम्मुख उपस्थित करना। यह काम दार्शनिक और विचारक कवि, लेखक करता है, जैसे व्यास, ग्येटे अथवा ज्याँ पॉल सार्त्र। उसका अन्य पहलू होता है उन विराट् सत्यों द्वारा व्यक्त मानवीयता को वक्रोक्तियों, कहानियों, नाटकों और 'फेबुलों' (बोध-कथा) में बाँधकर लोक के सम्मुख उपस्थित करना। उदाहरण के लिए व्यास का 'ब्रह्मसूत्र' उनका 'आत्मान्वेषण' वाला पहलू है, जो उनके 'अकेलेपन' को व्यक्त करता है तो 'श्रीमद्भागवत' उनका उपयुक्त तीसरा पहलू है, जो उनके 'लोक-संयुक्त' रूप को व्यक्त करता है। व्यक्तित्व तो माध्यम है—निष्क्रिय माध्यम। यह सक्रिय तब होता है, जब इसमें 'स्व का आवेश होता है अथवा 'लोक-मन' का आवेश होता है। दोनों दो किस्म की सिसृक्षा, दो किस्म का जीवन बारी-बारी से एक ही व्यक्तित्व के अन्दर आरोपित करते हैं। (यह दुहरा जीवन दरअसल दुहरा ही नहीं, बल्कि एक पर एक-एक कई परतोंवाला है। पर मोटे तौर पर उन्हें 'स्व' और 'लोक'—दो वर्गों में विभाजित करके 'दुहरा' कहते हैं।) वास्तव में यह व्यक्तित्व का विखण्डन नहीं, व्यक्तित्व का बहुमुखीपन या पूर्णता है। व्यक्तित्व

का विखण्डन तो तब होता है जब इस दुहरे जीवन के दोनों पहलू एक-दूसरे से सहयोग नहीं कर पाते हैं, जब वे परस्पर सहयोगी न होकर परस्पर विरोधी हो जाते हैं और एक-दूसरे को सन्देह की दृष्टि से देखने लगते हैं। पर जिस प्रतिभा के अन्दर ये परस्पर पूरक और परस्पर सहयोगी हो जाते हैं, उसके व्यक्तित्व को ये अधिक प्रामाणिकता और पूर्णता प्रदान करते हैं। सत्य के कई पहलू होते हैं। जो व्यक्तित्व जितने ही अधिक पहलुओं को पहचाने, वह उतना ही अधिक प्रामाणिक और सम्पृक्त है। अतः आज यदि कोई नया कवि नयी कविता लिखता है, साथ ही अपने 'आत्मान्वेषण' को सादे सहज फेबुलों, प्रतीकों के आधार पर लोक-नाट्य या लोक-गाथा या नौटंकी या 'जात्रा' नाट्य के माध्यम से व्यक्त करने की क्षमता रखता है, जो उसे लोक-जीवन के साथ जोड़ती है, तो यह उसकी अनुभूतिगत अप्रामाणिकता या बेईमानों का उदाहरण नहीं, बल्कि उसकी गहरी सम्पृक्तता और व्यापक प्रामाणिकता का सबूत है।

पर नवबोध के साहित्य को लिखनेवाले इस तथ्य को स्वीकारने में हिचकते हैं। स्वीकार कर लेने पर भी मन और कर्म से इसे नहीं स्वीकारते। वे भ्रमवश दुहरे-तिहरे जीवन या दुपहली-तिपहली या बहुपहली सिसृक्षा को भिन्न-भिन्न 'मुखोशों' या 'कागजी चेहरों' का बेईमान जीवन मानते हैं। पर वे 'मुखोश' (मुखौटे) और सम्पृक्त जीवन में भेद करना भूल जाते हैं। 'मुखोश' लगाकर कोई भले ही बाजार में ठगई कर ले, नौकरी पा ले, रुपये ठग ले या किसी की पत्नी या बहन को फँसा ले; पर कोई 'मुखोश' लगाने से साहित्य भी लिख लेगा, यह असम्भव है। साहित्य के क्षेत्र में 'लोक-संयुक्त' या 'लोक-सतीर्थ' का मुखोश लगाना ही काफी नहीं होगा। यदि यह भाव उसकी रचनाओं से अपनी समूची अनुभूतिगत ईमानदारी (सब्जेक्टिव आनेस्टी) के साथ फूटेगा, तब तो लोग उसका विश्वास करेंगे, अन्यथा नहीं। और यह अनुभूतिगत ईमानदारी तब आएगी, जबकि उसने सम्पृक्त ढंग से उक्त विशेष बोध को आविष्कृत किया है और अनुभूत किया है। वास्तव में यह संस्कारों की साधना है। 'लोक-संयुक्त' मन के संस्कार और 'अकेले' मन के संस्कार, दोनों जीवन के प्रगाढ़ सम्पृक्त क्षणों में ही प्राप्त होते हैं। प्रत्येक अवस्था में संस्कारों की एक पूरी लम्बी शृंखला मिलती है। उस शृंखला में से अपनी प्रतिबद्धता के अनुकूल कवि या लेखक चुनाव करता है। परन्तु जो लोग चुनाव करने की क्षमता नहीं रखते, वे इन संस्कारों को गर्भनाल-संयुक्त रूप में ज्यों का त्यों व्यक्त करने के पक्षपाती हैं। यह तिरछा रास्ता 'शार्ट कट' है। 'शार्ट कट' तो अच्छो बात है। पर देखना यह है कि कहीं यह 'बैड कट' तो नहीं हो रहा है।

जीवन की दुहरी-तिहरी या बहुमुखी साधना का सत्य मुझे बचपन में संकेत रूप से बहुरुपियों के माध्यम से मिला। उन दिनों मुझे लगता था कि वह बहुरुपिया प्रतिदिन एक नया जीवन जी लेता है। बाद में जब मैंने जीवन के बृहत्तर दायरे में प्रवेश किया तो देखा कि यह हिन्दुस्तान ही एक बहुत बड़ा बहुरुपिया है, यह जाना-पहचाना

हिन्दुस्तान ही एक 'महानट' है। यह रात-दिन, गाँव-गाँव, नगर-नगर, गली-गली विविध रूपों, विविध भूमिकाओं में जी रहा है। कोई भी भूमिका आरोपित, झूठी या 'मुखोश'-पन्थी नहीं। जरूरत है इन भूमिकाओं को पहचाननेवाले की। जो जितनी ही अधिक भूमिकाएँ पहचान पाया है और उन्हें अपनी सिसृक्षा के द्वारा भोग पाया है, वह उतना ही बड़ा कलाकार, उतना ही बड़ा स्रष्टा बन पाने में समर्थ हुआ है। जिन्होंने हठ किया कि 'शकुन्तला' मिथ्या है, 'गोबर' और 'धनिया' ही सही भूमिकाएँ हैं, उनकी स्थिति उन अन्धों की तरह हो गयी जिनमें कोई सूँड़ को ही पूरा हाथी समझता रहा, तो कोई पाँव को ! इस महानट की भूमिकाएँ देश और काल—दोनों इकाइयों में बिखरी पड़ी हैं। यह वह महानट है जो 'अथातो ब्रह्म जिज्ञासा' से 'आँगन के पार द्वार' तक अपना संवाद बोल रहा है और भविष्य में भी निरन्तर बोलता रहेगा। यह महानट हिन्दुस्तान एकपात्री, द्विपात्री, बहुपात्री, अपात्री नाटकों, व्यायोगों, प्रवेशकों और विष्कम्भकों का जीवन एक साथ निरन्तर जी रहा है। इसकी जिजीविषा बहुमुखी है। इसकी सिसृक्षा बहुरूपी है। यह 'शृंगार, वीर, करुण, रौद्रादि महारस-ताण्डव नटम्' हिन्दुस्तान ही साक्षात् नटराज है। यह हिन्दुस्तान, यह काल के सुदूर छोर से आरम्भ होनेवाला गड्डलिका-प्रवाह, यह बहुरूपी भीड़ ही साक्षात् नटराज है, साक्षात् विश्वेश्वर है और यह हिन्दुस्तान की शस्य-श्यामला धरती ही पार्वती है, अन्नपूर्णा है। यह हिन्दुस्तान की धरती स्वतः एक 'श्री-चक्र' है। इस 'श्री-चक्र' का बोध ही जीवन की सार्थकता है। पर यह बोध एकहरे जीवन से प्राप्य नहीं। इसके लिए, इसके अनुरूप ही, बहुमुखी जिजीविषा और बहुरूपी सिसृक्षा चाहिए।

एक ग्रीक प्रोषितपतिका का आत्मकथ्य

[पिनीलोपिया ग्रीक नायक ओद्युसियस की पत्नी थी। परकीया हेलेन के प्रतिपक्ष के रूप में पति की प्रतीक्षा में रत इस पत्नी का चित्रण होमर ने अपने दूसरे महाकाव्य 'ओडेसी' में किया है। ट्राय-युद्ध के बाद भी ओद्युसियस क्रूर देवता वरुण के कोप के कारण दस वर्षों तक समुद्र में भटकता रहा। इस बीच में उसकी पत्नी को तरुण प्रणयी निरन्तर त्रास देते रहे और प्रणय का निवेदन करते रहे। पर पिनीलोपिया धीरतापूर्वक अपने वीर पति की प्रतीक्षा करती रही। अन्त में ओद्युसियस लौटा और इन उद्दण्ड प्रणयियों का संहार कर अपनी पत्नी से बीस वर्ष बाद पुनः मिला। (कुछ लोगों के अनुसार समय 'तीस' वर्ष होना चाहिए।) यह आत्मकथ्य पति के लौटने के पूर्व की स्थिति का है जब पिनीलोपिया 'प्रोषितपतिका' है।]

वसन्त जनम ले रहा है। नारंगी रंग के बेशुमार क्रोकस फूलों के साथ बीच-बीच में बैंगनी हायसिन्थ से इथाका का विषम पहाड़ी ढाल भर गया है। फूलों की तह पर तह और बीच-बीच में अंजीर और ओक के वृक्षों से बने स्वाभाविक श्यामल छाया-कुंज। लगता है सारी पहाड़ी ही देवताओं की शैया हो। शैया ही नहीं, फूल-शैया। यहाँ प्रति रात्रि को उस पारवाले एकान्त ढाल पर, जो तट की विषम कटान और क्रुद्ध तरंगों के निरन्तर आक्रमण के कारण दिन में ही दुर्गम है, रति और उसका गुप्त जार कार्तिकेय[1]

1. ओद्युसियस ने एक ओकवृक्ष को जड़ के कुछ ऊपर काटकर शैया का एक पाया बनाया था। इस प्रकार यह अचल शैया थी। पर इस रहस्य को पति-पत्नी के अतिरिक्त अन्य कोई नहीं जानता था। पिनीलोपी ने इस तथ्य का उपयोग 20 वर्ष बाद आये पति की परीक्षा के लिए किया। उसने दासी से शैया को बाहर निकालने को कहा। इस पर लौटे हुए नायक ने कहा—'ओह मेरा हृदय फट गया। पिनीलोपी, तूने मेरी शैया को क्यों काट कर अलग किया !' इसी से वह पहचान गयी—यह उसका पति ही है।

शयन करते हैं। लालसा-तप्त रति के अंगों का स्पर्श पाकर रात-भर यह पहाड़ी फूलती रहती है—पीत-अरुण और अरुण-नील दो रंगों का क्षण-प्रतिक्षण जन्म होता रहता है। नग्नबाहु रति और कार्तिकेय के मन में छाये पीत-अरुण और अन्त में 'सुनील' फिर दीर्घ 'तमस-नील' रंग धरती पर फूल बनकर देवता के मन को सगुण ढंग से अभिव्यक्त करते हैं। नारंगी क्रोकस का पीत-अरुण और बैंगनी हायसिन्थ का नील-अरुण ! प्रति-प्रातः नारंगी और बैंगनी रंगों की तह पर तह तथा नयी घासों की हरी नीलिमा देखती हूँ, तो मन उदास हो जाता है। वे दिन स्मरण हो आते हैं जब मैं पिता के घर थी। दिन में चाहे मरमर स्वरवाली नदी के पास हों, या काँपते बेतवनों के ऊपर हों या रात्रि के स्वप्न में हों केवल दो ही रंग दिखाई पड़ते थे—नारंगी और बैंगनी यानी पीत-अरुण और नील-अरुण। मन का सहज पीत-अरुण जब प्रगाढ़ होने लगता तो गाढ़ा होते-होते अरुण फिर बैंगनी यानी नील-अरुण में बदल जाता था। मैंने देवोपम ओद्युसियस को जब प्रथम बार देखा तो लगा, क्षण मात्र में भीतर सिर से पैर तक क्रोकस के पीत-अरुण कुसुम्भी फूल खिल गये। प्रथम स्पर्श पर पीत कट गया और सब कुछ अरुण बन गया। और इसके बाद प्रथम आलिंगन पर ऐसा लगा कि अरुण की माया का लोप नील-बैंगनी में हो रहा है, धीरे-धीरे वह बैंगनी मन भी संकुचित होकर छोटा दायरा पकड़ रहा है। अन्त में लगा कि एक खूबसूरत मेघ हमारे और ओद्युसियस के चारों ओर छा गया है। हम दशों दिशाओं से बन्द मेघगृह में हैं। इसकी बैंगनी दीवारें हैं। हायसिन्थ फूलों की बैंगनी शैया है जिसमें रह-रह कर क्रोकस के पीत-अरुण पुष्प चटखकर फूटते हैं, फिर बैंगनी अन्धकार में समा जाते हैं। इस मेघगृह की बैंगनी दीवारों के बाहर क्या है, पता नहीं। मेघगृह की छतों से इस एकान्त में हम दोनों पर हलकी फुही पड़ रही थी। मैं भीग रही थी, मेरा देवोपम ओद्युसियस भीग रहा था। पता नहीं कितने पल कितने क्षण यह मायागृह बना रहा। पर इसकी स्मृति अब भी धुली नहीं, यद्यपि बीस वर्षों से उस ओद्युसियस की प्रतीक्षा कर रही हूँ, बीस वर्षों से उसका मुख देख नहीं पायी।

मुझे लोग राजहंसी वधू कहते थे। पिता ने बचपन में मुझे मनहूस मानकर समुद्र में फेंकवा दिया। मुझे निगलने के लिए सागर के जीव दौड़ नहीं पड़े, बल्कि क्रूर वरुण की कृपा से राजहंसों की एक बलाका अचानक उतरी और मुझे घेर लिया। मैं समुद्र की लहरों पर राजहंस पक्षियों द्वारा पालित हो रही हूँ, यह सुनकर पिता का मन बदला और मदिरावर्णी नील समुद्र से, क्रूर वरुण के लिए एक बलि प्रदान कर, पिता ने मुझे धीवरों से जाल लगवाकर निकाल लिया। मैं बड़ी हुई। सभी मुझे प्यार से राजहंसी—'पिनीलोपी'—कहने लगे अन्यथा मेरा पहला नाम था 'अर्नाइया'। मेरी चचेरी बहन हेलेन की तुलना में मेरे सौन्दर्य की उतनी विशेष चर्चा नहीं हुई। पर मैं भी स्वयंवरा हुई और पग-दौड़ की शर्त मेरे वरण के लिए रखी गयी। स्वयंवरा थी पर वरण का आधार

प्रतियोगिता थी पग-दौड़ की। हमारे हीरोइक युग का आदर्श ही यही है। हम वीरभोग्या होती हैं। सर्वश्रेष्ठ वीर हमें भोगने का अधिकारी है। हमारे हृदय और किसी और के रूमान का कोई अर्थ ही नहीं होता है। हमारे हीरोइक-युग में नारी-सौन्दर्य की गरिमा इसी में हैं कि उसके लिए ट्रॉय जले, महाभारत ठन जाए, देवासुर-संग्राम हो और उसकी सौन्दर्य-शिखा में हजारों नरमुण्डों की आहुति पड़े। हमारी सार्थकता ही इसी में है। हेलेन ने यही कर दिखाया। पर मैं दूसरा ही मूल्य खोज रही हूँ। हाँ तो, मैं स्वयंवरा थी और मुझे जीता कौन ? एक छोटी टाँगोंवाला पर अति विशाल स्कन्ध वाराहपुरुष जो नारियों से घिरे होने पर घने बालवाले क्रुद्ध मेष की तरह लगता था, जो सभा में बैठने पर या बोलते हुए सारी सभा का सरताज बन जाता था और जो नारियों को बेहद सन्तुष्ट कर सकता था ! वह बना मेरा देवोपम पति ओद्युसियस। ओह, चक्रपाणि इन्द्र, ओह पिंगलनेत्रा देवी, शूलधारिणी एथनी, क्या वह अब भी जीवित है और कहीं दूर काले समुद्र में इन दुष्ट प्रेम-याचकों के लिए, जो मुझे रात-दिन घेरे हैं, मृत्यु और किस्मत के बीज बो रहा है ? वज्रधर इन्द्र, क्या मुझे सिंह-पत्नी होकर किसी शृगाल की शैया पर जाना होगा ?

आज से करीब बाईस वर्ष पूर्व

प्रथम बार जब वह मिला तो उसके शरीर पर बैंगनी रंग का दुहरा कुर्तक था जिसमें गले की बगल में कन्धे के पास एक स्वर्ण 'ब्रोच' फँसा था। उस 'ब्रोच' की नक्काशी को मैंने नजदीक से देखा—एक छटपटाता हुआ मृगशावक और उसे तोड़ता हुआ एक क्रुद्ध श्वान ! प्याज के छिलके की तरह चमकदार अरुण-नील आभावाला कुर्तक और उसके नीचे चौड़ी कठोर चट्टान-सी छाती ! आश्चर्य नहीं कि वह मायाविनी अप्सराओं की भी कामना को जगा दे ! मेरे पिता ने कहा था कि वह मेरे पितृदेश में ही रहे। वहाँ मातृ-सभ्यता तो नहीं है, शासन पुरुष ही करता है, पर सम्पत्ति की स्वामिनी होती है पुत्री। पर ओद्युसियस ने हठ किया कि वह अपनी स्वयंवरा वधू को लेकर घर जाएगा। पिता ने निर्णय मुझ पर छोड़ दिया और मैंने ओद्युसियस के लहराते अयालों के दो घोड़ेवाले रथ पर सवार होकर एक बार स्पार्टा की ओर ताका और मुँह पर अवगुण्ठन डाल लिया !

इथाका आकर मातृवत् स्नेह मिला, पति की धातृ यूरीक्लाइया से। इसे मेरे श्वसुर ने, इसकी यौवनश्री जब विकसित हो रही थी, तब बीस बैल देकर खरीदा था। पर पत्नी के डर के मारे कभी भी इसे अपनी शैया पर नहीं बुला सके। यह बाद में मेरे पुत्र टेलीमेकस की भी धाय बनी। वह मुझे स्नान कराती, जैतून का तेल मलती, केशों को पीछे की तरफ खींचकर पुच्छ-विन्यास में या मधुचक्र-विन्यास में बाँधती और शैयाघर में प्रवेश कराती। महादुर्गा त्रिशूलधारिणी 'एथनी' की प्रार्थना के बाद तो मैं गृह में

जाती थी। यह हमारी कुलदेवी है। आज भी प्रतिसन्ध्या को इसे गन्ध-धूप और श्वेत ऊर्ण चढ़ाती हूँ। वह मेरे प्रवासी पति की रक्षा करे।

फूलशैया की रात्रि के पहले की सन्ध्या को हमने इस इन्द्रपुत्री 'एथनी' तथा इन्द्रपत्नी 'हीरी' को एवं महाशक्तिमान् वज्रधर इन्द्र को बलि अर्पित की थी। वेदी रचकर जौ का आटा छिड़का गया, फिर एक श्वेत वृषभ और एक अक्षतयोनि वत्सरी को सामने लाये। पहले उसके माथे से कुछ बाल नोचकर सामने अग्निकुण्ड में डाले। इसके बाद परशु के एक-एक आघात से बलि-पशुओं का सिर अलग हो गया। मैं सावधानी से पात्र लिये खड़ी थी—पवित्र बलि-रक्त को रोप लेने के लिए, जिससे वह धरती पर न गिरे। इसी समय परिवार और परिजन की स्त्रियों ने पवित्र ध्वनि का उच्चारण किया। जब काला रक्त बह चुका तो बलि-पशु की जाँघों को काट-काट कर हड्डी और चरबी का अग्नि में हवन किया। यूपकाष्ठ से संयुक्त अग्निशिखा पर पहली आहुति मेरे और ओद्युसियस द्वारा दी गयी। जाँघों की आहुति देने के बाद हमने वेदी पर पवित्र काली मदिरा आ अर्घ्य गिराया और प्रार्थना की—'हे एथनी, तू हमें जय दे। हे हीरी, तू हमारे पवित्र जीवन और सौभाग्य को अचल रख। हे शक्तिमान् वज्रधर, तू सब तरह से हमारा कल्याण कर।'

फिर सबने अपने-अपने सींकचों पर बचे मांस को भूना और मधुस्वाद गोधूम की रोटियों तथा बैंगनी अंगूरों की काली-मदिरा के साथ सहभोज को सार्थक किया। ओद्युसियस और मैंने देवताओं के आशीर्वाद के साथ शैयाघर में प्रवेश किया। शैयामन्दिर और शैया दोनों का निर्माण ओद्युसियस ने स्वयं किया था। वहाँ उसने एक गोपनीय बात यह बतायी कि यह शैया अचल है। इस रहस्य की एक साँस भी मेरे और उसे छोड़कर तीसरा कोई भी पा नहीं सका है। यह मन के एकान्त की अन्तिम निधि है, और इसी से मैं वंचना से त्राण पाऊँगी।[1] यह अचल शैया हमारे सम्बन्ध का प्रतीक है। ओह ओद्युसियस, तुम्हारी शैया अब भी अचल व्रत में है। अब भी वह तुम्हारी प्रतीक्षा कर रही है !

अचल शैयावृत ! इस देश और इस काल में यह एक अनोखा प्रण है। नारी भोग्या है। वह शैयाव्रती क्यों रहे ? वीर का अंक ही उसकी शैया है। अन्द्रोमेशी वीरपति हेक्टर के मर्म की स्वामिनी थी तब भी पतिघातक के पुत्र की प्रणयिनी बनकर प्रसन्न

---

1. ओद्युसियस ने एक ओकवृक्ष को जड़ के कुछ ऊपर काटकर शैया का एक पाया बनाया था। इस प्रकार यह अचल शैया थी। पर इस रहस्य को पति-पत्नी के अतिरिक्त अन्य कोई नहीं जानता था। पिनीलोपी ने इस तथ्य का उपयोग 20 वर्ष बाद आये पति की परीक्षा के लिए किया। उसने दासी से शैया को बाहर निकालने को कहा। इस पर लौटे हुए नायक ने कहा—'ओह मेरा हृदय फट गया। पिनीलोपी, तूने मेरी शैया को क्यों काट कर अलग किया !' इसी से वह पहचान गयी—यह उसका पति ही है।

है, रानी बनी है। इथाका के लोग कहते हैं, मेरा शैयाव्रत रीति-विरोधी है, लोकमत-विरोधी है। पर मन तो नहीं मानता। मेरा वीर क्रूर वरुण के क्रोध को झेलते हुए थका-हारा जिस दिन इस द्वार पर खड़ा होगा, उस दिन यह शैया सार्थक होगी। मेरा मन ग्रीक नारियों की तरह लालसा-नील नहीं है। उसमें मदिरा का नीलवर्ण नहीं। उसमें प्रगाढ़ अन्धकार नहीं। वह तो उदास पीत-अरुण है। मेरे मन के अन्तराल में इथाका के पहाड़ी ढालों का नव वसन्त सदैव छाया रहता है। कुसुम्भी मन ! इन बीस वर्षों में कामना के बैंगनी हायसिन्थों को मैंने मन में फूटने ही नहीं दिया—पीत-अरुण का उदास रंग उस दिन चटक हो उठेगा जब मेरा थका हुआ वीर इस वासगृह के द्वार पर खड़ा होगा। तब तक वायु और आकाश दोनों का मन में रंगहीन प्रसार ही होगा।

परन्तु ये मेरे उद्दण्ड प्रणयी ? ट्राय-युद्ध दस वर्ष हुए, समाप्त हो गया। योद्धा घर लौट आये। केवल इथाका के वीरपुत्र ही नहीं लौट पाये। कोई ठीक नहीं कि वे लौटेंगे ही। समुद्र की गरजती सतह पर कठोर धनुषधारिणी नियति के रजतबाणों की चोट खाकर मेरा वीर सम्भवतः अन्धकारमय मृतक-देश में चला गया, कि अब भी वह कहीं विशाल अतल के किसी कोने से इन उद्दण्ड प्रणयियों के लिए मौत और किस्मत के बीज बोता हुआ आ रहा है इसी इथाका की ओर—इसका कोई ठीक नहीं। इस बीच में इथाका के ये तरुण विवाह-प्रस्ताव से मुझे तंग कर रहे हैं। मैंने इनसे कहा—"अभी ठहर जाइए, मैं वृद्ध श्वसुर के लिए कफन बुन रही हूँ, जो इस वृद्धावस्था में भी बाहर-बाहर ढोरों और अंगूर के बागों में परिचारकों के साथ रहते हैं।" मैं प्रतिदिन दिन-भर बुनती और रात को उभार देती। इस तरह तीन साल यह क्रम चला। पर मेरी ही एक दासी ने यह रहस्य बता दिया। अब वे सब पाँच साल से मेरे घर पर टिके हैं, मेरा अन्न खाते हैं और मेरी मदिरा पीते हैं, मेरी दासियों के साथ बलात्कार या प्रणय करते हैं, और मेरे पुत्र की सम्पत्ति बरबाद करते हैं। मैंने इथाका के वृद्धों से निवेदन किया तो उन्होंने चेहरे के सामने स्वर्ण राजदण्ड हाथ में रखकर घोषणा की कि एक पतिहीन सुन्दरी तरुणी से प्रणय-निवेदन का अधिकार इथाका में मान्य परम्परा है। मेरा पुत्र टेलीमेकस अब जवान हो चला है। सब्जए खत उगने लगा है और रुखसार का रंग बदलकर कठोर हो गया है। उसे भी अब यह पसन्द नहीं कि मेरे नाम पर उसकी सम्पत्ति का स्वाहा हो। आज नहीं तो कल मुझे निर्णय लेना ही होगा। मुझे वरण-स्वातन्त्र्य कहाँ है ?

कल सारी रात यह बुलबुल रोती रही। यह पण्डारियस की पुत्री है। जब-जब नये वसन्त का जन्म होता है यह सारी रात रोती है। इसने अनजान में ही अपने प्यारे पुत्र इत्युलस की हत्या कर दी थी। इसी से रात-रात बुलबुल बनकर भटकती है और इसकी व्यथा का अन्त नहीं। क्या मैं अपने प्रिय पुत्र टेलीमेकस के साथ इस भवन में रह सकूँगी या इन तरुणों में से किसी को चुनना होगा जो मेरा सर्वोच्च 'वधू-मूल्य'

देगा ? हाँ, 'वधू-मूल्य' ही की तो अब बात रह गयी है। अनुराग और प्रणय का प्रश्न कहाँ है ? ग्रीकों में वधू-मूल्य देकर वधू लाने की परम्परा है ही, तो 'वधू-मूल्य' लेकर अपने पुत्र को देने में मुझे क्या संकोच है ? और यों प्रेमोपहार तो प्रतिदिन ले ही रही हूँ ! एथनी की आज्ञा है। एक झूठे सूत्र में उन्हें अटकाये न रखूँ, तो कल ही जबरदस्ती वे मेरे पुत्र को मारकर सब कुछ अपहरण कर ले जाएँ। मुझे स्मरण है, प्रथम बार मैं प्रेमोपहार लेने में हिचक रही थी कि एथनी ने मेरी दूरस्थ बहन के वेष में मेरे कक्ष में प्रवेश किया और मुझे उक्त आदेश दिया—फिर मुझे लगा कि अचानक मेरे शरीर के जोड़ ढीले हो गये और मैं निढाल होकर स्वप्नावस्था में चली गयी। फिर एथनी ने मेरे मुखमण्डल पर वह कपोल-राग मल दिया जिसका उपयोग सौन्दर्य की तीनों देवियाँ सुर-सभा में नृत्य के पूर्व करती हैं, और मेरा कद भी ऊँचा कर दिया। मेरा रंग नये तराशे हाथी दाँत से भी श्वेत हो उठा था, और संगमरमर की ऊँची प्रतिमा की तरह मैं जगी और प्रणयियों के बीच जाकर खड़ी हो गयी—देखते ही कुछ को पसीना छूट गया, कुछ काँपने लगे और प्रायः सभी घुटने के बल बैठकर अपने उपहार समर्पित करने लगे। यह सब भ्रान्ति थी, छलना थी, पर एथनी की इच्छा है कि अपने पुत्र की सुरक्षा के लिए इस छलना की सृष्टि करती चलूँ, मायाविनी की सनातन भूमिका अभिनीत करती चलूँ जिसके लिए नारी बदनाम है।

हर रात को गरजती हुई मदिरावर्णी तरंगें अशुभ का संकेत देती हैं। इथाका के चारों ओर गरजता हुआ क्रूर वरुण है। यह साक्षात् काल है। इसी के उदर में इथाका की समस्त जलपोतवाहिनी, जो ट्राय के युद्ध-क्षेत्र से लौटीं, समा गयी हैं। वरुण बड़ा ही क्रूर देवता है। इसकी मायाविनी मत्स्यकन्याएँ इसकी छिपी क्रूर चट्टानों की ओर नाविकों को बुलाकर जलपोतों का ध्वंस करती हैं। शोभाकाल-व्याध बन जाती हैं। इसी क्रूर वरुण की भृकुटि के हलके इशारे पर उनचास पवन गरजते हुए समुद्र में अशुभ की कृत्तिकाएँ पैदा करते हैं। जो मुँह बाकर जल-यात्रियों को लील जाती हैं। एथनी, एथनी, इन्द्र-पुत्री माँ एथनी, मैं तुझे प्रतिदिन गन्ध-धूप, पवित्र ऊन तथा पुष्प प्रदान करती हूँ। माँ, तू अपने पितृव्य क्रूर वरुण से मेरे भटके हुए पति की रक्षा कर। पर कभी-कभी लगता है कि इस प्रार्थना का कोई अर्थ नहीं। ट्राय की नारियों ने इन देवताओं की वेदियों पर जितना मदिरा का अर्घ्य गिराया उससे एक नदी बह जाएगी। पर उनके सामने ही छोटे-छोटे शिशुओं को चट्टानों पर पटककर मार डाला गया, उनके साथ ग्रीकों ने बलात्कार किया, उनकी कितनी कुमारी पुत्रियों को ग्रीक-योद्धाओं की समाधियों पर बलि दी गयी कि मृतात्माएँ भी इस भोग से वंचित न रहें। इन देवताओं का अनुग्रह किसी ऋतुचक्र पर आधारित नहीं है। यह पूर्णतः विसंगत और युक्तियुक्तताहीन है। फिर भी मन को बाँधने के लिए एक खूँटा चाहिए नहीं तो वह दर-दर भटकेगा और व्यथा पाएगा, इसकी तुलना में इस एक क्षण का आशावाद भी

कम मूल्यवान् नहीं।

नीचे के विशाल बैठक-कक्ष से वीणा की आवाज आ रही है। चारणों को जबरदस्ती पकड़कर मेरे तरुण प्रणयी ट्राय-विजय का गान गवा रहे हैं।—ट्राय की विजय का गान—एकिल्लीस के क्रोध का गान—मेरे वीर की कूट बुद्धि का गान—नरसंहार, अग्निज्वाला, वासना और बलात्कार का गान। मनुष्य की कीर्तिबलाका के पंख सदैव रक्त में डूबे क्यों चलते हैं ? शायद रक्त मरता नहीं। रक्त बदला लेता है—रक्त के बदले रक्त, यह नियति की आज्ञा है। तो क्या उस निर्मम धनुषधारिणी का तीर उसी रक्त के प्रतिशोध के लिए मेरे विजयी तीर पर छूट पड़ा है ? क्या क्रूर वरुण की मुखगुहा से वह बाहर आ सकेगा ? यदि नहीं आया, तो अधिक दिन मैं टाल नहीं पाऊँगी। द्वितीय बार स्वयंवरा बनना पड़ेगा। पर मेरी शर्त क्या होगी ? सर्वोच्च वधू-मूल्य ? छिः-छिः! इस तरह तो दास-पुत्रियाँ खरीदी जाती हैं। मेरी शर्त होगी—अपने वीर पति के धनुष को चढ़ाने की। जो मृत ओद्युसियस के धनुष को चढ़ा सकेगा वही उसकी पत्नी को भी भोग सकेगा। और मैं जानती हूँ कि एथनी के आशीर्वाद से हमारे कुल को छोड़कर अन्य के द्वारा उस पर प्रत्यंचा चढ़ ही नहीं सकती।

बीते दिनों की याद आती है—

अंगूर की लताओं पर बैंगनी फलों के पके गुच्छे लटके थे। झड़कर सड़े फलों के कारण सारा उद्यान का उद्यान मदिरा की सुगन्ध से सुवासित था। ग्रीक मदिरा और अंगूर भी ग्रीक वासना, ग्रीक लालसा और गरजते ग्रीक वरुणालय की तरह तमस् नील होते हैं। उन दिनों ओद्युसियस के साथ मैं अंगूर की फसल चुनने के त्यौहार पर खेतों पर जाती थी। रजत-हरित बाँसों पर लिपटी अंगूर लताएँ और रस-भरे फलों के गुच्छे चारों ओर छिटके थे। सुन्दर केशोंवाला किशोर गायक, जिसके कपोलों की लुनाई जवानी के कारण कठोर नहीं हुई थी, बीन को छेड़ता था और पैरों से ताल देता हुआ किसी देवता या मनुष्य के प्राण का गान करता था—लोग उसकी टेक को दोहराते और हाथ से अंगूर चुनते चलते थे। समस्त छन्दबद्ध व्यापार था। धीरे-धीरे दिन बीतता। शाम आती। अंगूरों के टोकरे घर पहुँचते और गीतों की बलाका बसेरा लेती। इथाका के काले समुद्र पर पीत-अरुण सन्ध्या उतरती—फिर धीरे-धीरे यह सागर की कालिमा में घुल जाती और मन के पीत-अरुण भाव भी सुनील और अन्त में प्रगाढ़ तमस्-नील होकर आँखों पर छा जाते। मन मूढ़ हो जाता, छले जाने के आत्मपीड़न का सुख भोगता और दूर वातायनों से मदिरा श्याम-नील समुद्र के अन्धकार में डूबी सतह का कोई छोर चाँदी की तरह चमकता—किसी अदृश्य लीक से पड़नेवाली अविराम प्रकाश-धारा के कारण। प्रकाशमोह के नील-तमस् क्षणों में सदैव मेरे और ओद्युसियस के मन को धोता रहता था। उस प्रकाश का स्रोत क्या था, पता नहीं। पर आज वह प्रकाश दरिद्र

है। और वह छन्द मर गया है।

फिर ग्रीष्म आता। हम जौ के पके खेतों पर जाते। अनुचर जौ काटते। एक ओर उनके लिए कोई परिचारिका जैतून का तेल डालकर जौ की लपसी तैयार करती। दूसरी ओर एक पशु काटा जाता। खूब भोजन—खूब परिश्रम। यह एक-दूसरे ही किस्म का छन्द था—वसन्त के छन्द से अलग।

कभी-कभी ऐसा होता है कि खड़ी सींगोंवाला कोई प्रणयरत गरजता हुआ वृषभ गायों के झुण्ड में अकेले विहार करता है, और पीछे-पीछे तीन चरवाहे और नौ कुत्ते भी चलते हैं, तभी मरमर करके बहती नदी के किसी एकान्त तट-खण्ड के पास काँपते हुए हरे-हरे सरकण्डों के वनों से कोई बाघ झपटता है और उस काममत्त सबल साँड़ को एक ही बार में तोड़ देता है—फिर आदमी भग जाते हैं और कुत्ते दूर-दूर से भूँकते हैं—और वह व्याघ्र उसके टुकड़े-टुकड़े करके रक्त पीता है, जीभ से होठ चाटता है और फिर प्रसन्नता से दाँत निकालकर गुर्राता है। उसी प्रकार लगता है कि मेरे महा सबल पति का भी किसी क्रूर देवता ने पौरुष काल में ही संहार कर डाला है। स्वभाव से ही ओद्युसियस अभिमानी था। इन्द्र और एथनी को छोड़कर अन्य सभी देवताओं का मजाक उड़ाया करता था। हो सकता है कि आदित्य या वरुण या चन्द्रमा का रोष उसे भोगना पड़ा हो। यों, यह बात मुझे और मेरे पति तथा मेरी स्वर्गीय पति-मातृ को छोड़कर औरों को मालूम नहीं कि मेरा पति मेरे वर्तमान श्वसुर की सन्तान न होकर प्रख्यात सिस्युफस की जारज सन्तान है। वही सिस्युफस जिसने काल के आज्ञावाहक 'मृत्य' को ही कैद कर लिया और देवराज इन्द्र को कई बार छला और जो आज भी चोटी पर पत्थर ढकेलने और फिर फिसल जाने तथा फिर ढकेलने का 'निरर्थक' इन्द्र-शाप भोग रहा है। यह उसकी माता एण्टीक्लीया ने मरने के पूर्व मुझसे कहा था।

नीचे के कक्ष में फिर शोरगुल और मारपीट हो रही है। इनसे प्रणय कोई कैसे करे ? इस वसन्त के जन्म के अवसर पर पहले के गाये एक पुराने गीत की याद आ जाती है। पंक्तियाँ ठीक-ठीक याद नहीं पर कुछ इस प्रकार था :

> ''महाकाश छटपटाता है धरती वधू को बाँहों में घेरने के लिए
> वधू-धरित्री भी वैसे ही संयोग की आकांक्षा से पीड़ित है...''[1]

—प्रणय सृजन के लिए होता है और सृजन एक व्यथापूर्ण प्रक्रिया है। यह व्यथा तभी बाँटी जा सकती है जब दोनों ओर से समान अनुराग, समान आकर्षण और समान छटपटाहट हो। यही सृजन की व्यथा का मूल्य है। अन्यथा प्रणय और बलात्कार में भेद क्या है ?

---

1. एस्कीलस के एक नाटक से।

मन प्रायः स्वप्न देखता है कि ओद्युसियस मेरे शैयाघर के द्वार पर अब जल्दी ही आएगा और इस वर्ष का वसन्त-जन्म सार्थक होगा। तरुण और तरुणियाँ एक-दूसरे का हाथ पकड़े वृत्ताकार नृत्य करेंगे। हम तरुणियों के शरीर पर मुलायम मखमल रहेगा और उन तरुणों के तन पर हंसपंखी चमचम कुर्तक। एक-दूसरे के साथ ये खूब फबेंगे। तरुणियों के ललाट पर अरुण-पीत क्रोकस और बैंगनी हायसिन्थों की मण्डलाकार माला रहेगी और हमारे तरुण प्रियगण अपने ललाटों पर नये पवित्र जैतून की हरी-श्यामल पत्तियों का मुकुट बाँधे होंगे। हमारी कमर में रजतमेखला होगी, उनकी कमर में स्वर्ण-कुन्त। हम धरित्री माता की प्रार्थना करके नाचेंगे। फिर से छन्द पैदा होगा। मेरा छन्द फिर से प्राण पाकर जी उठेगा। उसके संजीवन की माया में हम कुम्हार के चक्र की तरह घूम रहे होंगे। धरती, विश्वप्रकृति, महाकाश और हमारा मन सब वृत्ताकार पथ पर घूम रहे होंगे। दो बीन-वादकों के ताल पर मण्डलाकार सतत गति में धरती, आकाश और मन स्थिर हो जाएँगे—यह छन्द-बद्ध गीत ही सहज स्थिरता है। उस गतिबद्ध थमे क्षण की प्रतीक्षा है। वज्रधर इन्द्र और पिंगलनेत्रा एथनी मेरे विश्वास की रक्षा करें।

यायावर-रस

ओद्युसियस ने कहा :

तुमने चतुष्कोण वेदी नहीं बनायी; वृषभ काटकर ताजा काला खून नहीं गिराया, जौ का आटा और मधु नहीं छिड़का, कृष्णवर्णी मदिरा की धार नहीं दी, फिर भी मैं तुम्हारे स्मरण करने पर प्रेतलोक से यहाँ आ गया। मुझे मालूम है कि यह महाकाव्य-युग नहीं है जो तुम हीरोइक युग की शैली में प्रेत-आवाहन करो—पुराने अदब-कायदे की मैं तुमसे अपेक्षा नहीं करता। पर जब मैं अपने नायकत्व का जामा-जोड़ा फेंककर तुम्हारे पत्रकार युग के अर्घ्यहीन आतिथ्य को बुरा नहीं मानता, तो तुम क्यों अपने संस्कारों के पैटर्न से हमारे भाव-बोध, रस-बोध को नापते हो; मीन-मेख निकालते हो, थू-थू, छी-छी करते हो ? तुम सोच ही नहीं सकते वह महाकाव्य-युग कैसा था। वे वीर कैसे थे यह तुम कल्पना भी नहीं कर सकते। यों होमर को तो पढ़ा ही होगा। तुम बेचारे बौने हमारे युग के नायकों के स्वाद-बोध, संगति-बोध और भाव-बोध को क्या जानो ? हम अर्धदैवी पुरुष थे। हमें देव-पत्नियों की बगल में सोने का मौका मिला था और हममें बहुत-से गुप्त या प्रत्यक्ष रूप से देववीर्य से उत्पन्न हुए थे। वह झबरा-झबरा युग था, खूब झमार घने श्यामल भाव-पल्लवोंवाला युग। उस युग के दो ही स्थायी भाव थे लालसा और भय। करुणा नहीं। इस हीरोइक युग के बीतने पर क्लासिकल युग आया। तब ये भाव-पल्लव पीले पड़ गये थे। तब ट्रेजेडी लिखी गयी और चिन्तन का विकास हुआ। तब उस युग में करुणा भी स्थायी भाव बनी। महाकाव्य-युग के मूल भाव हैं 'लालसा' और 'भय', ट्रेजेडी युग के अन्दर जब मनुष्य कमजोर हो गया तो यह 'करुणा' और 'भय' हो गया। लालसा कमजोर पड़ गयी।

नारी के प्रति हमारी रति लालसा-मात्र थी। श्रद्धाप्रेरित रागबोध का, प्रिया के प्रति 'स्वामिनी' भाव का, कामायनी रति का, अभी जन्म नहीं हुआ था। नारी के प्रति हमारा राग-बोध ऐन्द्रिक था। वह द्रवीभूत नहीं हुआ था। तुम सोच सकते हो कि उस आदिम बनैले युग में, आक्रमणों और प्रतिरोधों के जीवन में युद्ध में या शिकार में, पुरुष साथी अधिक सत्य था बनिस्बत अन्तःपुर की नारी के। पुरुष का पुरुष के प्रति प्रेम आज

तुम्हें अप्राकृतिक और हास्यास्पद लगेगा। पर प्लेटो के युग तक स्पार्टा में वह समाज स्वीकृत था। स्वयं प्लेटो ने काव्य-विरोधी होते हुए भी निरन्तर संघर्ष में लगी वीर-जाति के लिए इसे सहयोगी भाव को जन्म देनेवाला साधन मानकर स्वीकृत किया है। हमारे देवराज जेउस स्वतः एक सुन्दर किशोर गनीमेद को रखे हुए थे। नारसिस की कथा तो जानते ही होंगे। इस सुन्दर किशोर से प्रताड़ित कितने ही प्रणयी पुरुषों ने उसके द्वार पर जाकर आत्मघात कर लिया। देवराज इन्द्र उसके हृदय की कठोरता पर अत्यन्त क्रुद्ध हुए और उन्होंने उसे अपनी ही छाया से प्रणय करके आत्मघात करने का शाप दे दिया। आज जीवन का रूप बदल गया है अतः यह अप्राकृतिक लगता है। पर हमारे आदिम युग का जीवन ऐसा था, प्रकृति ऐसी थी, कि 'प्रिया' से 'साथी' अधिक उपयोगी और अधिक मन के निकट था। होमर के 'इलियड' का तो विषय ही यही है : ग्रीक वीर एकिलीस का रुष्ट हो जाना, फिर अपने किशोर सखा के मारे जाने पर शस्त्र ग्रहण करना और ट्रोजन वीरहेक्टर का वध करना।

नारी को हम लोग क्षणिक ईहा या लालसा की तीव्र अग्नि-शिखा मानते थे। और हम भी उसका उपयोग ईहामृग की भाँति करते थे। ऐन्द्रिकता मात्र पर सैडिज्म नहीं, कुण्ठा नहीं। नारी मात्र 'सरसी' है, मायाविनी है, ऐसा हम सभी मानते थे। तुमने 'ओडेसी' तो पढ़ा होगा, जिसे होमर ने मुझे नायक मानकर लिखा है। समुद्र की बाधाओं से लड़ते-लड़ते हम वरुण के बेटे के द्वीप से जा टकराये। वहाँ उस एकाक्ष भीमकाय देवपुत्र की आँख फोड़कर हमने उसे अन्धा कर दिया। फलतः समुद्र देवता वरुण के क्रोध का दण्ड हम पर गिरा। हमारी जलवाहिनी भटकती-भटकती मारुत द्वीप में पहुँची। वहाँ के स्वामी ने हमारे घर पहुँचने के लिए अनुकूल वायु प्रदान की और प्रतिकूल पवनों को एक थैले में बन्द करके मुझे दे दिया। पर जब मैं सो रहा था तो एक नाविक ने उस थैले को खोल दिया। फलतः उनचास पवन हाहाकार करके बह उठे, हा-हा बाँधकर सागर हम पर टूट पड़ा और वरुण के उन्मत्त लहरों के धक्के खाते-खाते हम विश्व के अन्तिम छोर पर पहुँच गये जहाँ दिन और रात परस्पर क्षण-भर के लिए आमने-सामने होते हैं और बिना रुके अभिवादन करते हुए अपने-अपने मार्ग पर चले जाते हैं—सन्ध्या और उषा में एक क्षण का अन्तर होता है। वहाँ ताल वृक्ष से भी ऊँचे अतिमानवों का देश है। उन्होंने हमारी सारी पोतवाहिनी को नष्ट कर दिया, हमारे सारे नाविकों को खा डाला। किसी तरह मैं अपना पोत लेकर भागा और भटकता-भटकता दो-चार नाविकों के साथ मायाविनी देवनारी 'सरसी' के द्वीप से जा टकराया।

इस मायाविनी समुद्र-कन्या, इस सागरिका सरसी का आवास घने ओक वृक्षों के बीच द्वीप के मध्य में था। एकाक्ष असुरों और तालाकृतिक मानवों का दुखद अनुभव हमें हो चुका था। जब मैंने अपने कुछ साथियों से अग्रिम दल के रूप में जाने को कहा तो मारे भय के वे पीले पड़ गये। अन्त में अल्सीनोअस साहस करके गया। सघन

बन के मध्य में सरसी का प्रमद वन था। उसमें चारों ओर भयंकर बाघ-चीते खुलेआम घूम रहे थे। मेरे साथी थर-थर काँपने लगे। पर आश्चर्य, वे बाघ-चीते पूँछें हिलाते हुए उनके पास आये और अपने दोनों पिछले पैरों पर मनुष्य की तरह खड़े होकर गले मिलने की मुद्रा प्रदर्शित की। उन्होंने बड़े प्यार से मेरे साथियों के हाथों को चाटा और उनकी आँखों से आँसुओं की धारा बह निकली। मेरे साथी डरे हुए थे, फिर भी उन्होंने डरते-डरते उन जानवरों को थपथपाया। उन्हें कुछ आगे बढ़ने पर नारी-कण्ठ का संगीत और करघे की ध्वनि सुनाई पड़ी। प्रमोद-प्रासाद में प्रवेश करने पर अपूर्व सुन्दरी 'सरसी' से उनकी भेंट हुई। जौ और मधु की मदिरा में सम्मोहन-द्रव्य मिलाकर उसने उनका सत्कार किया—फिर द्रव्यपान कराने के बाद उन्हें जादू की छड़ी से स्पर्श किया और वे शूकर बन गये। अल्सीनोअस चालाकी से बाहर रह गया था। उसने आकर मुझसे कहा। मैं अकेले सरसी की क्रीड़-भूमि की ओर चला। रास्ते में देवता हरमीस ने उसकी शक्ति का रहस्य बताकर मुझे एक गन्ध-पुष्प दिया। उसकी गन्ध के कारण सरसी के सम्मोहन का मेरे ऊपर असर नहीं हो सका। मेरे पुरुष ने उसके नारीत्व को सम्पूर्णतः जीता। बदले में उसने मेरे साथियों को माया से मुक्त कर दिया। वहाँ उस अनावृत श्वेत कन्धोंवाली नायिका की बाहु-लता में मैंने एक वर्ष बिता दिया।

वसन्त में हम आये थे जब कि देवदारुओं की श्यामल छाया के नीचे वायु सुखद थी। फिर दुबारा वसन्त आ गया और अंगूरों की लताएँ रस से भर गयीं। हवा बदली। मन बदला। अन्दर का लालसा-धूम्र छिन्न-भिन्न हो गया, और चित्त चमचमाते ताम्रवर्णी आकाश की तरह प्रखर और साफ हो गया। मैंने सरसी से विदा माँगी। वह हीरोइक युग था। सच्चा हीरो रमणी-भोग के पाश में पड़कर सुअर की तरह जीवन नहीं बिता सकता। ऐसे नारी-प्रेम में कोई गरिमा नहीं है। यह शिश्न-जीवी प्रेम मांस की गठरी ढोनेवाले कुत्ते की तरह है। यह पौरुष का अपमान है। यह मृत्यु की उपासना है। हमारी संस्कृति भोगप्रधान अवश्य थी। पर उसने भोग को बन्धन रूप में वरण करके मृत्यु की उपासना नहीं की। पर तुम, पाखण्डी, कुण्ठित मनवाले हमारी भोग संस्कृति का मजाक उड़ाते हो और 'नये रूमान' के नाम पर मृत्यु की उपासना करते हो। हाँ, ईसाई और वैष्णव जानते थे कि आदमी कमजोर हो गया है और प्रणय-भोग मरण की उपासना है। इसी से उन्होंने प्रणय-भोग के मरण-तत्त्व का परिहार, प्रणव को अशरीरी और ऊर्ध्वगामी बनाकर कर लिया। इसीलिए उन्हें अमृत भी मिल गया। हमारे हीरोइक युग में आदमी कमजोर नहीं था—उसका मन मजबूत लोहा था। अतः उसे अशरीरीपन या ऊर्ध्वगामिता की जरूरत नहीं थी। पर तुम एक ओर तो वैष्णव फार्मूले को अस्वीकार करते हो और दूसरी ओर तुम प्रणय-भोग में हमारी नकल पर जो भोग-प्रधान संस्कृति गढ़ना चाहते हो। यह तुम्हारी भूल है। तुम्हारा रुग्ण कुण्ठित मन उस मरण-तत्त्व को पचा नहीं पाएगा। हमें शैतान या मरण क्या फँसाता ? हम तो उसकी दाढ़ी पकड़

कर उससे मजाक करते थे। पर तुम कमजोर आदमी—तुम्हारे लिए ऊर्ध्वगामी अशरीरी वैष्णव भाव के सिवा और कोई रास्ता शेष नहीं जो प्रणय-भोग के मरण-तत्त्व का परिहार कर सके। इसके सिवा तुम्हारी कहीं भी मुक्ति नहीं।

सरसी ने हमें सुझाया कि इथाका (मेरी जन्मभूमि) पहुँचने का मार्ग केवल ताईरेसियस से ही ज्ञात हो सकता है जो अन्ध तमसवृत मृतात्माओं के देश में रहता है। वहाँ बलि और अर्घ्य सामग्री लेकर जाने को उसने कहा। मेरे नाविक भय से थरथर काँपने लगे। मेरा भी साहस दिल में टूट चुका था। सरसी ने कहा कि इसके सिवा और कोई उपाय नहीं। यह सुनकर ही मेरा दिल बैठ गया। मुझे आगे जीना अनावश्यक लगा। जीवन की धूप देखने की और लालसा नहीं रही। मैं अपने दुर्भाग्य पर रोने लगा। उस अन्ध-लोक से लौटकर आज तक कौन आया है ? क्या इतना व्यथा-भोग काफी नहीं है, जो विधाता को सन्तोष दे सके ! पर जानते हो सब व्यथाओं से भी बड़ी एक व्यथा है, वह है गरिमा का बोध। यह जब सारी व्यथाओं को दबाकर ऊपर आ जाती है तो मनुष्यों को बेचैन कर देती है, सिर पर कफन बँधवा देती है, और तब वह हाथ से साँप का फण भी निर्भय होकर पकड़ लेता है। कुछ क्षण बाद यही गरिमा-बोध मेरे अन्दर जगा। दो क्षण पहले ही मैं जो कबूतर था—अब गरुड़ बनकर बाज पर झपटने को बेचैन हो गया। यमलोक क्या चीज है ! मनुष्य के साहस की नयी 'खुड़ी', नया सीमा-प्रस्तर गाड़ने के लिए मैं पागल हो उठा। मैंने नाविकों को ढाँढ़स बँधाया, उनके टूटे दिलों को जोड़ा। मदिरावर्णी समुद्र की गरजती तरंगों के सिर पर श्वेत झागों का मुकुट था और उन पर पदाघात करते हुए हमारा जलपोत आगे बढ़ा, जिसे मनुष्य के दो हाथ संचालित कर रहे थे। मुझे घमण्ड हो गया कि मैं मनुष्य हूँ।

हम चलते गये—मदिरावर्णी समुद्र और ताम्रवर्णी कठोर आकाश के नीचे दिन-रात बिना विराम चलते गये—जौ चबाते, मदिरा पीते, आराम करते और बारी-बारी से डाँड़ चलाते हम आगे चलते गये। चारों ओर एकान्त था और उस भयंकर एकान्त का उपहास करता हुआ हमारा लघु जलपोत। हमारे हृदय में भय और साहस बारी-बारी से आते थे। धीरे-धीरे एकान्त प्रगाढ़ होता गया। वातावरण साफ और नीरंग की जगह धुँधला होने लगा। आखिर हम धरती के सीमान्त पर पहुँच ही गये। यह चिरन्तन अनादि तुषार का देश है। जहाँ सूर्य उगता और डूबता तो जरूर है, पर उसकी तेज रोशनी धुन्ध की इन असंख्यक परतों को काट नहीं पाती। और रात्रि के अपने काले उत्तरीय से इस अभागे देश का मुख्र सदैव के लिए ढक दिया है। यही 'परसीफोन'[1] का घना कुंज

1. यह पाताल-लोक की देवी है। काले पत्रोंवाली लताओं से ढँका हुआ इसका निकुंज मृत्यु-लोक के द्वार के समीप है। यम ने इससे विवाह किया है। ग्रीक विश्वासों के अनुसार मृत्युलोक पाताल में है।

है। सरसी के निर्देश के अनुसार हमने अपनी नौका यहीं बाँधी और यमलोक में प्रवेश किया। हाथ से हाथ नहीं सूझता था।

आगे एक विस्तृत शैलशिखर मिला। उसके एक ओर से धधकती लपटों की नदी आती है और दूसरी ओर से खारे आँसुओं की नदी। दोनों इस शिखर के पास मिल कर एक धार। बनती हैं और वह खौलते आँसुओं के साथ वैतरणी (Acheoron) से जा मिलती है। हमने एक वेदी बनायी। एक वित्ते का वर्गाकार गड्ढा खोदा। पहले दूध और मधु गिराया फिर नीली मदिरा और पानी। उसके ऊपर जौ का आटा छिड़का। यम-श्वान की ओर मुँह करके यम देवता की प्रार्थना करते हुए एक सफेद और एक काली भेंड़ को बलि दी। ताजा काला रक्त गिरते ही प्रेतों की सेना हाहास बाँधकर टूट पड़ी। मेरे साथियों के चेहरे भय से पीले पड़ गये। हिम्मत बाँधकर मैंने तलवार घुमाते हुए प्रेतों को दूर रखा। झुण्ड-की-झुण्ड मृतात्माएँ हमारे चारों ओर गिद्धों की तरह फुदकती, झपट्टा मारती हुई छा गयीं। सारा वातावरण काला हो उठा। उनके बीच तीन-चार भयभीत साथियों के साथ मैं। प्रेतों की काली घटा के बीच से ताइरेसियस की प्रेत-छाया निकली। उसने ताजे रक्त का पान किया। मुझे लौटने का मार्ग बताया। उसकी सन्तुष्टि के बाद अन्य मृतात्माओं को मैंने रक्तपान का अवसर दिया। पहले अपनी माँ को फिर ट्रॉययुद्ध के साथियों को जिनकी बगल में खड़ा होकर मैंने शस्त्र चलाया था। सेनापति अगामेनन की प्रेतात्मा से बातचीत हुई और घर लौटकर उनकी पत्नी द्वारा उनकी हत्या की कथा ज्ञात हुई। ये प्यासी मृतात्माएँ एक के बाद एक झपटते पक्षियों की तरह आती थीं, जीभ से लपलप रक्त चाटती थीं, फटी आँखों से सदैव मेरी ओर देखती जाती थीं, भय और अपरिचय के भाव से। पर अर्घ्य-पान के प्रभाव से पूर्वजन्म का स्मरण हो जाता था और उनकी आँखों में परिचय की धूप खिल उठती थी।

इस यमलोक से हम फिर लौटे। सकुशल लौटे। मुझसे पूर्व देवराज इन्द्र का पुत्र हेराक्लीज यहाँ से सकुशल लौटा था अपने बाहुबल से। और मेरे बाद अफ्रोदीती (रति) का पुत्र ट्रोजन वीर एनियास। इन तीन के बाद चौथा नहीं। पर इन तीनों में मैं ही माता-पिता—दोनों पक्षों से मानव था। शेष दोनों अर्ध-देवता थे।

मृत्युदेश से सरसी के द्वीप को फिर लौटा और उस देवनारी की सहायता से ताइरेसियस के बताये मार्ग पर अपने घर इथाका के लिए रवाना हो गया। हमने समुद्र तट पर वरुण और आदित्य की स्तुति की। दोपहर की परिपक्व वेला में, जब आकाश और समुद्र किसी पकी अनुभूति से थिर हो गये थे, ऐसा लगता था कि इस पके वातावरण में किसी बड़ी घटना का प्रसव होनेवाला है, हमने पालों को तान दिया। हम वहाँ से मत्स्य कन्याओं की शिला के समीप से होकर गुजरे। ये सुन्दरी मत्स्य रमणियाँ समुद्र के शिलाखण्डों पर बैठकर अपने सौन्दर्य एवं मधुर संगीत से नाविकों को आकर्षित

करती हैं और वे उनके पास तक जाने का प्रयत्न करते हैं कि जहाज जलराशि में छिपी नुकीली चट्टानों से टकराकर चूर-चूर हो जाता है। मुझे यह सब मालूम था और मैंने नाविकों के कानों में मोम भरवा दिया था। और मैं स्वयं उस गान को सुनना चाहता था अतः अपने को मस्तूल के खम्भे से जकड़कर बँधवा दिया था जिससे लय के तीव्र आकर्षण से खिंचकर मैं समुद्र में न कूद पड़ूँ। मुझे अब भी स्मरण है, जैसे ही मत्स्य कन्याओं के द्वीप की ओर हम बढ़े, लगा कि हवा किसी सम्मोहन के आकर्षण से शान्त हो उठी है, वातावरण में साँस रुक गयी है और लहरें किसी मन्त्रसिद्धिधारिणी के प्रभाव से सो गयी हैं। हमने तुरत पाल तान दिया और उस भयंकर सौन्दर्य की छाया से भागे।

जाते-जाते हम सूर्य देवता के द्वीप से जा लगे। वहाँ आदित्य देवता की पवित्र गायें चर रही थीं। हम भूख से पीड़ित थे। क्षुधा हमारी आँतों को भेड़िये की तरह चबा रही थी। बरदाश्त नहीं हो रहा था। ताइरेसियस के निर्देश का स्मरण कर मैंने अपने आदमियों को उन गायों से दूर रहने को कहा था। पर देवताओं के शाप की छाया मेरे सिर पर बैठी थी। मैं सो गया। मुझे निद्रित देखकर बुभुक्षित नाविकों ने कुछ गायों की बलि दी, चर्बी की आहुति दी और मांस को स्वयं खाया। मैं जगा। मैंने सारे अनर्थ को देखा। पर कोई उपाय नहीं था। काटे हुए पशुओं की खालें रँभाने लगती थीं। भुने जाते हुए बछड़ों के मांस से रँभाने का स्वर उठता था। सूर्य का क्रोध हमारे आगे-पीछे अगल-बगल सर्वत्र अदृश्य रूप से खड़ा रहा और छह दिन तक हम वृषभ-मांस का भक्षण करते रहे। सातवें दिन हमारे सिर पर लगातार वज्र कड़कने लगा। उदास और भयंकर मौन के बीच गरजती लहरों का हाहास उस कड़क के सामने दब-सा गया। मैं देखता रहा, मेरे पोत चूर-चूर होकर बिखर गये। मेरे नाविक उन लहरों पर वैसे ही छटपटा रहे थे जैसे तप्त बालू में मछलियाँ। देवताओं के क्रोध से कोई अभागा घर नहीं लौट पाया। पर बचा रहा अकेला मैं, अपने जन्म को धिक्कारता हुआ, उस रात्रि को धिक्कारता हुआ, जब माँ के गर्भ में मेरा बीजारोपण हुआ, उस दिन को धिक्कारता हुआ, जिसने मुझे प्रसव दिया। अपने मनुष्यजन्म को धिक्कारता हुआ मैं दीन-हीन-सा लहरों पर असहाय हो बहने लगा—नौ दिन नौ रात बहता-बहता अप्सरा कैलीप्सो के द्वीप की चट्टानों से जा लगा। उनमें से एक चट्टान पर संज्ञाहीन होकर गिर पड़ा।

होश में आया, तो देखा कि उषा की नरम गुलाबी उँगलियाँ आसमान पर निकल आयी हैं। सामने अंगूरों से भरी लहलहाती घाटी पर नजर पड़ी। मैं भूखा और प्यासा था। मुझे लगा चारों ओर प्राण ही प्राण उगे हैं। धीरे-धीरे अंगूरों को चबाते हुए आगे बढ़ा। बिना किसी स्वाद-बोध के चबाता रहा। पहले इन्द्रियबोध लौटा। धीरे-धीरे अंगूरों के रस ने मुझे फिर से ओधुसियस बना दिया। मैंने देखा—धूप में हीरे की तरह झलमलाती चार पतली जलधाराएँ इस प्रदेश को सींचती हैं। सामने की पहाड़ी पर चीड़ और देवदारुओं की पाँतें एक-दूसरे के कन्धे पर खड़ी कोठा-दर-कोठा आकाशमुखी

होकर उठती गयी हैं। मैं एक गुफा के पास आया, जो काले देवदारुओं से घिरी थी। पर चारों ओर खूबसूरत पक्षी नहीं, बल्कि चुटीले खगों का बसेरा था। बाज, उकाब और सींगोंवाले क्रुद्ध उलूक। उनकी कर्कशध्वनि और उनकी झपटती उड़ानें और रोषयुक्त चाल। साथ ही गुफा के भीतर से आती करघे की खटपट और एक रमणी का अपूर्व सुरीला कण्ठ। वातावरण में सौन्दर्य और कर्कशता का विचित्र मेल था। मैं घुसा और भीतर जाकर अप्सरा कैलीप्सो से भेंट हुई। इस अपूर्व अप्सरा प्रिया के तन-मन का भोग पाँच वर्ष तक करता रहा। पर रात्रि के सुनसान में मैं जब जग जाता था, तो लगता था कि कहीं कुछ खाली है, कहीं कुछ भीतर-भीतर भटक रहा है। कहीं भीतर कुछ मथने लगता और ओस भीगे आसमान के नीचे बाहर शिलाखण्ड पर मैं रात-रात-भर बैठा रहता। यह अथक भोग, यह मरण की उपासना, यह सब मुझे अच्छा नहीं लगता था। कैलीप्सो मुझे अमरता और अक्षय जीवन देने को तैयार थी। मैं मनुपुत्र हूँ, मेरी अपनी निजी गरिमा है, मनुष्य के रूप में। मैंने सनातन लालसा के भीतर मामूली प्रणय पशु के रूप में अनन्त काल तक जीना स्वीकार नहीं किया। गरिमा-बोध और स्मृति-दंश, यही दो बातें बहुत सालती रहीं; क्योंकि मैं वही नहीं रह गया था जो मैं ट्राय के समय था। दस वर्षों तक निरन्तर रक्तपात करते-करते मैं मर्महीन पाषाण हो गया था। ट्राय युद्ध के अन्तिम दिन जब मेरी ही धूर्तता से ट्राय का संहार हुआ था, मेरे हाथों में ट्रोजन नायक हेक्टर का शिशु आ गया—अबोध शिशु की टाँगें पकड़कर मैंने चट्टान पर पटक दी। वह क्षीण स्वर में 'काँय' से करके एक ही बार में मांस का लोथड़ा हो गया। वही क्रूरकर्मी 'इलियड' का नायक मैं ओद्युसियस दस वर्षों तक क्रूर भाग्य की चोट बरदाश्त करते-करते, रोते-रोते और कुछ हो गया था और इसी से 'ओडेसी' में पाया जानेवाला मैं कुछ और ही हूँ। कुछ लोगों ने तो मुझे प्रथम रूमानी नायक कहकर स्वीकार किया है।

मैंने कैलीप्सो के प्रस्ताव को अस्वीकृत कर दिया। वेदनाबोध और करुणा की सारी शक्ति उस आदिम बोध में विकसित नहीं थी—पर स्मृति-दंश के माध्यम से कुछ अव्यक्त-सा मेरे अन्दर कभी-कभी मथता था। यह क्या था ? क्या करुणा और वेदनाबोध का प्रथम स्फुरण था ? शायद। हो सकता है। जो हो, पर इस लालसा-भोग और अन्तर्मन्थन के बीच पाँच वर्षों तक वहाँ जीता रहा। फिर देव-मण्डली ने देवपुत्र हरमीस को भेजकर कैलीप्सो के प्रणय से मुझे मुक्त करवाया और मैंने उसकी आज्ञा से अपने हाथों से एक अनगढ़ बेड़ा तैयार कर लिया। फिर एक दिन मैंने उस अप्सरा के अनावृत कन्धों पर विदा का चुम्बन दिया, और इथाका की ओर चल पड़ा। इस बार वरुण कृपावान् था। कुछ दिन बाद इथाका पहुँचकर अपनी प्रिया पिनीलोपी, अपनी धर्मपत्नी को, इथाका के मूर्ख उद्धत तरुणों से घिरा पाया, जो उसे प्रणय-निवेदन से तंग किया करते थे। उसका जीवन दूभर हो गया था। मैंने अपनी कूटबुद्धि से उन

तरुणों का वध करके अपनी पत्नी, अपने राज्य और अपने पुत्र टेलीमेकस का पुनः वरण किया।

क्यों ? क्या कहते हो ? क्या मैंने अप्सरा कैलीप्सो के बाद राजकुमारी नासिका के प्रसंग की बात छोड़ दी है ? मेरे मित्र, यह एक रहस्य है। तुम 'ओडेसी' के आधार पर सम्भवतः यह कह रहे हो परन्तु 'ओडेसी' का सम्पूर्ण भाग होमर का लिखा हुआ नहीं है। यह सब क्षेपक प्रसंग है। यहाँ होमर की पौत्री की अपनी अस्मिता का भोग है। सुनता हूँ कि उसने लिख मारा है कि कैलीप्सो के यहाँ से चलने के बाद ओद्युसियस का जलपोत क्रुद्ध वरुण के आदेश से दिग्गज लहरों ने रौंद डाला। वह बहता-बहता फिसीयनों के देश में जा लगा। वहाँ तट पर रात-भर बेहोश रहा। सवेरे आँख खुली तो देखा—संयोगवश उस देश की राजकुमारी वहाँ खड़ी है। वह कपड़े धोने समुद्रतट पर आयी थी। यद्यपि ऐसा हो सकता था। उस युग में राजकुमारियाँ कपड़े धोती थीं। राजा अपनी खेती करता था। इथाका-स्वामी होते हुए भी मैं हल चलाता था, खेत में खटता था। हमारे युग का समाजतन्त्र और ही था। परन्तु यह समूची घटना उस होमर-पौत्री की कल्पना है। वह अपने अन्धे पितामह द्वारा रचित काव्य के अन्दर मेरे रूमानी चरित्र को पढ़कर मेरे पौरुष पर सम्मोहित हो गयी थी। उसने लिखा है : ओद्युसियस ने उस राजकुमारी को जब पहले-पहल देखा तो उसे वह वैसी ही लगी जैसी उस कच्चे हरित देवदारु शिशु की वयःसन्धि पर फूटती देहलता लगी थी, जो आदित्य शैल पर नील आकाश की पृष्ठभूमि में फूट रहा था। उसने यहाँ आत्म-रति को व्यक्त किया है। उसके अनुसार मेरे घर पहुँचने का श्रेय इस राजकुमारी के पिता को है। पर तथ्य तो यह है कि यह सब कल्पना है।

घर आकर लगा कि बासी धरती, बासी आकाश, बासी रस-भोग बहुत दिनों तक मुझे मोह-मूढ़ नहीं रख सकते। इस माया की लगाम मैंने अपने पुत्र के गले डाली और दुबारा तुड़ाकर भागा। गरजती लहरों के सफेद झाग-भरे शीश को डाँड़ों से पीटते हुए हमने फिर पाल तान दी।

बात तो यह थी कि इन बीस वर्षों में मैं अपनी जन्मभूमि के लिए अजनबी बन गया था। इथाका के जो तरुण थे, हमउम्र थे, वे मेरे साथ जययात्रा पर चले गये। कुछ ट्राय के मैदान में खेत रहे और कुछ ने जल-समाधि ली। देवताओं के क्रोध से उन अभागों में से एक भी घर नहीं लौटा। अब इथाका में मुझे पहचाननेवाले दो-चार बूढ़े थे। मैं ही लोगों के बीच अजनबी था। मेरे मन के भीतर एक निर्वासन का भाव भर गया। अपने लोगों के बीच; तब भी अकेला निर्वासित और अजनबी। मेरी जान-पहचान तो समुद्र की लहरों से थी। मैं प्रतिदिन समुद्रतट पर आकर बैठता और लगता कि मुझे उन लहरों पर चढ़कर कोई पुकार रहा है। मैं इस आमन्त्रण को बरदाश्त नहीं कर सका। लोग कहते थे कि ओद्युसियस पर देवशाप है, वह प्रायश्चित्त करने

के लिए जा रहा है। पर कैसा देवशाप था, यह वे मूर्ख अनगढ़ गँवार समझ नहीं पाते थे, अरे यह देवशाप तो सनातन से प्रत्येक के सिर पर बैठा है। भोंथर मनवाले इसे महसूस नहीं कर पाते। पर जिनके मन का लोहा गलकर इस्पात बन चुका है, जिन्होंने मन को पीटकर तेज धारदार बना लिया है, वे इसके आमन्त्रण को वीर की तरह स्वीकार करते हैं और किसी अर्थहीन, किसी निरर्थक के प्रति अपने को समर्पित कर देते हैं।

यों तुम कहोगे कि निरर्थक यह उपासना मुझे अपने पिता सिस्युफस से मिली है। यह मेरा आनुवंशिक गुण है। मेरे पिता[1] ने जीवनकाल में मृत्यु को ही छलपूर्वक कैद कर लिया था। मरणोपरान्त उन्होंने स्वर्ग में देवराज की सत्ता के प्रति विद्रोह किया। फलतः उन्हें एक बड़ा-सा पत्थर शिखर पर चढ़ाने का शाप मिला। वे पत्थर ठेलते हैं, फिर वह लुढ़क जाता है, फिर उसे ऊपर तक ठेलकर ले जाते हैं, फिर वही बात। इस प्रकार अविराम गति से यह निरर्थक कार्य आज तक वे करते जा रहे हैं। पिता जानते हैं कि यह कार्य निरर्थक है—पर वे शापग्रस्त हैं इसे निरन्तर करने के लिए। परन्तु मेरे निरर्थक कर्म के पीछे शाप नहीं, यायावर-रस का आकर्षण है, विराट् मानवेतर सत्ताओं के सम्मुख ताल ठोंककर सामने आ जाने का साहस है, मनुष्य की जय है। इसे मत भूलो कि सिस्युफस का निरर्थक कर्म शापबाधित है और ओद्युसियस का गरिमा बोध से जनित।

मेरी अन्तिम यात्रा अर्थ-व्यर्थ, निरुद्देश्य, निरर्थक है। पर यह तो बताओ इस भयंकर देवचक्र के नीचे, नियति और जेउस के कठोर शासन-तन्त्र की छाया में आखिर कौन-सा कर्म है, जो सार्थक लग सकता है ? आज तुम्हारे ऊपर से चक्र का भार उठ गया है; पर उसकी जगह दूसरे अन्य क्रूर निर्मम चक्रों की रचना हो गयी है। मनुष्य स्वतन्त्र कब रहा और कब है ? वृषभ-मांस, सुरा-पान और स्त्री की शैया—इनके अतिरिक्त और कोई चौथी शरण है ? इन तीन के लिए सार्थक कर्म करने की अपेक्षा मेरे जैसों का निरर्थक कर्म अधिक महिमामय है। ताश के महल, बालू की भीत और साम्राज्यों के प्राचीर ये सार्थक कर्म केवल ऊपर की तीन कोटियों की स्वतन्त्रता के लिए हैं। लानत है ऐसे 'सार्थक' कर्म पर—इससे मेरा निरर्थक ही भला। मनुष्य की गरिमा इसी निरर्थक की महिमा में निहित है, जिसकी आकांक्षा ने मुझे निरुद्देश्य समुद्र की लहरों से मल्ल-युद्ध करने को बाध्य किया, जिसने ग्रीक सम्पाती आइकेरस को डैने बाँधकर सूरज छूने को बाध्य किया, जिसने सिद्धार्थ गौतम को अमृत की खोज में जंगलों

---

1. होमरीय परम्परा के अनुसार ओद्युसियस लायर्तीस का पुत्र था। पर रॉबर्ट ग्रेब्स्ने अपनी प्रसिद्ध पुस्तक 'ग्रीक मिथ्स्' में दिखाया है कि उसकी माँ का विवाह के पूर्व 'सिस्युफस' से सम्पर्क हो गया था। प्राचीन ग्रीक परम्पराओं से यह तथ्य अनुमोदित है कि वह गुप्त रूप से सिस्युफस का पुत्र था।

की खाक छानने को बाध्य किया और जिसके स्पर्श से मिट्टी का मनुष्य ऋषि कवि बन जाता है। उपयोगिता में जीनेवाले शूकर-कूकर सदृश पण्य-संस्कृति के मानव इसे भले ही निरर्थक मानें। मेरी अन्तिम यात्रा का वर्णन 'ओडेसी' में नहीं है। होमर का विषय ही था 'ओद्युसियस का गृहागमन'। वह मैंने स्वतः मध्ययुग के एक कवि (मेरा तात्पर्य दान्ते से है) को सुनाया था। उस कवि की कल्पना भटकते-भटकते मृतात्माओं के काले देश में आयी और मुझसे मिली। अग्निज्वाला में लिपटी निरन्तर चक्कर काटती मेरी बेचैन आत्मा ने उस कवि को बताया था कि अन्तिम यात्रा में हमारा जलपोत उस सीमा-स्तम्भ तक चला गया, जिसे हेराक्लीज ने स्थापित किया है और जहाँ सूर्य डूबता है। अस्ताचल बिन्दु पर खड़े होकर हमारी इच्छा हुई अस्ताचल के उस पार जाने की। मैंने नाविकों के हृदय में साहस भरा, उनकी कल्पना की प्यास को जगाया और पाल तानकर हम पश्चिमाभिमुख हो गये। हम लोग सूर्य-प्रकाशित आकाश मण्डल को पार कर गये थे—आगे आने पर न तो सप्तर्षि थे और न उत्तरी दिशा का द्योतक तारा ध्रुव। चारों ओर समुद्र ही समुद्र था। हम कच्ची मछलियाँ चबाते रहे। आँखों में नीला नशा छाया था। और आगे। और आगे। अन्त में हम एक विशाल नुकीले शैलशिखर के पास पहुँचे। ऐसी लम्बवत् ऊँचाई मैंने जीवन में कभी नहीं देखी थी। अचानक खूनी बर्फ की आँधियाँ चारों दिशाओं से उठने लगीं। दूसरे ही क्षण हमारी नौका के ऊपर लहरों का रेल-पेल था। यही हमारा अन्त है—निरर्थक के प्रबल आकर्षण में।

अन्त में

कायदे से तो ये बातें पहले ही कहनी चाहिए थीं। पर बातें ये व्यक्तिगत हैं अतः अन्त में कहना ही ठीक है। यदि मेरी लोभी-लालची जिजीविषा ऋण-शोध में असमर्थ है, तो कम-से-कम इस ऋण को पंच-परमेश्वर-पाठक के समक्ष स्वीकारूँ तो सही ! इसी से लगता है कि यदि ये व्यक्तिगत बातें न कहूँ, मौन ही रह जाऊँ, तो मेरे 'स्व' की लोभी-लालची जिजीविषा को कभी भी मुक्ति, विराम या क्षमा नहीं ! अतः कहना ही है !

बचपन में कभी लिखता था–'माधुरी', 'विशाल भारत' आदि अच्छे पत्रों में। बीच में मौन रहा। सन् 1962 में प्रोफेसर हुमायूँ कबीर की इतिहास-सम्बन्धी ऊलजलूल मान्यताओं पर मेरे एक तर्कपूर्ण और क्रोधपूर्ण निबन्ध को पढ़ कर पं. श्रीनारायण चतुर्वेदी ने मुझे घसीटकर मैदान में खड़ा कर दिया और हाथ में धनुष-बाण पकड़ा दिया। अब मैं अपने राष्ट्रीय और साहित्यिक-उत्तरदायित्व के प्रति सजग था। मैं 'सरस्वती' में लगातार लिखने लगा। पर ये निबन्ध मूलतः वैचारिक थे।

मेरे ललित निबन्धों का प्रथम स्वागत किया डॉ. धर्मवीर भारती ने। सच तो यह है कि वे ऐसा न करते तो ये अथवा अन्य ललित निबन्ध नहीं लिखे गये होते। यह मैं निस्संकोच स्वीकारता हूँ। भारतीजी के अतिरिक्त श्री बालकृष्ण राव, श्री लक्ष्मीचन्द्र जैन और श्री रमेश बक्षी के द्वारा दी गयी शुभाशंसा और समर्थन से भी मेरे रचनात्मक व्यक्तित्व का अजनबीपन कटा, हिन्दी के सारे मोर्चों से दूर रहकर प्रवास में भोगी जानेवाली निष्कासन-यन्त्रणा कम हुई। परन्तु इन सम्पादकों से भी अधिक मैं ऋणी हूँ जाने-अनजाने विशाल पाठक-समूह का, जिनके अन्दर ज्यादातर बिहार, मध्यप्रदेश, पूर्वी यू. पी., गुजरात, महाराष्ट्र और असम के लोग हैं। उत्तरप्रदेश से जो पत्र मिले

वे प्रायः प्रतिष्ठित लेखकों के थे। 'मामूली' एवं अज्ञात जनता-जनार्दन से एक भी पत्र नहीं। विशेषतः पश्चिमी उ. प्र. से। क्या इसका अर्थ यह तो नहीं है कि पूर्वी यू. पी., बिहार, बंगाल, असम, गुजरात, मध्यप्रदेश, राजस्थान और महाराष्ट्र में एक किस्म का मन विकसित हो रहा है और पश्चिमी यू. पी. तथा दिल्ली में अन्य किस्म का ? यों यह शंका मात्र है, निष्कर्ष नहीं। यहाँ पर मैं इस समय आभार स्वीकार कर रहा हूँ, निष्कर्ष निकालने नहीं बैठा हूँ।[1]

संग्रह का नाम है : 'प्रिया नीलकण्ठी'। 'निर्वासन और नीलकण्ठी प्रिया' नामक निबन्ध से यह नाम निकाला गया है। शिव तो नीलकण्ठ के नाम से विख्यात हैं ही। मेरी कल्पना, मेरी प्रतिज्ञा भी विषपायी नीलकण्ठी है। दुःख या उल्लास दोनों के भीतर जहर होता है। उस जहर को यह खींचकर स्वयं श्यामकण्ठ हो जाती है और धरती को जो कुछ देती है वह शुद्ध प्राण और रस रहता है। आलोचना की भाषा में इसे 'साधारणीकरण' कहेंगे, गो कि मेरा मतलब अधिक व्यापक है। एक दूसरा भी बिम्ब है जो नये साहित्य का केन्द्रीय बिम्ब बना हुआ है : सलीब पर यन्त्रणा भोगता मसीहा। मसीहा सारे विश्व की यन्त्रणा को स्वयं भोगता है जिससे विश्व यन्त्रणा से मुक्त हो जाए। पर प्रिया नीलकण्ठी की 'इमेज' (बिम्ब) उक्त यन्त्रणा भोग और इसके विषपान में साम्य होते हुए भी अधिक स्वस्थ और 'स्व'-स्थ है। सलीब पर टँग जाने पर चरम क्षण में मसीहा की आस्था टूट जाती है, ईश्वर उसका साथ छोड़ देता है (Lord, Lord, why hast Thou forsaken me) जब कि यहाँ विषपान देवत्व को और उच्चतर करके 'स्व'-स्थ कर देता है। मुझे लगा कि मेरे निबन्धों के स्वभाव के अनुकूल 'प्रिया नीलकण्ठी' का बिम्ब ही पड़ेगा। यों कोई आक्षेप करे कि इसके पीछे मेरा हिन्दुस्तानी या हिन्दू मन है, तो उससे क्या कहूँ ? और हिन्दू तो है ही, हूँ। अपने बाप को कैसे कह दूँ कि यह मेरा बाप नहीं। और यदि ऐसा कहूँ तो मुझसे बढ़कर कमीना और कौन होगा ?

मुझे स्वर्ण-पीत वासुकियों, नील हरित कर्कोटकों और रक्त-वर्ण तक्षकों से कुछ नहीं कहना है। मैं सहस्रशीर्षा पुरुष हिन्दुस्तान को दसों नख जोड़कर

1. इस पुस्तक के प्रकाशित होने के बाद मेरे इस कथन के प्रतिवाद में दिल्ली-पंजाब के अनेक पाठकों के पत्र आये। अतः मैं अपनी यह बात वापस लेता हूँ। (कु. ना. रा.)

नमन करता हूँ : "बाबा, तुमने दिया है, तुम्हारी ही चीज है। हे पितामह, ग्रहण करो !" इस सहस्रशीर्षा पुरुष सनातन हिन्दुस्तान का ध्यान आते ही मुझे अपने स्वर्गीय बड़का बाबा स्मरण आ जाते हैं। बचपन में जब खेत घूमने जाता था तो आज की ही तरह कुत्तों और स्यारों को देखकर मारे डर के उनकी छाया में सटकर चलता था। सहस्रशीर्षा हिन्दुस्तान की छाँह का ही आज भी मुझे बल है। मुझे किसी भाई के श्रेय की पत्तल नहीं छीननी है क्योंकि न तो कवि हूँ और न कहानीकार। निबन्धकार की महत्त्वाकांक्षाएँ सीमित होती हैं। अब तुलसीदास की कुछ मधुर चौपाइयों 'बहुरि बन्दि खलगन सतिभाये...' आदि का स्मरण कर के एक किनारे मैं भी जम रहा हूँ।

"देव दनुज नर नाग मुनि प्रेत पितर गन्धर्व
बन्दउँ किन्नर रजनिचर कृपा करहु अब सर्व"

अन्त में अपने ललित निबन्धों के इस प्रथम संग्रह को स्वीकार करने और प्रकाशन करने के लिए मैं भारतीय ज्ञानपीठ के प्रति आभार प्रदर्शन करके अपनी बात समाप्त करता हूँ। 'ज्ञानपीठ' के सुधी संचालक भाई साहब (श्री लक्ष्मीचन्द्र जैन) ने प्रथम आग्रह पर ही प्रस्ताव स्वीकार कर लिया। एक नये लेखक के लिए प्रकाशक जुटाना और वह भी 'ज्ञानपीठ' जैसा स्टैण्डर्ड प्रकाशक, कितना कठिन है, इसे जो भोग चुके हैं वे ही जानते हैं। मेरे ही पास तीन संग्रहों के लायक विविध प्रकार के अच्छे निबन्ध रखे पड़े हैं। ऐसी हालत में एक पदचारी और पथचारी साहित्यिक के लिए भाई साहब के इस अकारण स्नेह का कितना मूल्य है, इसे शब्दों की तराजू पर अभिव्यक्त करना नहीं चाहता।

नलबारी (असम)

□□□